中国石油大学（华东）人文社会科学振兴计划专

客户异质性视角下的关系型交易与企业研发创新

王 勇 著

中国财经出版传媒集团

经济科学出版社

Economic Science Press

·北 京·

图书在版编目（CIP）数据

客户异质性视角下的关系型交易与企业研发创新／
王勇著 . -- 北京 ： 经济科学出版社，2024.7. -- ISBN
978 - 7 - 5218 - 6071 - 9

Ⅰ. F279. 23

中国国家版本馆 CIP 数据核字第 2024KY3782 号

责任编辑：李晓杰
责任校对：齐　杰
责任印制：张佳裕

客户异质性视角下的关系型交易与企业研发创新

王　勇　著

经济科学出版社出版、发行　新华书店经销

社址：北京市海淀区阜成路甲 28 号　邮编：100142

教材分社电话：010 - 88191645　发行部电话：010 - 88191522

网址：www. esp. com. cn

电子邮箱：lxj8623160@ 163. com

天猫网店：经济科学出版社旗舰店

网址：http://jjkxcbs. tmall. com

北京季蜂印刷有限公司印装

710×1000　16 开　15.5 印张　270000 字

2024 年 7 月第 1 版　2024 年 7 月第 1 次印刷

ISBN 978 - 7 - 5218 - 6071 - 9　定价：65.00 元

（图书出现印装问题，本社负责调换。电话：010 - 88191545）

（版权所有　侵权必究　打击盗版　举报热线：010 - 88191661

QQ：2242791300　营销中心电话：010 - 88191537

电子邮箱：dbts@ esp. com. cn）

前　言

　　党的二十大报告提出，要加快实施创新驱动发展战略，推动创新链与产业链"双链"深度融合。这迫切需要强化产业链各环节紧密对接，加大上下游企业研发创新投入，促进产业链、技术链协同创新与深度融合。与一般投资决策不同，研发投资规模大、周期长、风险高，一旦失败将给企业带来严重的负面影响，因此，企业普遍缺乏主动研发创新的积极性。为此，现有研究基于企业内部的财务与治理特征和企业外部的制度因素，就其对企业研发创新的影响开展了深入研究。

　　新兴加转型经济环境下的中国法律制度逐步完善，但在研究中国社会与经济问题时仍需要考虑悠久历史中形成且影响深远的非正式制度。由于市场机制正处于不断完善中，我国企业更倾向于与熟悉、信任的客户建立业务关系。这种建立在合作、熟悉或信任基础上的商业合作交易被称为关系型交易。我国上市公司客户基础相对集中，不仅反映了企业商业模式的特点，也突显了企业与客户之间普遍存在的关系型交易。根据新制度理论学派的观点，关系型交易具有非正式制度属性，并被纳入制度框架。现有研究表明，关系型交易对企业至关重要，对企业经营活动具有重要性和全面影响，但对于企业研发创新活动的影响则有待进一步深化。

　　鉴于此，本书基于中国供给侧改革的制度环境，立足企业的供应商视角，研究供应链中企业与其核心客户间的关系型交易这一非正式制度对企业研发创新的影响及其作用机理，并嵌入内部控制、外部政府补贴与地区法制化正式制度因素，考察上述影响如何受到正式制度的干预作用，在此基础上，进一步放弃关系型交易中的关系客户同质性假说，考察关系客户的财务行为特征、盈余管理会计行为特征与股权结构治理特征对企业研发创新的影响，最后又进一步考察了关系型交易对企业研发创新效率的影响。

基于上述研究思路，本书共包括八章。第一章绪论。第二章概念界定与理论基础，明确界定本书涉及的关系型交易与内部控制的概念，总结与论述本书研究过程中所运用的基础理论。第三章关系型交易与企业研发创新投入：影响及作用机理，立足企业的供应商视角，以关系型交易的非正式制度理论为基础，理论分析与实证检验企业与其核心客户间的关系型交易对企业研发创新投入的影响及其具体影响机理，并检验上述影响是否还依赖于企业产品耐用特征与政府控股特征。第四章关系型交易、正式制度与企业研发创新投入，承继第三章的研究内容，分别引入内部正式制度——内部控制与外部正式制度——政府补贴和地区法制化进程，理论分析与实证检验内外部正式制度如何干预企业与其核心客户间的关系型交易对企业研发创新投入的影响。第五章关系客户异质性特征与企业研发创新投入：财务特征视角，放松企业与核心客户间关系型交易的客户同质性假定，考察关系客户的财务行为异质性特征（具体包括客户研发行为、金融资产投资行为、诉讼风险以及过度负债等特征）是否以及为何会影响企业研发创新投入。第六章关系客户异质性特征与企业研发创新投入：会计行为与治理特征视角，放松关系客户的会计行为与治理特征同质性假定，考察关系客户的盈余管理行为与股权结构异质性特征是否以及为何会影响企业研发创新投入。第七章进一步分析：关系型交易与企业研发创新效率，立足上述研究，进一步探究关系型交易对企业研发创新效率的影响，考察内部控制制度与国有产权制度如何异化上述影响。第八章结论与启示。

本书的特色与创新之处具体包括下述方面：

（1）考察了关系型交易这一非正式制度对企业研发活动的影响及其作用机理，丰富了转型经济国家的非正式制度因素影响企业研发活动的经验研究，同时进一步验证了关系型交易"双刃剑"特性，即关系型交易弱化了企业所面临的行业竞争压力，降低了其进行研发活动的意愿，揭示了关系型交易的另一不利影响。

（2）将企业内部控制制度与外部正式制度（政府补贴与地区法制化进程视角）嵌入关系型交易与企业研发创新间关系的分析框架中，揭示了企业内部制度、外部财政与法制制度作为正式制度，有助于抑制关系型交易这一非正式制度的不利影响，不仅进一步丰富了非正式制度与正式制度交互影响企业经营活动的经验研究，而且为企业优化内部治理、推动研发创新提供了新思路。

（3）放松关系型交易中的关系客户同质性假定，从关系客户的财务、会计与治理三个视角，揭示了关系客户上述三个行为异质性特征对企业研发创新的影响，深化了关系型交易对企业研发创新的研究范畴，有助于更为全面揭示关系型交易对企业研发创新的影响。

王　勇

2024 年 5 月

目 录 Contents

第一章

绪　　论

第一节　研究背景与研究意义

一、研究背景与研究问题

当前，国家"十四五"经济发展主线的供给侧结构性改革正在实施进程中，企业创新成为其实现和突破的关键所在。科技部发布的《中国科技数据统计2022》显示，2022 年，全国共投入研究与试验发展（R&D）经费 30782.9 亿元，比上年增加 2826.6 亿元，增长 10.1%；研究与试验发展经费投入强度（与国内生产总值之比）为 2.54%，比上年提高 0.11 个百分点，表明中国创新型国家建设取得重要进展，但分产业部门看，高技术制造业研究与试验发展经费 6507.7亿元，投入强度（与营业收入之比）为 2.91%，比上年提高 0.20 个百分点，依然落后于创新型国家的 5%。现有研究基于研发创新活动的知识外溢性与融资约束性，着重考察了外部制度环境与内部治理制度对其的影响。艾伦等（Allen et al.，2005）、陈冬华等（2008，2013）以及李增泉（2017）指出，新兴加转型经济环境下的中国，法律制度的制定与执行正在逐步完善中，研究与理解中国的社会与经济问题，需要考虑长达数千年的历史中缓慢形成且影响深远的非正式制度。本书立足企业的供应商视角，尝试基于企业与其客户投入产出经济联系而形成的关系型交易视角，研究企业与下游客户间关系型交易这一非正式制度对企业研发创新投入的影响，并基于企业研发创新效率视角，考察上述影响对企业供给侧改革的影响。

具体而言，本书主要研究问题具体如下：

（1）中国上市公司中，关系型交易是因为什么以及在多大程度上影响企业研发创新投入？其又会对企业研发创新效率产生怎样的影响？

（2）企业内外部正式制度因素（内部控制制度、政府补贴与地区法制化进程）对上述两者关系究竟产生怎样的影响？即上述两者关系如何依赖于企业正式制度因素？

（3）放松了关系客户的财务行为、会计行为与治理行为的同质性假定，分别从客户研发创新、金融化水平、诉讼风险、过度负债以及盈余管理与股权集中等异质性特征探究，关系客户异质性特征究竟会对企业研发创新产生怎样的影响？

二、研究理论意义与现实意义

与西方制度环境不同的是，转型经济背景下的中国是一个典型的"关系本位"社会（Allen，2005），关系治理依然具有较大的发挥空间（Li et al.，2008；Zhou et al.，2008），且改革过程中的不确定性进一步拓展了其影响边界（李增泉，2017），许多研究为此提供了经验证据（Kong，2011；何小杨，2011）。可见，中国新兴转型的制度背景为项目研究提供了更为清晰深刻的思考路径与检验场景（林钟高等，2014）。因此，以中国企业为研究对象，研究关系型交易对企业研发创新的影响，具有重要的理论与现实意义。

（一）理论意义

其一，现有研究已从高管的社会关系与政治关联等非正式制度视角，证实非正式制度影响企业研发创新行为的存在性与重要性，但涉及组织层面的非正式制度的影响相对较少。本书基于企业与其核心客户间的关系型交易，考察这一非正式制度对企业研发创新活动的影响，有助于拓展企业研发创新决策问题的研究视角，丰富非正式制度影响企业经营活动的研究内容。

其二，现行经济活动中，正式制度与非正式制度间存在着较为复杂的相互关系（互补或替代）。本书立足企业内部正式制度——内部控制制度与外部正式制度——财政政策与法制制度，考察不同类型正式制度下关系型交易影响企业研发投资的差异性，揭示正式制度因素与非正式制度因素对企业研发创新的交互效应，有助于深入理解在现行经济活动中正式制度与非正式制度之间的关系。

其三，现有研究关注关系型交易影响企业理财活动时，隐含着关系型交易中的客户同质性假设。对此，部分文献开始放松关系型交易隐含的关系客户同质性假定，立足关系专有资产投入理论，考察商业信用（Dass et al.，2015）、CEO 股权激励行为（Kale et al.，2015）以及知识溢出（Chu et al.，2019）等对企业研发创新的影响。本书则放松了关系客户的财务行为、会计行为与治理行为的同质性假定，分别从客户研发创新、金融化水平、诉讼风险、过度负债以及盈余管理与股权集中等异质性特征对企业研发创新的行为，进一步丰富核心客户异质性特征影响企业研发创新投入的经验研究。

（二）现实意义

其一，国家层面，有助于更全面地理解非正式制度在创新进程中担任的角色，以及揭示正式制度与非正式制度在现行经济环境下的关系，对促进企业研发创新投入与提升研发创新效率，推动供给侧结构改革与创新型国家建设具有重要的政策启示意义。

其二，企业层面，有助于揭示关系型交易这一非正式制度影响的重要性与全面性，对企业关系型交易培养与强化研发创新具有重要的实践启示意义。

第二节　研 究 现 状

一、关系型交易与企业理财、会计活动文献回顾

第一，关系型交易与企业融资活动。综合现有文献，关系型交易影响企业融资活动的相关研究分别从企业融入资金和融出资金的两个视角加以探讨。企业外部融入资金包括债务和股权融资，而企业商业信用供给则属于融出资金。其中，债务融资作为企业核心的外部融资方式，主要是通过银行贷款获取债务资金。为此，学者们主要关注关系型交易对企业获得银行信贷的规模、期限和利率等方面的影响。卡佩罗等（Campello et al.，2017）研究发现，关系型交易中的高客户集中度可能导致企业银行贷款合同利率上升和限制性条款增加，同时缩短贷款到期期限。杨（Yang，2017）则指出，当企业与客户关系密切时，双方紧密的关系型交易可以减轻客户集中对贷款条款的负面影响。国内研究者发现，国内企业的高客户集中度则意味着企业与其关系客户间的紧密关系型交易，其向银行传递了企业经营状况良好、违约风险较低的信号，增强了其借款能力，因此获得银行贷款的规模可能会增大（王迪等，2016；李欢等，2018；周梅等，2020）。具体到

股权融资，达利瓦尔等（Dhaliwal et al.，2016）、毕金玲等（2018）观察到，关系型交易中的高客户集中会导致企业股权融资成本的上升，即客户的集中会增加企业的运营风险，从而提高了企业进行股权融资时的成本。陈峻等（2015）研究则指出，当企业面对较低程度的环境不确定性时，企业大客户的存在（即关系型交易）有助于整合供应链资源，提升经营效率，从而可能降低企业的权益融资成本。张等（Truong，2021）指出，关系客户满意度的提升可能降低企业的经营风险，进而降低其进行股权融资时的成本。对于关系型交易对企业资金融出行为的影响，现有研究主要聚焦关系型交易对企业商业信用融资的影响。李艳平（2017）研究指出，关系型交易有助于增强客户的议价能力，可能导致客户要求企业提供更多的商业信用。王雄元等（2015）以及吴娜等（2017）的研究表明，企业与其关系客户间的稳定关系型交易能够促进产业整合，建立长期合作关系，进而减少关系客户对企业商业信用的滥用，即稳定的关系型交易有助于降低关系客户对企业商业信用供给的需求。

第二，关系型交易与企业投资行为。现有研究主要关注关系型交易对企业投资效率和投资方向的影响。投资效率方面，王丹等（2020）研究发现，关系型交易中的高客户集中度表明企业更依赖核心客户，使得管理者为防范风险而保留更多的现金，导致放弃部分净现值为正的投资项目，投资出现不足，从而降低企业的投资效率。曹越等（2020）则指出企业与核心客户的关系型交易还可能减弱高管薪酬与业绩之间的敏感性，从而导致企业的投资效率下降。投资方向上，李馨子等（2019）研究认为，关系型交易中的高客户集中度可能带来经营和现金流风险，使得企业更倾向于进行金融资产投资。文旭倩等（2020）研究指出，企业与客户之间维持紧密的合作关系有助于降低交易费用，缓解融资约束，洞察市场需求，从而提高企业的创新积极性，增加研发创新投入。金静等（2021）研究则发现，关系型交易中的高客户集中度使企业的现金被大量占用，导致经营不确定性加深，迫使企业采取稳健的投资策略，表现为减少研发创新投入。相比，方红星等（2020）研究发现，关系型交易中的客户集中度因素与企业创新投入和创新产出之间呈现出先下降后上升的趋势。另外，立足关系专有性投资，方红星等（2016）研究认为，稳定的关系型交易使企业与关系客户之间的交流程度加深，双方相互依赖。为了进一步建立战略合作关系，企业会投资更多的关系专有性资产。这些资产将企业与客户更加紧密地结合在一起，促进双方在合作与交易上达到更深层次的水平。然而，需要注意的是，企业的关系专有性资产具有特定性，依赖于企业建立的供应链关系。一旦客户转向其他供应商，企业的关系专有性资产可能会发生巨大贬值。这凸显了企业在建立关系专有性投资时面临的风险，因为这些资产的价值在客户关系的稳定性上存在一定的不确定性。

第三，关系型交易与企业股利活动。王（Wang，2012）研究认为，企业与核心客户间的关系型交易是影响股东收益的一个核心因素。为了降低关系型交易中的关系专有性资产所带来的财务风险，企业会选择减少股利支付，提高现金持有比率。焦小静等（2017）基于中国上市企业研究发现，企业与其核心客户间的关系型交易存在确实会导致企业减少股利发放，但这一影响主要是由于关系客户的治理效应，而非风险效应所致。

第四，关系型交易与企业会计、审计行为。会计行为方面，林钟高等（2014）研究发现，关系型交易的比例越高，企业越倾向于使用盈余管理来满足关系客户的预期，减轻关系客户对企业未来经营风险的担忧，以创造良好的经营状况。张勇（2017）基于盈余管理方向的进一步研究显示，关系型交易促使企业更有可能采取向上和向下的盈余管理方式，以平滑收益，传递经营状况良好的信号。审计行为方面，王雄元等（2014）研究认为，企业与其核心客户间的关系型交易存在有利于供应链整合，从而降低审计风险和减少审计工作量。宋希亮等（2020）则认为，关系型交易可能增加企业的现金流风险，导致企业经营风险提高，进而增加审计师的工作时间和总工作量，从而增加企业支付的审计费用。方红星等（2016）指出为了维护关系型交易，企业实施的盈余管理行为可能会影响审计师的决策，体现在审计意见和审计收费上。张敏等（2012）研究发现，在非国有企业中，客户集中度越高，企业越不愿意聘请大型会计师事务所进行审计，而在国有企业中，当国有企业中国有股占比较高时，客户集中度与企业聘请大型会计师事务所审计之间的负向关系越弱。

第五，关系型交易与企业绩效。综合现有关于关系型交易与企业绩效相关性的研究，研究结论存在一定的分歧。其一，部分研究认为企业与其核心客户间紧密的关系型交易可能增加企业的经营风险，不利于提高企业的经营绩效。李欢等（2018）认为客户集中度的上升导致企业的经营绩效下降。许等（Hui et al.，2019）基于美国上市公司研究同样发现，客户集中会降低公司的盈利能力。其二，与上述观点相反，即关系型交易有利于整合资源，降低成本，对企业绩效产生积极影响。帕塔图卡斯（Patatoukas，2012）基于1976～2006年美国上市公司研究发现，关系型交易可以减少销售费用，增加资产周转率，提高经营效率，从而提高企业的经营绩效。李艳平等（2017）认为关系型交易的存在可以使企业通过与客户的协同合作，降低库存、加快周转，从而提高企业的经营绩效。因此，对于关系型交易与企业绩效之间的关系并未形成一致的结论。

二、企业研发创新投入影响因素文献回顾

早期文献偏重考察企业规模（周黎安等，2005）、负债水平（Carpenter et al.，2002；Singh et al.，2005；赵自强等，2008）等财务特征的影响。随后，学者们开始普遍关注内部治理制度对企业研发创新水平的影响，包括股权安排（李春涛等，2010；Becker - Blease，2011；Aghion et al.，2013）以及薪酬制度（李春涛等，2010；张兆国等，2014）等。近年，学者们着重考察了外部制度环境对企业研发创新的影响，包括投资者保护（Acharya et al.，2014；Brown et al.，2013）、政府政策（朱平芳等，2003；解维敏等，2009；杨洋等，2015）、金融发展（Acharya et al.，2007；Amore et al.，2013；Benfratello et al.，2008）与风险资本（Nanda et al.，2013；付雷鸣等，2012）等。基于中国制度环境，袁建国等（2015）、康华等（2013）以及陈爽英等（2010）则开拓性研究了社会关系与政治关联等非正式制度对企业研发行为的影响，证实非正式制度影响的存在性与重要性。

综上，学者们开始关注非正式制度对企业研发创新投入的影响，但作为非正式制度的关系型交易如何影响企业的研发创新活动现有研究鲜有涉及。吴祖光等（2017）与徐虹等（2016）考察了客户集中度对企业研发创新的影响，但鲜有立足非正式制度视角就其关系型交易是否影响企业研发创新投入，正式制度是否具有干预效应，其关系客户的异质性特征是否同样会影响企业的研发创新活动，进一步对企业研发创新效率会产生怎样的影响，还需要深入探讨。

三、关系客户相关异质性理财特征的文献回顾

（一）关系客户与企业研发创新的同群效应相关文献回顾

1. 企业研发创新投入同伴效应存在性及其形成机理研究

对于企业研发创新投入行为的同伴效应，现有研究基于地区、行业等多个维度进行了较为丰富的研究。基于同地区视角，博塔齐等（Bottazzi et al.，2003）研究发现企业研发活动会受同区域和相距300公里以内企业研发活动的影响，证实了同地区企业研发创新投入行为存在着同伴效应。马特瑞（Matray，2021）证实美国上市企业研发创新会刺激其地域相近企业进行研发活动。基于同行业视角，李等（Lee et al.，2015）发现企业研发创新投入活动会对同行业企业的研发

创新投入产生重要影响。刘静和王克敏（2018）利用行业、规模、账面市值比、杠杆等标准识别同伴企业，首次证实了中国上市公司研发创新投入存在行业同伴效应。花俊国等（2021）、鲍树琛和代明（2021）基于不同的视角同样证明了行业层面研发创新投入的同伴效应。曾江洪等（2020）则证实了高科技企业研发创新投入存在显著的行业同伴效应。此外，基于同伴企业的界定标准，即只要存在真实联结关系，便可认定为同伴企业，郑丽等（2021）研究证实集团内子公司之间研发创新决策存在同伴效应。冯戈坚和王建琼（2019）则以社会网络联结关系作为识别标准，研究发现企业创新活动存在社会网络同伴效应。

对于企业研发创新投入同伴效应的形成机理，已有研究多集中在信息机制和竞争机制。斯坦（Stein，2008）发现企业创新同伴效应形成的重要途径是竞争对手之间的信息沟通，沟通过程中对创新信息的解构会不断迸发出新的创意和想法，从而对企业研发决策产生正向影响，即企业创新同伴效应形成的"信息传递"机理。万良勇等（2016）、刘静和王克敏（2018）认为"信息获取性学习"和"竞争性学习"是同伴效应的形成机理。罗福凯等（2018）研究发现企业研发创新投入同伴效应的形成机理在于获取研发决策有用信息和保持竞争优势，以确保在未来竞争中保持相对市场地位。鲍树琛和代明（2021）的实证检验结果同样验证了信息优势和竞争压力是研发创新投入同伴效应的形成机理。

2. 基于供应商研发创新投入视角的关系客户行为外溢效应研究

供应链中，上游企业与下游客户在经营层面和财务层面存在着紧密的关联性与相互依存性，使得上下游企业经营行为存在供应链外溢效应，尤其是位于下游的客户。现有研究普遍关注下游客户对上游供应商的外溢效应，其中包括对供应商研发创新投入行为的外溢效应。赫茨尔等（2008）和科拉伊（Kolay，2016）研究发现，下游关系客户申请破产或陷入困境会抑制上游供应商研发创新投入。卡莱等（Kale et al.，2007）基于关系专有资产理论，发现企业负债水平对上下游供应商/客户研发创新投入（即关系专有资产）具有显著的负向影响。王勇（2020）发现，客户股权集中度引发的控股股东代理问题会影响供应商对其成长前景的判断，进而影响供应商以研发创新投入为代表的关系专有资产投入。

综上，现有研究已基于行业、地区、集团子公司以及社会网络关系等视角，对企业研发创新同伴效应及其形成机理进行了较为深入的探讨，形成了丰富的研究成果。值得注意的是，随着产品市场竞争日趋激烈，企业专业化程度日益提升，企业与竞争对手间的竞争已转化为各自所依赖的供应链间竞争。鉴于研发创新对于提升企业市场竞争优势的重要性，探究供应商与关系客户研发创新同伴效应的存在性及其形成机理无疑具有重要的理论与现实意义，但囿于数据限制，现有研究鲜有涉及。

（二）企业金融化水平异质性特征相关文献回顾

关于企业金融资产投资行为的动机，也已有大量学者进行了丰富的研究，综合过往学者的研究结果，企业金融资产投资行为的动机大致可分为以下两种观点："蓄水池"理论和"投资替代"理论。基于金融化的不同动机，学者们进一步研究分析了企业金融资产投资行为所带来的经济后果。

关于"蓄水池"理论，凯恩（Keyne，1936）最早提出了预防性储备理论。胡奕明等（2017）研究认为，为防止未来现金流冲击可能带来的企业资金链断裂、经营受限甚至破产等重大风险，企业会基于保持安全的流动性储备动机进行金融资产投资，进行金融资产的配置，即发生金融化行为。杜勇等（2017）研究发现，企业会通过金融化行为在一定程度上预防未来用于主业投资的资金出现短缺的情况，从而促进实体企业主业的发展。刘贯春等（2018）研究发现，企业现阶段往往会持有一些转换成本和处置成本较低的金融资产作为未来流动性的预防储备，有助于其应对未来融资约束带来的经营困境和高昂成本。

关于"投资替代"理论，奥尔汉加济（Orhangazi，2008）、德米尔（Demir，2008）实证研究发现，企业若以追求利润最大化为目的，则当金融资产的投资收益率高于实体经济的投资收益率时，企业将会以金融资产投资替代实体经济投资，反之，则以实体经济投资替代金融资产投资。张成思和张步昙（2016）研究发现，我国国内实体经济低迷，投资收益率持续下降，金融资产投资收益率与实体经济的收益率已经呈现巨大差异，企业基于收益最大化的动机选择金融资产投资，即发生金融化行为。基于"投资替代"理论，现有研究认为金融资产投资削弱了实体经济投资，阻碍了实体经济的发展，具有明显的"替代"效应。成思危（2015）从宏观角度入手研究，认为企业过度"金融化"将带来虚拟经济的过度膨胀，进而引发国家经济系统的不稳定。谢家智等（2014）、王红建等（2017）、周彬和谢佳松（2018）等研究认为，当金融资本成为主导的资本形态，产业资本在价值链中丧失主导权时，就会导致实体投资降低并抑制企业的研发创新投入甚至影响经济增长。

现有文献还针对企业金融化行为对其研发投资的影响进行了深入的探讨，但研究结论并不一致。德米尔（2008）、克里曼等（Kliman et al.，2015）研究认为企业金融化行为会抑制企业实业投资与研发创新投入。詹姆斯（James，2010）、格林德（Gehringer，2013）研究认为，企业金融化行为会增加企业的投资收益，有助于缓解企业融资约束，进而促进企业研发创新投入。郭丽婷（2018）则认为，企业金融化行为对于其研发创新投入存在"双刃剑"效应，即存在"挤出"效应和"蓄水池"效应。

（三）企业诉讼风险经济后果相关文献回顾

公司诉讼通常作为一种次优的冲突解决方案（王彦超等，2008），其高昂的诉讼费用和隐形的声誉成本会给企业生产经营带来不利影响。马尔姆等（Malm et al.，2017）研究发现，企业诉讼风险显著降低债务融资规模，尤其是长期负债。肖作平等（2019）指出，公司诉讼对银行贷款契约产生负面影响，且这种影响随诉讼强度的增大而增大。基于研发创新，罗杰（Roger，2014）以作为涉嫌侵权者参与专利诉讼的美国上市公司为样本，研究发现侵权性诉讼会对公司的研发创新投入产生显著的负面影响。潘越等（2015）将诉讼划分为资金类诉讼和产品类诉讼，研究发现资金类诉讼对公司创新有抑制效应，产品类创新则有促进效应。基于审计，贝尔等（Bell et al.，2001）、刘颖斐等（2019）研究发现，公司诉讼与审计费用具有显著的正相关关系。近期，现有研究开始将诉讼风险进一步拓展至供应链这一领域。岑等（Cen et al.，2018）基于供应商视角，研究发现，企业陷入诉讼，客户—供应商关系持续可能性显著降低。桑（Sang，2018）基于客户视角，研究发现，客户诉讼风险显著降低企业股价，并且这一影响在高客户依赖度企业中表现的更为严重。

简言之，企业诉讼风险已经成为其重要风险之一，已经对企业自身产生较为重要的影响，然而，不论基于企业诉讼的经济后果，还是从企业研发创新投入的客户异质性影响因素视角，客户诉讼风险对供应链企业的外溢效应，尤其是供应链企业研发创新投入的影响，现有研究鲜有涉及。

（四）企业过度负债经济后果相关文献回顾

2008 年爆发的金融危机使得我国企业负债水平持续上升，企业负债水平的合理性开始受到学者们的关注，研究专注点开始从企业实际负债水平转向负债水平的合理性。陆正飞等（2015）研究指出，企业存在着目标负债率（即最优负债率），实际负债率与目标负债率之差即为企业的过度负债水平。就企业过度负债水平的影响因素，现有研究分别就企业产权特征（陆正飞等，2015；盛明泉等，2012）、金融市场发展状况（Lööf，2004；姜付秀等，2011）、预算软约束（Deangelo et al.，2011；盛明泉等，2012）等因素的影响进行了探讨。还有部分学者对企业过度负债的经济后果进行了研究。由索（Uysal，2011）基于收购的视角，研究发现过度负债限制企业在短期内筹集资金的能力，阻碍企业积极竞购收购目标，影响其进行收购能力，进而降低收购的可能性和规模。卡斯基等（Caskey et al.，2012）研究发现，过度负债可以预测公司的基本面信息，但投资者未能及时对其所包含的有关未来财务困境和资产增长的信息作出反应，由此导致过度负债率对未来股票市场回报及成长性产生显著的负向影响。周等（Zhou et al.，2016）的研究发现，当企业杠杆高于（低于）目标杠杆时，权益成本越高（低）。刘丽娜等（2018）研究实体企业金融化对股价崩盘风险的影响及其具体路径，发现过度负债在该两者间发挥完全中介效应，即实体企业金融化程度的提高导致企业过度负债，以至于加大股票崩盘风险。辛金国等（2019）研究发现，家族股东会超额控制程度会引发企业的过度负债，而企业过度负债又会导致企业绩效显著下降。

综上，现有关于企业过度负债的研究聚焦于其影响因素及其经济后果，但由于企业向目标负债率调整速度非常缓慢（Banerjee et al.，2004；屈耀辉，2006），供应商企业将采取何种措施应对客户过度负债这一不利局面则被忽略。为此，不基于企业研发创新，开展客户过度负债对企业研发创新的影响研究，有助于丰富客户异质性特征对供应商研发创新的影响研究，加深上下游企业双边关系的理解和认识。

四、关系客户异质性会计特征——盈余管理的文献回顾

国内外学者对盈余管理所产生经济后果的探讨，主要集中于盈余管理对企业自身、股票投资者、银行及上下游的供应商/客户的影响且表明了盈余管理的机会主义特征。研究结论大致可以分为利益相关者对企业盈余管理行为的主动"识别"以及被"误导"这两类。

多数研究结果表明盈余管理行为对利益相关者具有误导性，从而产生不利影响。李明等（2018）针对我国创业板上市公司研究发现，上市前盈余管理程度与上市后公司业绩显著负相关。许文静等（2018）以非特定经济业务的大样本数据研究发现，我国公司实施正向应计盈余管理行为来保持上市资格、提高盈余水平达到上市条件或者再融资门槛，最终会导致公司的未来经营业绩显著降低。俞向前等（2006）实证检验发现相比现金流，投资者的投资决策受应计利润的影响较大，企业操纵利润的盈余管理能够显著影响股票价格，但是不利于投资者或证券市场的长远发展。陆正飞等（2008）研究发现银行无法识别企业的盈余管理行

为，不能对盈余质量作出区分，上市公司新增的银行借款与会计信息质量并无关系，上市公司的盈余管理行为对会计信息的债务契约有用性的损害将导致银行面临一定的信息风险和违约风险。马永强等（2014）研究发现，银行信贷审批过程中无法识别上市公司通过应计盈余管理调高利润的行为，因此企业获得了较多的信贷资源。拉曼等（Raman et al.，2008）研究指出，盈余管理作为一种机会主义手段，企业（供应商）利用客户盈余信息判断客户发展前景，因此，客户盈余管理行为会影响企业对关系专用资产投资风险与收益的感知，进而误导对方更多的关系专用资产投入，不利于供应商与客户未来关系的持续。殷枫等（2017）认为，大客户作为企业产品的主要销售对象，其财务状况与经营成果等会计信息会影响企业对未来产品销售状况和行业前景的感知，大客户盈余管理行为会导致企业非效率投资，最终弱化了企业投资和未来业绩之间的关系。

然而，也有部分研究表明利益相关者可以主动识别企业盈余管理行为，并采取措施加以应对。陈小林等（2011）研究发现审计师能有效识别上市公司盈余管理行为，有较高的概率对高风险的机会主义盈余管理出具非标意见。银行也能够识别企业的盈余管理行为，并对盈余质量差的企业进行"惩罚"。巴拉斯等（Bharath et al.，2008）发现，企业盈余质量越差，借款利率更高，借款期限更短，也更有可能需要抵押。刘文军等（2014）研究发现，当银行预测到企业未来现金流水平较低时，其会因为企业较高的盈余管理程度要求增加担保。

总体而言，较多国内外学者们将盈余管理视为一种机会主义行为，就盈余管理的经济后果，从"识别"还是"误导"利益相关者这两个方面进行了丰富的研究，但供应链下游关系客户盈余管理的机会主义行为是否对上游企业研发创新投入产生影响，尚不得而知。为此，关系客户盈余管理行为是否以及如何会影响到企业研发创新投入，将成为本书研究重点所在。

五、关系客户异质性治理特征——股权集中度的文献回顾

股权集中度对公司绩效与价值的影响是公司治理领域重要的研究话题，现有研究形成了丰富的研究成果，尽管相关研究结论不尽一致。一部分学者认为，股权集中度与公司价值呈现正相关关系。股权高度集中意味着大股东的存在，大股东可以通过提交议案、信息披露以及并购等方式发挥监督作用，抑制管理层的代理问题，如过度投资、盈余管理等机会主义行为，进而提升公司绩效与价值。巴拉斯等（Bharath et al.，2013）研究还发现，大股东的"退出威胁"会发挥治理功能，提升企业价值。另一部分学者认为，股权高度集中会引发大股东侵蚀

中小股东的第二类代理问题，即控股股东的"掏空行为"，导致公司绩效与价值下降。就其具体作用机理，已有研究从投资效率、融资约束、资金占用、营销战略、盈余质量等视角进行了探讨。白重恩等（2005）及陈德萍等（2011）研究则发现股权集中度与公司价值呈现"U"形关系，即一定范围内，随着股权集中度上升，其会引发"掏空"效应，但超过一定限度时，股权集中会带来"监督"效应。

具体到关系专有资产投入研究，现有文献认为，鉴于关系专有资产的专有属性，供应商往往担心关系客户的机会主义行为，使得其承担额外的风险，即当关系客户违背其隐性与显性契约时，供应商关系专有资产投资收益会下降，进而导致其关系专有资产投入不足，使得双方企业丧失关系专有资产带来的"准租金"收益。对于关系客户的机会主义行为，一方面可借助国家层面的法律加以防范，另一方面可借助企业层面的行为加以缓解。客户可以通过描绘更为稳定的收益，降低供应商关系专有资产投资的风险，从而引导供应商进行最优水平的关系专有资产投资，如降低负债水平与降低 CEO 股权激励强度（弱化 CEO 风险承担动机）。简言之，关系客户机会主义行为引发的风险是供应商关系专有资产投资决策的重要影响因素。

综上，现有文献主要从中小股东利益的视角，考察股权集中对企业绩效与价值的影响，鲜有关注股权集中对外部利益相关者——供应商及其关系专有资产投入的影响。

第三节 研究内容、思路方法与创新

一、研究内容框架

本书基于中国供给侧改革的制度环境，立足企业的供应商视角，研究企业与其核心客户间的关系型交易这一非正式制度对企业研发创新的影响与作用机理，并进一步放弃关系型交易中的关系客户同质性假说，考察关系客户的财务行为特征、会计行为特征与治理特征对企业研发创新的影响，在此基础上，进一步探究关系型交易对企业研发创新效率的影响。本书拟将研究内容划分为四部分展开研究，具体如图 1-1 所示。

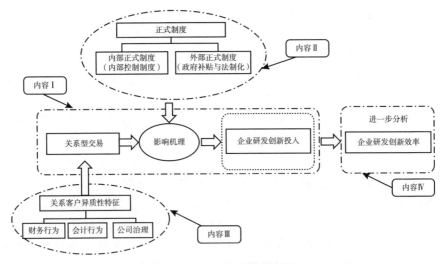

图 1-1 本书研究内容框架

（1）内容 Ⅰ。关系型交易对企业研发创新的影响及其作用机理研究。

这部分是本书研究的逻辑出发点，属于本书创新性的研究内容。关系型交易的存在会对企业研发创新投入动力和能力产生重要的影响，为此，本部分将进行如下内容的研究：①非正式制度视角下，关系型交易究竟如何影响企业研发创新投入？②承继研究问题①，关系型交易这一非正式制度为何以及如何影响企业研发创新投入？③该影响在不同特征产品和企业中究竟呈现怎样的异质性表现呢？

（2）内容 Ⅱ。正式与非正式制度的交互效应研究：关系型交易、正式制度与企业研发创新。

企业生存的环境中既有非正式制度，也有正式制度。因为正式制度有着强制性和规范性，所以企业面临的正式制度会使其在资源分配、合规性要求、绩效评估和决策程序等方面作出取舍。这使得非正式制度在对企业研发创新决策施加影响的时候，企业同时还需要考虑与平衡正式制度的约束。因此，鉴于非正式制度的关系型交易与企业研发创新投入间关系可能会受到正式制度因素的影响。本部分进行如下内容的研究：①关系型交易这一非正式制度在影响企业研发创新投入的过程中，企业内部正式制度的内控制度对此会施加怎样的干预与调节作用呢？②关系型交易这一非正式制度在影响企业研发创新投入的过程中，如何依赖于企业外部正式制度——财政政策制度因素和法律制度因素（表现为企业政府补贴和地区法制化进程因素）？

（3）内容Ⅲ。关系客户异质性特征与企业研发创新。

进一步放松关系型交易中的关系客户同质性假说，通过上市公司（供应商）与其上市客户的数据匹配，理论分析与实证考察关系客户的研发创新活动、金融化水平和盈余管理等财务与会计行为及其股权集中度的公司治理特征对企业研发创新活动的影响。基于客户的财务行为层面，研究以下内容：①关系客户与企业研发创新是否具有显著的同群效应？即关系客户研发创新水平异质性特征是否会影响企业研发创新水平？②基于企业视角，关系客户通过金融资产投资进行金融化对其究竟意味着什么？作为供应商，企业又会采取怎样的研发创新决策加以应对呢？③面对关系客户盈余管理行为引发的信息不对称程度增加，企业是否会采取积极的研发创新策略加以应对，以保护自身的利益呢？④立足供应商企业的视角，客户的过度负债究竟会抑制还是激发企业研发创新呢？其具体机理又是什么呢？⑤针对中国上市公司普遍存在的股权较为集中现象，关系客户股权高度集中这一治理特征究竟会对企业以研发创新投入为代表的关系专有资产投入产生怎样的影响？⑥面对客户的盈余管理行为，供应商会采取怎样的研发创行行为加以应对呢？为何如此？

（4）内容Ⅳ。进一步研究：关系型交易与企业研发创新效率。

企业研发创新投入的变化往往会带来一定的研发产出，其直接表现便是企业专利的取得、生产工艺的改进与新产品的诞生等。当这些直接后果被应用于企业的生产经营实践时，就会表现为企业竞争优势的提升、产品市场业绩的增加以及企业股票价值的上升，宏观经济层面便表现为供给侧改革和产业结构转型的成功。基于企业与其关系客户间的关系型交易以及关系客户的异质性特征会影响企业研发创新投入，因此，本部分尝试基于研发创新效率的视角，评价关系型交易对企业供给侧改革成效的影响，相关研究内容具体如下：①关系型交易上述影响是否有效促进企业供给侧改革的实现？②上述影响是否还依赖于企业的内外部正式制度因素？

二、研究思路与方法

本书依据研究目标，结合研究内容与方案，拟遵循"科学问题提炼→理论分析→实证检验→结论与政策建议"的思路展开，具体如图1-2所示。

（1）科学问题提炼环节，拟运用描述性统计与典型事实分析方法，论述中国企业研发创新现状与关系型交易特征，提炼本书研究的科学问题；

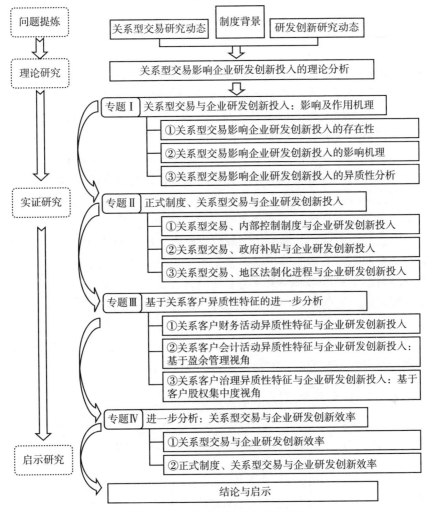

图1-2 本书研究方法与技术路线

（2）理论分析阶段，拟基于制度经济学理论，运用演绎推理、归纳推理和规范判断的方法，就关系型交易影响企业研发创新的存在性，以及正式制度异质性特征的调节效应，推演出一系列可供微观数据检验的理论研究假设；

（3）实证分析阶段，拟运用非平衡面板回归模型、工具变量模型等进行研究假设检验；

（4）政策建议研究阶段，拟依据理论分析的逻辑结论和实证检验的数量关系，分别从宏观政策层面和微观企业层面探讨本书研究发现的实践启示与政策建议。

三、主要创新之处

其一，考察了关系型交易这一非正式制度对企业研发活动的影响及其作用机理，丰富了转型经济国家的非正式制度因素影响企业研发活动的经验研究，同时进一步验证了关系型交易"双刃剑"特性。以往关于关系型交易的研究较为关注关系型交易带给企业的优势，如降低交易成本，提升存货和应收账款等资产的运营效率，降低行业不确定性所带来的冲击。但是，关系型交易的存在同样会增加企业融资约束程度，进而使企业分配更少的股利，持有更多的现金。本书研究发现，关系型交易弱化了企业所面临的行业竞争压力，降低了其进行研发活动的意愿，揭示了关系型交易的另一不利影响。

其二，将企业内部控制制度与财政政策制度（政府补贴视角）嵌入关系型交易与企业研发创新间关系的分析框架中，考察了企业内部制度与外部财政制度对关系型交易与企业研发创新间关系的干预与调节效应，证实了企业内部制度、外部财政制度与地区法制化进程作为正式制度，有助于抑制关系型交易这一非正式制度的不利影响，不仅进一步丰富了非正式制度与正式制度交互影响企业经营活动的经验研究，还丰富了企业内部控制质量重要性的经验证据，同时为企业优化内部治理与供应链关系治理、推动研发创新提供了新思路。

第二章

概念界定与理论基础

第一节　概念界定

一、关系型交易

卡尔瓦尼等（Kalwani et al., 1995）通过首次运用来自 Compustat 数据库的核心客户数据研究企业与客户间关系得到一系列研究结论。结果表明，当企业存在核心客户，即单个客户的购买额占到企业总销售收入的 10% 或以上时，企业会表现出对双方长期交易关系的期望。在此过程中，企业投入关系专有资产，以成为核心客户的"优先或获得认可的供应商"，或满足客户特殊需求，量身定制相关产品。因此，基于双方间的相互依赖及关系的持续性，此时企业与其客户之间形成了特殊的交易关系，即双方存在着关系型交易。因此，在财务学研究领域，通常以企业对少数核心客户的依赖程度作为判定企业是否存在关系型交易的标准（或者是关系型交易的强度程度），即当企业的销售额依赖于一小部分核心客户时，便可以确定双方存在紧密交易关系，双方交易行为便属于关系型交易。而这种依赖程度的提高意味着双方关系型交易的重要性增加（Kalwani et al., 1995；Kim, 1996；Fee et al., 2004, 2006；Raman et al., 2008；Banerjee et al., 2008；Bae et al., 2015；Cen et al., 2011；Johnson et al., 2011；Itzkowitz, 2013）。

在管理学研究领域，企业间交易关系的紧密程度通常涵盖多个维度，包括关系的持续性（Krause et al.，2007）、互动频率（Menguc，2006）以及互动强度（Barry et al.，2008；Chad W. Autry et al.，2010）等。与此不同的是，在现有的财务领域研究中，对企业的关系型交易定义主要建立在相互依赖程度的概念基础上，即企业与其核心客户间依赖的绝对总量，也就是企业对客户的依赖与客户对企业的依赖之和。然而，这种定义仅反映了企业与客户之间的互动强度，而未能充分体现企业与客户之间关系的紧密程度。值得注意的是，企业与客户之间的高互动强度通常会导致企业与客户的关系变得更为紧密。具体而言，随着企业对核心客户的销售收入占企业总销售收入的比例增加，企业与核心客户之间的相互依赖程度也随之增加，进一步促进双方保持合作关系的期望（Lawler et al.，1987）。此外，当核心客户的销售收入占企业总销售收入的比例较高时，企业通常会投资于与核心客户相关的关系专有资产（Titman，1984；Banerjee et al.，2004；岑等，2011）。这些投资措施有助于进一步强化企业与核心客户之间的关系。

中国证监会于 2013 年 12 月发布了《关于首次公开发行股票并上市公司招股说明书中与盈利能力相关的信息披露指引》，明确规定了拟上市公司需要在招股说明书中披露主要客户，即前 5 大客户（对于创业板要求前 10 大客户）的相关信息。

这些信息主要包括对主要客户的销售金额、占比及变化情况，主要客户中新增客户的销售金额及占比情况；发行人应收账款中主要客户的应收账款金额、占比及变化情况，新增主要客户的应收账款金额及占比情况；主要客户及变化情况，与新增和异常客户交易的合理性及持续性，会计期末是否存在突击确认销售以及期后是否存在大量销售退回的情况；主要销售合同的签订及履行情况，各期主要客户的销售金额与销售合同金额之间是否匹配；应收账款的主要客户与主要客户是否匹配，新增客户的应收账款金额与其营业收入是否匹配；大额应收款项是否能够按期收回以及期末收到的销售款项是否存在期后不正常流出的情况。

这些信息披露的目的一方面是帮助投资者了解企业对客户的依赖程度，以便有效评估企业在销售收入方面的风险以及这些风险对企业盈利能力的潜在影响。另一方面，这些信息披露也有助于投资者通过了解变化的原因来判断是否存在潜在的利益安排。

由于 2013 年前证监会仅要求中国上市公司以汇总方式披露公司年度销售总额中前 5 大客户所占的比例，因此，目前上市公司普遍采用汇总的方式进行信息披露。考虑到已有的研究设计以及研究数据的可获得性，定义企业的核心客户为年度销售总额中的前 5 大客户，并认为企业与这些客户之间存在着关系型交易。

采用企业向上述核心客户的销售收入占比反映企业与客户之间的关系型交易强度，表明关系型交易对于企业的重要性（the importance of the relationship）。需要注意的是，上述界定的关系型交易强度与管理领域中的客户关系紧密程度的概念有所不同。它主要聚焦于核心客户对企业的重要性，并不完全代表企业与主要客户存在着紧密的合作关系。

根据美国财务会计准则委员会（Financial Accounting Standards Board，FASB）的财务会计报告第14号准则（SFAS No. 14），以及美国证券交易委员会SK规则的要求，上市公司需要公开披露其核心客户的名称和销售额度。当某个单一客户的销售额占到上市公司合并收入的10%或更多时，上市公司必须披露该客户的名称。此外，每个分部也需要披露其四个核心客户。因此，对于以上市公司为研究对象的企业财务问题研究，基于研究数据的可获得性，研究人员通常使用核心客户采购占比累计作为企业与客户之间关系型交易强度的替代变量。

卡尔瓦尼等（1995）最早采用Compustat数据库中的核心客户数据进行研究，结果表明，当企业存在核心客户时，即单个客户的采购额度占到企业总销售收入的10%或更高时，企业对双方交易关系的持续性持有预期。在此过程中，企业投入关系专有资产，以成为核心客户的"优先或获得认证的供应商"，或满足客户特殊需求，量身定制相关产品。因此，基于双方间的相互依赖及关系的持续性，此时双方存在关系型交易，或者说两者的关系型交易程度较高（high strength）。基于上述基本理论，设定当客户采购占比达到企业销售收入10%或更高时，就可确定企业与该核心客户存在关系型交易，并以核心客户采购占比累计作为关系型交易程度的替代变量，用于实证研究关系型交易对企业销售收入、库存周转以及间接费用的影响。菲等（2006）在研究关系型交易时，将关系型交易的存在与否定义为客户是否为供应商的核心客户，即客户采购数量占比是否高于10%。当客户采购数量占比高于10%时，客户为供应商的核心客户，二者存在关系型交易。与之类似的是，科恩等（Cohen et al.，2008）认定当客户采购额占企业总销售收入的10%或更高时，表明该客户与企业间存在着重大的经济联系（Economic Links）。赫茨尔等（Hertzel et al.，2008）、布朗等（Brown et al.，2009）则明确定义，当客户的采购金额占企业总销售收入的10%时，该客户为企业的核心客户。而王（Wang，2012）更为直接，将判断企业与客户间关系型交易的标准定义为企业销售收入是否主要依赖少数核心客户/供应商。

综上所述，在公司理财研究领域，供应商/客户关系的存在与否及关系的重要程度的关键衡量标准是企业对其少数核心客户或供应商的依赖程度。简言之，当企业的销售收入或采购依赖于少数核心客户/供应商时，可以断定双方存在供应商/客户关系，且这种关系的重要性随着依赖程度的增加而上升。供应商/客户关系的操作性计量是基于相互依赖程度的概念构建的。这一概念考虑了企业与其核心客户/供应商之间的相互依赖总量，即企业对客户/供应商的依赖与客户/供应商对企业的依赖之和。随着企业对核心客户/供应商的销售收入（采购成本）占比在企业总销售收入（总采购成本）中的增加，企业与核心客户/供应商之间的相互依赖总量也会提高。这种情况促使关系的双方都更加努力地维系良好的合作关系。这种计量方式强调了供应商/客户关系的重要性，而非关注关系的紧密程度。

二、内部控制概念界定

内部控制，作为现代化企业管理的重要产物之一，最初起源于审计，用以降低审计风险。1945 年，AICPA 的审计程序委员会提出内部控制定义并在 1963 年对其进行修订，由此得到了早期具有代表性的内部控制定义。该定义强调内部控制包括的组织设计、方法和措施，其目的是保护企业的资产、确保会计数据的准确性和可靠性，促进效率，并鼓励员工遵守既定的管理政策。

更被广泛接受的内部控制定义出现在美国 COSO 委员会发布的《内部控制整体框架》中，强调内部控制是企业董事会、管理层以及其他员工为实现多方面目标而共同执行的程序。这些目标包括提高经营活动的效率和效果、确保财务报告的可靠性，以及遵守相关法律法规。该定义不仅将内部控制的范畴从审计领域扩展至管理领域，还为我国内部控制标准的建立提供了指导。

基于 COSO 的内部控制定义，并结合中国实际情况，财政部联合审计署、证监会、银监会、保监会于 2008 年 5 月共同发布了《企业内部控制基本规范》。这一规范明确定义内部控制为由企业董事会、监事会、经理层和全体员工共同执行的过程，旨在实现控制目标。此外，该规范还强调了完善的内部控制体系应包括内部环境、风险的识别与评估、控制活动、信息与沟通以及内部监督这五个要素。尽管与 COSO 的内部控制五要素存在轻微差异，但这些定义都强调了内部控制对于保障企业的经营效益、财务透明度和法律合规性的至关重要性。

结合本书的研究内容，本书对内部控制的定义遵循《企业内部控制基本规范》中对内部控制的定义，即"内部控制是由企业董事会、监事会、经理层和全体员工共同实施的，旨在实现控制目标的过程。"

第 二 节　理 论 基 础

一、利益相关者理论

1984 年，弗里曼（Freeman）提出了利益相关者理论。该理论强调企业在其经营过程中需要综合考虑各种利益相关者的共同利益诉求。理论中将利益相关者定义为可能影响企业目标实现或者受到企业实现目标过程影响的各种个体和群体，通常可以分为如下三类：首先是所有权利益相关者，例如董事会成员；其次是经济依赖型利益相关者，例如职工；最后是社会利益相关者，例如政府。这些利益相关者在企业经营中扮演着重要的角色，有助于分散风险和监督运营活动，因此，在制定运营决策时，企业必须关注这些利益相关者的特征。另外，客户作为企业收入的主要来源和实现价值的渠道，被视为极其重要的利益相关者。客户不仅可以参与供应链整合和外部治理，同时为企业带来多种积极效应。然而，企业作为客户的直接关联方，也可能因为下游客户在其生产经营中面临的各种风险而被迫分担这些风险。例如，当下游客户面临资金周转困难时，企业的资金可能无法及时回流，从而对企业的生产经营产生不利影响。因此，为了确保自身收入的稳定性和充足的现金流，企业需要随时密切关注下游客户的生产经营和财务状况。一旦客户陷入困境，企业应积极采取措施来应对这一情况，进一步凸显客户与企业之间的利益相关性。

二、资产专用性理论

资产专用性理论，最初由威廉姆森（Williamson，1991）发展自交易成本理论。"交易费用"一词最早出现在英国经济学家科斯（Coase）的著作《论企业的性质》中。在该著作中，交易费用被定义为在企业间相互合作的过程中，为达成双方共同目标而愿意付出的成本，具体包括信息采集成本、沟通成本、合同订立成本、履行与监督成本。

1985 年，经济学家威廉姆森对交易成本理论进行完善，将交易成本分为两类，即事前交易成本和事后交易成本。事前交易成本包括涉及协商、协议起草和签署等过程的费用；而事后交易成本包括维护合作关系、持续投入、结束交易以及企业所需支付的其他费用。在此基础上，威廉姆森还提出了"契约人"的概念，强调资产专用性、不确定性和交易频率是区分各种交易的主要标志，其中资产专用性投资最为关键。资产专用性投资是指与投资主体与特定交易对象进行的投资，如果这些投资改变用途或者转让给第三方，其价值将大幅下降。为了维护合作关系的稳固，企业通常会进行专用性投资，这种投资具有特定用途，只在特定交易中产生价值，而在其他交易中其效用会降低，甚至消失，因此又被称为关系性交易资产。一旦合作关系瓦解，专用性资产就无法发挥其作用，对企业的运营和财务状况会产生不利影响。

提高客户关系型交易的比例意味着企业在面对核心客户时将逐渐失去独立性。为了维护与大供应商和大客户的关系，企业更倾向于对关系型交易资产进行投资。然而，这种投资也伴随着风险，一旦与供应商或客户的关系发生危机，这些投资将无法收回，其为企业带来的不确定性的交易风险可能使企业陷入财务危机。

三、信息不对称理论

在市场经济中，信息不对称现象普遍存在。美国经济学家阿克洛夫（Aker-lof）、思朋斯（Spence）和斯蒂格利茨（Stieglitz）在 20 世纪 70 年代首次研究了这一现象，并提出了信息不对称理论。此后，一些学者将信息不对称概念引入贸易、劳动力和金融等领域的研究。根据信息不对称理论，因为市场参与者获取的信息不同，了解市场情况更多的一方在交易中具有优势。具体而言，市场中购买方对产品了解较少，卖方则知道更多的信息，从而使信息不对称问题显现。因此，了解信息较少的一方通常会主动索取更多关于产品的信息。信息不对称现象可能导致市场失灵，因为买方、卖方或投资者缺乏对交易的信心，进而导致交易成本增加，扭曲市场机制的作用。因此，信息不对称理论为许多市场现象提供了科学解释，被应用于经济学等多个研究领域。

技术创新活动对于企业而言不仅需要巨额投资，而且属于高风险投资。研发活动往往会导致企业处于高度不确定的环境中。高度不确定的环境可能阻碍信息传递，进一步加剧企业的信息不对称。当信息不对称问题严重时，因为市场信息和资源采集受到阻碍，管理层基于信息不足的状态可能对创新活动采取保守态度。此外，外部投资者也可能出于风险考虑而减少对企业的投资。这可能导致企业面临资金短缺等问题，最终影响其创新能力，进而对企业的创新绩效产生负面影响。

四、委托代理理论

伯利（Berle）和米恩斯（Means）结合企业的实际发展状况于 1930 年共同提出了委托代理理论。该理论揭示了企业在成长过程中内部管理方面的问题。基于企业价值最大化的目标，他们主张实施两权分离制度，通过职业经理人科学管理企业，从而推动企业的进一步发展。在该理论提出的基础上，麦肯（Mecking）和詹森（Jensen）根据企业实际情况和市场特征深入研究了委托代理理论，强调企业所有者与管理者之间存在着契约联系。由于双方在发展过程中的目标并不完全相同，在信息不对称的情况下，管理者可能的懈怠行为促使委托人监管支出、代理人担保支出以及剩余损失等代理成本的产生，从而妨碍企业价值最大化的有效实现。

在现代公司治理体系中，委托代理关系可以分为以下两种情形。第一，是所有者和管理者之间的委托代理关系。股东是企业的所有者，管理层应股东委托经营管理公司。理论上，股东和管理者都会以理性方式行事，以确保自己的利益最大化。然而，由于股东和管理者的利益目标存在差异，这导致了所有者与管理者之间的委托代理问题的产生。第二，是大股东与小股东之间的委托代理关系。在公司股东较为集中的情况下，拥有较高持股比例的大股东具有充分动机滥用他们的地位以谋取自身的最大利益，在这一滥用职位的过程中，中小股东的权益往往会受到损害，导致大股东与小股东之间的委托代理问题。

本书认为，当企业投资技术创新项目时，基于利益目标的差异性，所有者更加注重该项目对其长期回报的贡献，而管理者则更关注短期内的实际效益，进而引发委托代理问题。此外，大股东可能通过其地位来操控公司，损害小股东的权益来牟取私利，这也造成了委托代理问题。为了有效解决这些问题，企业内部人员和管理层需要完善内部控制制度，切实履行自己的职责，并合理规划经营者的权利和义务，以提升企业创新绩效。

第三章

关系型交易与企业研发创新
投入：影响及作用机理

第一节　理论分析与假说提出

由于研发活动自身的特点，企业从事研发活动的动力与能力一直面临着挑战。一方面，研发活动是生产技术知识或信息的活动，具有外部溢出效应，易被其他企业学习或者模仿，使得企业在承担所有研发成本与风险的情况下，却难以占有研发活动所带来的全部收益。这弱化了企业从事研发活动的动力。另一方面，研发活动的开展不仅需要大量持续的资金投入，同时还会增加企业的财务风险，这对企业的财务实力提出了较为严峻的挑战。

首先，研发活动具有高度的复杂性和专业性，且企业为防止竞争对手模仿或复制，往往会对其进行严格的信息保密，进一步加重信息不对称程度，导致外部投资者难以判断其潜在价值，使得企业面临的外部融资摩擦更为严重（Myers et al.，1984）。

其次，由于 R&D 投资具有更高的调整成本（Himmelberg et al.，1994；Hall，2002），使得 R&D 投资具有"刚性"①。另外，企业 R&D 活动存在高风险特性，增加了企业未来的不确定性。转型经济背景下，中国的法律制度处于持续的完善过程中，较弱的产权保护制度使得企业从事研发活动的积极性本就很低。而现实

---

① R&D 投资主要包括技术研发人员的工资和研发培训成本。R&D 投资下调往往意味着研发人员的削减。如果 R&D 投资下调是一种暂时性策略，则意味着市场看好时，重新开展研发需要花费大量的雇佣和培训成本（Himmelberg et al.，1996）。更为严重的是，这些研发人员掌握着企业的核心私有信息，这些信息的泄露会损害企业创新的价值。此外，企业 R&D 都是基于团队来开展，团队成员的流动会干扰企业研发的进展。

的企业竞争过程中，关系型交易已经成为企业商业行为中的"守门人"（gate-keeper）和"开门人"（door-opener），赋予了企业稳定的销售收入，这会进一步弱化企业通过研发进行竞争的积极性。因此，存在关系型交易的企业，其开展研发活动的动机更弱。

再次，企业与关系客户间的关系型交易是基于隐形契约形成的，该隐形契约的执行更多是依靠双方间的信任与承诺。对于关系客户而言，其并不明确保证未来会持续购买企业产品或服务。因此，一旦关系客户由于机会主义行为或客观原因终止关系型交易，可能会导致企业销售收入瞬间急剧下降，甚至会引发企业的经营危机。伊兹科维茨（2013）通过对比企业拥有与丧失关系客户前后年度的营业收入发现，关系客户的丧失导致企业净营业收入（净销售收入扣除经营费用）下降 33.81%。在极端情况下，核心关系客户的丧失直接导致企业破产①。可见，相比关系型交易较弱的企业，关系型交易较强的企业发生财务危机的先验概率更高。王（2012）和伊兹科维茨（2013）研究发现，关系型交易的存在会激发企业的预防动机，使之减少股利支付和增加现金持有。孔（2011）基于中国上市公司研究发现，企业关系网络（包括客户关系）的形成和强化有助于企业抵御行业的冲击，尤其是不利的行业冲击。现实中，处于转型经济背景下的中国企业面临众多的外部不确定性，包括政治不确定性、行政管理的不确定性②以及国际环境的不确定性。众多的外部不确定性不仅给企业经营活动带来风险，同时可能会导致关系客户陷入经营困境甚至破产，进而使得其非主观意愿地终止对企业的采购行为。较为典型的如 2013 年，江西赛维 LDK 太阳能高科技有限公司作为京运通（601908.SH）的核心客户与战略合作伙伴，由于金融危机所引发的太阳能行业危机，不得不终止与京运通（601908.SH）的采购合约。因此，转型经济背景下，外部环境较大的不确定性可能会导致关系客户非主观的关系型交易终止行为，使得企业面临着较大的经营风险，进而弱化企业进行高风险研发创新投入的动机与能力。

最后，企业关系型交易的形成，意味着关系客户会投入一定的关系专有资产，这使得企业经营决策行为会对其关系客户产生一定的外部性。赫茨尔等（2008）研究发现，企业破产申请会对上下游产业产生显著的"传染效应"（contagion effects），即对其供应商与客户产生显著的负向财富效应，尤其当交易双方间的关系较为紧密时。约翰逊等（2011）研究发现，企业 SEO 方式的权益融资决策会

①　例如，2014 年 10 月，由于合作伙伴苹果公司爽约，蓝宝石屏幕供应商 GTAT 公司向法院申请破产保护。
②　政治不确定性是指由政治氛围和政策的变化带来的不确定性；行政管理的不确定性是指政府和执法部门工作的不透明性和不规范性带来的不确定性。

对核心客户产生显著的负向溢出效应，且随着信息不对称程度、经济上的依赖程度、关系专有投资水平的增加而表现得更加显著。因此，关系客户往往会通过评估企业的清算概率，进而将其所承担的清算成本通过缔约条款（如降低产品售价，延长付款时间以及提高产品质量要求等）重新转嫁给企业。鉴于此，企业采取减少研发创新投入的风险投资行为，可视为对关系客户的一种关系承诺行为，即企业财务政策稳健，能够保证产品质量，履行双方间的隐形契约，进而获得更多的优惠交易条款，同时鼓励客户进行更多的关系专有资产投入①。

综上，提出以下假说：

假说 3 - 1：企业与客户间的关系型交易对企业研发创新投入具有显著的负向影响。

第 二 节　研 究 设 计

一、样本选取与数据来源

选取 2015 ~ 2020 年度的沪深上市公司作为本书的研究样本，首先是因为计量关系型交易变量时需要滞后 3 年的客户明细数据，其次是出于会计数据口径一致的考虑。因此，数据处理的实际时间为 2012 ~ 2020 年。通过查阅非金融上市公司年报，共获取至少连续 3 年披露前 5 大客户销售占比明细数据的年度样本为 1370 个。另外，还剔除财务数据缺失样本 229 个，最终获得实证研究样本 1141 个。为了防止极端异常值的影响，将连续型变量统一进行 0 ~ 1% 至 99% ~ 100% 的 Winsorize 处理。实证分析中的财务数据来自 Wind 数据库，使用 STATA15.0 进行相应的实证分析。

二、测试变量的操作性计量

（一）企业研发创新投入强度指标

综合现有研究，企业研发创新投入的操作性计量有两种方式：一是财务报表

---

①　关系专有资产是交易双方关系的价值创造源泉。因此，基于融资政策的利益相关者理论，企业需要采取特定的行为（如保守型融资政策）对其关系供应商/关系客户作出承诺，以降低企业破产所引发的供应商/客户关系专有资产价值遭受贬损的可能性，进而引导其进行最优水平的关系专有资产投入，以实现自身的最优经营（Titman，1984；Maksimovic et al.，1991）。

附注中披露的费用化研发创新投入水平与当期主营业务收入的比值（ERD_{it}）；二是采用费用化研发创新投入与资本化研发创新投入（资产负债表中无形资产与开发支出水平的变化）之和与当期主营业务收入的比值（TRD_{it}）。同时采用这两个指标作为企业研发创新投入强度的计量指标。

（二）企业与客户间的关系型交易指标（$DRcus_{it-1}$）

卡尔瓦尼等（1995）首次利用 Compustat 数据库中的核心客户数据进行调查发现，当企业存在核心（大）客户时（单个客户的购买数量占到企业整个销售收入的10%及以上），企业会表达出对双方交易关系的长期预期，且企业为此投入了一定的关系专有资产，以成为核心客户的"优先或认证的供应商"，或者为满足客户特殊需求而定制相关产品。基于关系型交易的持久性和相互依赖性，这时的企业与其客户之间便存在着较强的关系型交易。据此，财务学研究领域中，以企业的经营行为依赖于少部分核心客户的程度作为标准，来判断企业是否存在关系型交易，或者关系型交易强度，即当企业的销售收入依赖于少数核心客户时，则认为企业存在关系型交易，且这种依赖程度越高，则双方间关系型交易越为重要（Kalwani et al.，1995；Fee et al.，2006；Banerjee et al.，2008；Johnson et al.，2010；Itzkowitz，2013，2015）。该概念的界定主要基于相互依赖程度的概念，即企业与其核心客户之间依赖的总量，等于企业对客户的依赖与客户对企业的依赖之和，其更多反映的是企业与核心客户的互动强度。

在中国现有制度环境下，人际关系是中国组织间关系的一个重要变量（庄贵军等，2003）。而人际关系的生成、维持与发展具有联系（关系形成的基础）、联系的媒介（关系形成的桥梁）及交往（关系的动态过程）三大要素（乐国安等，2002）。企业与核心客户间持续、高额的交易行为反映出双方频繁的互动，稳定的联系媒介（交易带来的经济利益），以及长期交往所带来的高度认知与信任。因此，在现有文献研究成果的基础上，采用企业与核心客户间的互动强度与关系持续时间双重维度，刻画中国上市公司与其核心客户是否存在关系型交易（或关系型交易强度）。

通过手工收集企业披露的前5大客户销售占比的明细数据，界定：当企业存在销售占比超过10%的重大核心客户（高强度的互动），且企业与该客户交易关系持续3年及以上时（持久的互动），则企业存在着与关系客户的关系型交易，即关系型交易哑变量 $DRcus_{it-1}$ 赋值为1。同时，还引入连续性变量 $Rcus_{it-1}$，即关系客户占企业销售收入比例的年均值，以作为企业关系型交易强度的替代变量。具体如模型（3-1）所示（J 表示连续3年销售占比超过10%的核心客户数量；

$Kcsale_{ij,t-k}$ 表示公司 i 对其第 j 个核心客户在 $t-k$ 年的销售金额；$Msale_{i,t-k}$ 表示公司 i 在 $t-k$ 年的主营业务收入）：

$$Rcus_{it-1} = \sum_{k=1}^{3} \sum_{j=1}^{J} \frac{Kcsale_{ij,t-k}}{Msale_{i,t-k}} \bigg/ 3 \qquad (3-1)$$

以东旭光电（000049）为例，该公司仅披露 2008~2011 年前 5 大客户销售占比明细数据，如表 3-1 所示。2008~2011 年，该公司存在重大核心客户（即销售占比超过 10% 的客户），且持续时间超过 3 年，因此，2010 年和 2011 年的 $DRcus_{it-1}$ 赋值为 1，而由于 2006 年与 2007 年度的数据缺失，2008 年和 2009 年的 $DRcus_{it-1}$ 为缺失值。对于连续性变量的 $Rcus_{it-1}$ 计算，2010 年和 2011 年 $Rcus_{it-1}$ 分别赋值 82.54%（43.86%、36.47%、60.28%、32.55%、53.28% 和 21.18% 之和除以 3）和 45.33%（60.28%、53.28% 与 22.44% 之和除以 3）。

表 3-1　　　　　　　　东旭光电（000049）关系型交易指标计量示例

公司股票代码	年度	第1大客户及销售占比	第2大客户及销售占比	第3大客户及销售占比	第4大客户及销售占比	第5大客户及销售占比	$DRcus_{it-1}$	$Rcus_{it-1}$
C000413	2008	河南安彩高科股份有限公司，43.86%	石家庄宝石电子集团有限责任公司，36.47%	石家庄宝石电子真空玻璃有限公司，7.13%	河南安飞电子玻璃有限公司，5.98%	深圳赛格三星股份有限公司，5.37%	缺失	缺失
C000413	2009	石家庄宝石电子集团有限责任公司，60.28%	河南安彩高科股份有限公司，32.55%	石家庄宝石电子真空玻璃有限公司，4.19%	天津京津玻壳电子有限公司，1.09%	河南安飞电子玻璃有限公司，0.47%	缺失	缺失
C000413	2010	石家庄宝石电子集团有限责任公司，53.28%	河南安彩高科股份有限公司，21.18%	河南安飞电子玻璃有限公司，2.45%	津京津玻壳电子有限公司，0.71%	川彩虹电子集团有限公司，0.26%	1	0.8254
C000413	2011	东旭集团有限公司，33.17%	石家庄宝石电子集团有限责任公司，22.44%	河南安彩高科股份有限公司，6.42%	河南安飞电子玻璃有限公司，1.70%	印度，1.15%	1	0.4533

三、研究模型设定

借鉴恩里克等（Enrique et al.，2010）、陈爽英等（2010）及袁建国等（2015）的研究设计，本书构建下述模型进行假说 3-1 的检验，具体如模型（3-2）所示。

$$ERDi_{it} = \beta_0 + \beta_1 DRcus_{it-1} + \beta_2 Lev_{it-1} + \beta_3 OCF_{it-1} + \beta_4 Cash_{it-1} + \beta_5 Rldebt_{it-1}$$
$$+ \beta_6 Tangible_{it-1} + \beta_7 Roa_{it-1} + \beta_8 Invest_{it-1} + \beta_9 Sgrowth_{it-1}$$
$$+ \beta_{10} \ln asset_{it-1} + \beta_{11} Div_{it-1} + \beta_{12} \ln age_{it-1} + \beta_{13} Adm_{it-1} + \beta_{14} Top1_{it-1}$$
$$+ \beta_{15} Iholding_{it-1} + \beta_{16} State_{it-1} + \beta_{17} Receiv_{it-1} + \beta_{18} Intrade_{it-1}$$
$$+ \beta_{19} Herfcusiv_{it-1} + \sum Year + \sum Industry + \varepsilon_{it} \qquad (3-2)$$

回归模型中，控制变量（均采用滞后 1 期）包括：资产负债率（Lev_{it-1}）、经营净现金流（OCF_{it-1}）、现金持有（$Cash_{it-1}$）、总资产收益率（Roa_{it-1}）、投资支出水平（$Investcf_{it-1}$）、总资产规模（$\ln asset_{it-1}$）、已上市年限（$\ln age_{it-1}$）以及现金股利分配（Div_{it-1}）等企业基本面因素，以及反映企业管理者和控股股东代理问题严重程度的替代变量，包括管理费费率、第 1 大股东持股比例以及机构投资者持股比例。需要说明的是：加入前期经营活动自由现金流（OCF_{it-1}）与企业商业信用净额（$Receiv_{it-1}$）控制变量，以控制与关系客户的关系型交易借助这些渠道进而影响企业的研发活动；上市公司的关联方有可能属于其关系型客户，加入企业关联方采购金额占比（$Intrade_{it-1}$），以控制关联方交易的影响。此外，本书设置行业（$Industry$）和年度（$Year$）虚拟变量，以控制行业和年度因素对企业研发创新投入的影响。模型中因变量、自变量及其控制变量的具体定义具体如表 3-2 所示。

表 3-2　　　　　　　　　　主要变量符号、名称与定义

变量类型	变量符号	变量名	变量定义
因变量	TRD_{it}	总研发创新投入	费用化研发创新投入与资本化研发创新投入（资产负债表中无形资产与开发支出水平的变化）之和与当期主营业务收入的比值
	ERD_{it}	费用化研发创新投入	费用化研发创新投入水平与当期主营业务收入的比值
自变量	$DRcus_{it-1}$	关系型交易存在与否	企业连续 3 年存在销售占比超过 10% 的相同核心客户，则为 1，否则为 0
	$Rcus_{it-1}$	关系型交易强度	连续 3 年销售占比超过 10% 的相同核心客户销售额占比累计之和的年均值，具体见模型（3-1）
控制变量	Lev_{it-1}	资产负债率	期初总负债与期初总资产的比率
	OCF_{it-1}	经营性净现金流	前期经营净现金流量与年初总资产的比率
	$Cash_{it-1}$	企业持有现金水平	期初现金持有与可交易性金融资产之和除以年初总资产
	$Rldebt_{it-1}$	长期债务占比	期初长期负债与期初总负债的比率

续表

变量类型	变量符号	变量名	变量定义
控制变量	$Tangible_{it-1}$	抵押能力	前期有形长期资产与年初总资产的比率
	Roa_{it-1}	总资产收益率	前期净利润与年初总资产的比率
	$Investcf_{it-1}$	投资支出水平	前期投资活动现金流出与年初总资产的比率
	$Sgrowth_{it-1}$	投资机会	前期主营业务收入增长率
	$lnasset_{it-1}$	公司规模	年初总资产账面值的自然对数
	Div_{it-1}	现金股利支付	前期若发生现金股利支付，为1，否则为0
	$lnage_{it-1}$	上市年龄	截至前期所在年份的公司上市年数
	Adm_{it-1}	管理费费率	前期管理费与前期主营业务收入的比率
	$Top1_{it-1}$	第1大股东持股比例	年初第1大股东持有的股票数量占总股本的比例
	$Iholding_{it-1}$	机构投资者持股比例	年初机构投资者持有的股票数量占总股本的比例
	$State_{it-1}$	政府控股特征	若为政府控股企业，则为1，否则为0
	$Receiv_{it-1}$	企业商业信用	（期初应付账款 – 期初应收账款）与年初总资产的比率
	$Intrade_{it-1}$	关联方采购占比	前期关联方销售商品与提供劳务之和与主营业务收入的比率

第三节　实证结果与分析

一、描述性统计与分析

表3－3列示了基于关系型交易变量 $DRcus_{it-1}$ 分组的描述性统计结果。总样本中，存在关系型交易（$DRcus_{it-1}=1$）的样本为171个，不存在关系型交易（$DRcus_{it-1}=0$）的样本为970个，$DRcus_{it-1}$ 均值为14.99%。因变量与控制变量的组间均值差异分析显示，相比 $DRcus_{it-1}=0$ 组，$DRcus_{it-1}=1$ 组企业具有如下特点：负债水平较低，现金持有较多，这与班纳吉等（2008）和伊兹科维茨（2013）研究发现相一致，即关系型交易的存在往往意味着企业较高的客户集中度，会增加企业的经营风险，进而引发企业保守型的理财行为；企业上市年限更短，资产规模更小，这与帕克等（Park et al., 2001）的研究发现相一致，即上

市年限较短与规模较小的企业会更积极地通过借助关系获取组织生存与发展的资源；企业关联交易占比较高，与艾伦等（Allen et al.，2000）和菲等（2006）研究发现相一致，即企业通过持股核心客户方式来治理双方企业的交易行为，以防止交易对方的"敲竹杠"或"掠夺"行为。

表 3-3　　　　　　　　　　　　　　变量描述性统计

变量	$DRcus_{it-1}=1$（样本量：171 个）					$DRcus_{it-1}=0$（样本量：970 个）					均值差异
	最小值	均值	中位数	最大值	标准差	最小值	均值	中位数	最大值	标准差	
TRD_{it}	-0.099	0.040	0.033	0.211	0.043	-0.099	0.041	0.029	0.372	0.060	-0.001
ERD_{it}	0.000	0.028	0.030	0.129	0.020	0.000	0.028	0.024	0.157	0.027	0.000
Lev_{it-1}	0.040	0.383	0.367	1.194	0.222	0.040	0.485	0.492	1.194	0.223	-0.102 ***
OCF_{it-1}	-0.004	0.001	0.0006	0.005	0.001	-0.004	0.000	0.0004	0.005	0.001	0.001
$Cash_{it-1}$	0.011	0.211	0.167	0.654	0.157	0.011	0.168	0.138	0.649	0.119	0.043 ***
$Rldebt_{it-1}$	0.000	0.065	0.006	0.609	0.111	0.000	0.120	0.049	0.609	0.152	-0.055 ***
$Tangible_{it-1}$	-0.323	0.528	0.539	0.936	0.243	-0.323	0.415	0.407	0.936	0.233	0.113 ***
Roa_{it-1}	-0.177	0.049	0.050	0.354	0.061	-0.177	0.059	0.053	0.354	0.077	-0.010 *
$Investcf_{it-1}$	0.001	0.061	0.046	0.270	0.051	0.001	0.065	0.052	0.274	0.053	-0.004
$Sgrowth_{it-1}$	-0.472	0.095	0.072	1.280	0.262	-0.472	0.133	0.101	1.280	0.282	-0.038 *
$lnasset_{it-1}$	19.692	21.372	21.344	24.438	0.976	19.120	21.830	21.729	24.943	1.112	-0.458 ***
Div_{it-1}	0.000	0.661	1.000	1.000	0.475	0.000	0.627	1.000	1.000	0.484	0.034
$lnage_{it-1}$	0.000	1.916	1.946	2.996	0.725	0.000	2.159	2.485	2.996	0.688	-0.243 ***
Adm_{it-1}	0.022	0.090	0.083	0.306	0.049	0.013	0.088	0.073	0.416	0.062	0.002
$Top1_{it-1}$	0.100	0.379	0.358	0.764	0.141	0.051	0.354	0.335	0.764	0.143	0.025 **
$Iholding_{it-1}$	0.000	0.346	0.354	0.865	0.244	0.000	0.384	0.386	0.865	0.226	-0.038 **
$State_{it-1}$	0.000	0.386	0.000	1.000	0.488	0.000	0.427	0.000	1.000	0.495	-0.041
$Receiv_{it-1}$	0.011	0.185	0.181	0.472	0.104	0.011	0.173	0.151	0.472	0.112	0.012
$Intrade_{it-1}$	0.000	0.112	0.000	0.652	0.191	0.000	0.038	0.000	0.652	0.096	0.074 ***

注：***、**和*分别表示在1%、5%及10%水平下显著。

表 3-4 列示了主要变量的相关系数，企业研发创新投入（ERD_{it} 和 TRD_{it}）

与关系型交易变量（$DRcus_{it-1}$ 和 $Rcus_{it-1}$）的相关系数基本为负，但统计上不显著。考虑到许多因素会同时影响企业的研发活动与关系型交易，如资产规模因素、企业寿命周期因素等，因此，这两者间的关系还需要进一步的多元回归检验。

表 3 - 4　　　　　　　　　　　核心变量皮尔逊相关系数

变量	$TTRD_{it}$	ERD_{it}	$DRcus_{it-1}$	$Rcus_{it-1}$	Lev_{it-1}	OCF_{it-1}	$Cash_{it-1}$	$lnasset_{it-1}$
TRD_{it}	1.000							
ERD_{it}	0.602 ***	1.000						
$DRcus_{it-1}$	-0.005	0.005	1.000					
$Rcus_{it-1}$	-0.010	-0.005	0.881 ***	1.000				
Lev_{it-1}	-0.270 ***	-0.319 ***	-0.160 ***	-0.126 ***	1.000			
OCF_{it-1}	0.024	-0.037	0.034	0.018	-0.152 ***	1.000		
$Cash_{it-1}$	0.195 ***	0.191 ***	0.122 ***	0.082 ***	-0.515 ***	0.189 ***	1.000	
$lnasset_{it-1}$	-0.160 ***	-0.180 ***	-0.148 ***	-0.127 ***	0.363 ***	0.095 ***	-0.225 ***	1.000

注：*** 表示在1%的水平下显著。

二、多元回归检验与结果分析

假说 3 - 1 相应的多元回归检验结果如表 3 - 5 所示，列（1）与列（2）分别列示以 TRD_{it} 作为因变量、$DRcus_{it-1}$ 和 $Rcus_{it-1}$ 作为自变量的回归结果，$DRcus_{it-1}$ 和 $Rcus_{it-1}$ 回归系数至少在 10% 水平内显著为负，支持假说 3 - 1。列（3）至列（4）分别列示以 ERD_{it} 作为因变量的回归结果，$DRcus_{it-1}$ 回归系数依然在 10% 水平内显著为负，而 $Rcus_{it-1}$ 回归系数为负，统计上接近显著。简言之，关系型交易的存在会给企业带来一定的竞争优势，同时可能会增加企业的经营风险，进一步弱化企业研发的动力与能力，使其减少研发创新投入。为了降低模型的内生性问题，以 $Rcus_{it-2}$ 作为 $Rcus_{it-1}$ 的工具变量，进行 2SLS 回归，回归结果具体如列（5）至列（7）所示。列（5）列示了第一阶段的回归结果，$Rcus_{it-2}$ 与 $Rcus_{it-1}$ 具有高度相关性，表明关系型交易具有较高的稳定性与持续性；列（6）和列（7）分别列示第二阶段 TRD_{it} 和 ERD_{it} 作为因变量的回归结果，$Rcus_{it-1}$ 继续显著为负，与假说保持一致。

表 3 – 5　　　　　　　　　　　　假说 3 – 1 的多元回归检验结果

变量	(1) TRD_{it}	(2) TRD_{it}	(3) ERD_{it}	(4) ERD_{it}	1st stage (5) $Rcus_{it-1}$	2st stage (6) TRD_{it}	(7) ERD_{it}
$DRcus_{it-1}$	-0.010^{**} (-2.30)		-0.003^{*} (-1.92)				
$Rcus_{it-1}$		-0.024^{*} (-1.70)		-0.007 (-1.47)		-0.036^{*} (-1.67)	-0.017^{***} (-2.17)
$Rcus_{it-2}$					0.546^{***} (33.23)		
Lev_{it-1}	0.026 (0.84)	0.025 (0.81)	0.001 (0.12)	0.001 (0.08)	0.242^{***} (7.04)	-0.010 (-0.32)	-0.016 (-1.61)
OCF_{it-1}	1.630 (0.96)	1.572 (0.92)	0.690 (1.01)	0.648 (0.94)	-0.036 (-1.16)	0.025 (0.77)	0.000 (0.04)
$Cash_{it-1}$	0.019 (1.13)	0.018 (1.08)	0.001 (0.10)	0.000 (0.05)	4.594^{***} (2.73)	1.729 (0.97)	0.980 (1.40)
$Rldebt_{it-1}$	0.040^{***} (3.12)	0.040^{***} (3.12)	0.003 (0.73)	0.003 (0.73)	-0.014 (-0.68)	0.018 (1.01)	0.000 (-0.07)
$Tangible_{it-1}$	0.069^{**} (2.48)	0.068^{**} (2.43)	0.025^{***} (2.78)	0.025^{***} (2.72)	-0.030^{*} (-1.94)	0.040^{***} (3.08)	0.006 (1.30)
Roa_{it-1}	0.045 (1.29)	0.047 (1.33)	-0.009 (-0.74)	-0.009 (-0.71)	-0.027 (-0.93)	0.066^{**} (2.25)	0.025^{***} (2.67)
$Investcf_{it-1}$	0.046 (1.09)	0.044 (1.05)	0.004 (0.27)	0.003 (0.22)	-0.077^{**} (-2.31)	0.052 (1.41)	-0.011 (-0.83)
$Sgrowth_{it-1}$	0.004 (0.62)	0.004 (0.66)	0.002 (0.84)	0.002 (0.86)	-0.078^{*} (-1.76)	0.043 (0.96)	-0.002 (-0.11)
$lnasset_{it-1}$	-0.001 (-0.31)	0.000 (-0.19)	0.002^{***} (2.98)	0.003^{***} (3.21)	0.004 (1.43)	-0.003 (-1.56)	0.003^{***} (3.38)
Div_{it-1}	-0.005 (-1.29)	-0.006 (-1.35)	0.002 (1.44)	0.002 (1.42)	-0.027 (-1.15)	0.023 (1.21)	0.031^{***} (4.01)

续表

变量	(1) TRD_{it}	(2) TRD_{it}	(3) ERD_{it}	(4) ERD_{it}	$1^{st}\ stage$ (5) $Rcus_{it-1}$	$2^{st}\ stage$ (6) TRD_{it}	(7) ERD_{it}
$lnage_{it-1}$	-0.010^{***} (-2.64)	-0.010^{***} (-2.61)	-0.006^{***} (-3.82)	-0.006^{***} (-3.78)	-0.018^{**} (-2.23)	0.004 (0.57)	0.001 (0.28)
Adm_{it-1}	0.128^{**} (2.46)	0.131^{**} (2.51)	0.159^{***} (7.18)	0.159^{***} (7.19)	0.008 (0.18)	0.094 (1.55)	0.181^{***} (7.18)
$Top1_{it-1}$	-0.014 (-1.13)	-0.015 (-1.21)	-0.010^{*} (-1.90)	-0.011^{**} (-1.97)	0.009^{*} (1.68)	-0.004 (-1.05)	0.002 (1.33)
$lholding_{it-1}$	-0.006 (-0.65)	-0.005 (-0.62)	0.003 (0.80)	0.003 (0.83)	-0.013^{***} (-2.83)	-0.008^{**} (-2.06)	-0.006^{***} (-3.93)
$State_{it-1}$	0.001 (0.27)	0.001 (0.18)	0.002 (1.33)	0.002 (1.28)	0.066^{***} (3.25)	0.012 (0.80)	-0.004 (-0.76)
$Receiv_{it-1}$	0.026 (1.40)	0.026 (1.40)	0.031^{***} (4.11)	0.031^{***} (4.12)	0.002 (0.39)	0.001 (0.32)	0.002 (1.25)
$Intrade_{it-1}$	0.004 (0.28)	0.004 (0.32)	-0.007 (-1.29)	-0.008 (-1.40)	-0.018 (-1.09)	-0.010 (-0.79)	-0.011^{*} (-1.89)
常数项	-0.037 (-0.75)	-0.040 (-0.83)	-0.061^{***} (-3.51)	0.031^{***} (3.21)	-0.018 (-0.29)	0.020 (0.41)	-0.071^{***} (-4.11)
$Industry$	控制	控制	控制	控制	控制	控制	控制
$Year$	控制	控制	控制	控制	控制	控制	控制
$adj.\ R^2$	0.2159	0.2144	0.4579	0.4561	0.8369	0.2125	0.4511
样本量	1141	1141	1141	1141	559	559	559

注：采用2SLS进行内生性分析时，样本量下降为559；表中列示异方差修正后的稳健性结果，括号内为 t 值，*** 、** 和 * 分别表示在1%、5%和10%水平下显著。

三、敏感性分析

首先，进一步降低关系型交易时间维度的要求，即当企业存在连续2年销售占比超过10%的相同核心客户时，则意味着企业存在着关系型交易，引入变量

$DRcus2_{it-1}$，对其赋值为 1；同样，引入 $Rcus2_{it-1}$，根据连续 2 年销售占比超过 10% 的相同核心客户销售额占比累计之和的年均值进行赋值。相应的假说 3 - 1 敏感性分析如表 3 - 6 所示，结果保持一致，继续支持假说 3 - 1。另外，考虑到非制造业行业（代码分别为 B08、E50、F51、F52、H62、K70 及 R86）样本数量较少，本书将之剔除后再进行回归，结果依然一致（限于篇幅未予列示）。综上，敏感性分析的结果表明了上述研究结论较为稳健。

表 3 - 6 假说 3 - 1 的敏感性分析

变量	假说 3 - 1			
	TRD_{it}	TRD_{it}	ERD_{it}	ERD_{it}
$DRcus2_{it-1}$	-0.008 ** (-1.99)		-0.004 ** (-2.39)	
$Rcus2_{it-1}$		-0.028 ** (-2.34)		-0.008 * (-1.72)
Lev_{it-1}	0.025 (0.83)	0.026 (0.85)	0.001 (0.10)	0.001 (0.13)
OCF_{it-1}	1.538 (0.90)	1.583 (0.93)	0.666 (0.97)	0.671 (0.98)
$Cash_{it-1}$	0.020 (1.17)	0.018 (1.09)	0.001 (0.16)	0.000 (0.07)
$Rldebt_{it-1}$	0.041 *** (3.18)	0.041 *** (3.18)	0.004 (0.82)	0.004 (0.80)
$Tangible_{it-1}$	0.068 ** (2.44)	0.069 ** (2.47)	0.025 *** (2.77)	0.025 *** (2.78)
Roa_{it-1}	0.046 (1.33)	0.048 (1.37)	-0.009 (-0.73)	-0.008 (-0.67)
$Investcf_{it-1}$	0.045 (1.07)	0.044 (1.03)	0.004 (0.25)	0.003 (0.22)
$Sgrowth_{it-1}$	0.004 (0.62)	0.005 (0.69)	0.002 (0.80)	0.002 (0.90)

续表

变量	假说 3 – 1			
	TRD_{it}	TRD_{it}	ERD_{it}	ERD_{it}
$lnasset_{it-1}$	- 0.001 (- 0.32)	- 0.001 (- 0.27)	0.002 *** (2.87)	0.002 *** (3.02)
Div_{it-1}	- 0.005 (- 1.31)	- 0.006 (- 1.36)	0.002 (1.45)	0.002 (1.38)
$lnage_{it-1}$	- 0.009 *** (- 2.57)	- 0.010 *** (- 2.58)	- 0.006 *** (- 3.78)	- 0.006 *** (- 3.77)
Adm_{it-1}	0.128 *** (2.47)	0.127 *** (2.46)	0.158 *** (7.14)	0.159 *** (7.16)
$Top1_{it-1}$	- 0.015 (- 1.20)	- 0.015 (- 1.19)	- 0.010 * (- 1.94)	- 0.011 * (- 1.95)
$lholding_{it-1}$	- 0.005 (- 0.63)	- 0.006 (- 0.67)	0.003 (0.82)	0.003 (0.78)
$State_{it-1}$	0.001 (0.30)	0.001 (0.25)	0.003 (1.40)	0.002 (1.32)
$Receiv_{it-1}$	0.027 (1.48)	0.026 (1.43)	0.031 *** (4.16)	0.031 *** (4.14)
$Intrade_{it-1}$	0.003 (0.25)	0.005 (0.34)	- 0.007 (- 1.22)	- 0.007 (- 1.26)
常数项	- 0.037 (- 0.76)	- 0.039 (- 0.81)	- 0.060 *** (- 3.45)	- 0.062 *** (- 3.59)
$Industry$	控制	控制	控制	控制
$Year$	控制	控制	控制	控制
adj. R^2	0.2153	0.2156	0.4590	0.4575
样本量	1141	1141	1141	1141

注：表中括号内为 t 值，***、** 和 * 分别表示在 1%、5% 及 10% 水平下显著。

第四节　关系型交易对企业研发创新投入的影响机理检验

一、基于行业竞争强度视角的影响机理检验

在中国现行制度环境下，被视为社会资本的关系型交易尽管可给企业带来一定的资源，但同时会对企业的研发活动产生一定的负面影响。本节进一步分析关系型交易如何影响企业的研发行为。诚如上述的理论分析，关系型交易的存在缓解了企业面临的市场竞争压力，进而导致企业缺少创新的压力与动力。聂辉华等（2008）和沈坤荣等（2009）研究指出，行业竞争压力是影响企业进行研发的关键因素之一。行业竞争强度越高，则企业研发的压力越大，动力越强。基于该发现，如果关系型交易通过降低企业面临的市场竞争压力进而减少其研发创新投入，那么关系型交易将会降低行业竞争强度对其研发的影响。

借鉴现有的研究，采用赫芬达尔指数和行业平均销售毛利率度量各行业的竞争强度。其中，赫芬达尔指数（HHI_{it-1}）为行业中所有上市公司主营业务收入占行业总收入百分比的平方和，行业平均销售毛利率（$Indmarg_{it-1}$）为行业中所有上市公司销售毛利率的平均值。两者的数值越高，表明行业竞争强度越低。表 3-7 中 Panel A 和 Panel B 分别列示了 HHI_{it-1} 和 $Indmarg_{it-1}$ 作为行业竞争强度替代变量的多元回归结果，与现有研究结论一致，即企业所在行业的竞争强度越低，则企业的研发水平更低；更进一步，相比未存在关系型交易的企业（$DRcus_{it-1}=0$ 组），行业竞争强度对存在关系型交易企业（$DRcus_{it-1}=1$ 组）研发创新投入的负向影响不显著。Panel C 列示了以 $DRcus2_{it-1}$ 作为自变量的敏感性分析，回归结果保持稳定。该结果表明，关系型交易的存在降低了企业所面临的行业竞争压力，进而使其开展研发活动的压力和动力更小。

表 3-7　　　关系型交易、市场竞争与企业研发创新投入的回归检验

变量	Panel A			Panel B			Panel C		
	总样本	$DRcus_{it-1}$ $=0$	$DRcus_{it-1}$ $=1$	总样本	$DRcus_{it-1}$ $=0$	$DRcus_{it-1}$ $=1$	总样本	$DRcus2_{it-1}$ $=0$	$DRcus2_{it-1}$ $=1$
HHI_{it-1}	-1.007 *** (-2.96)	-1.079 *** (-2.90)	1.173 (1.38)				-0.034 *** (-2.93)	-0.034 ** (-2.52)	-0.019 (-0.85)

续表

变量	Panel A			Panel B			Panel C		
	总样本	$DRcus_{it-1}$ =0	$DRcus_{it-1}$ =1	总样本	$DRcus_{it-1}$ =0	$DRcus_{it-1}$ =1	总样本	$DRcus2_{it-1}$ =0	$DRcus2_{it-1}$ =1
$Indmarg_{it-1}$				-0.086^* (-1.66)	-0.093^* (-1.76)	-0.072 (-0.63)			
$DRcus_{it-1}$	-0.010^{**} (-2.27)			-0.010^{**} (-2.26)					
$DRcus2_{it-1}$							-0.008^* (-1.81)		
Lev_{it-1}	-0.011 (-0.43)	-0.003 (-0.10)	-0.033 (-0.96)	-0.016 (-0.65)	-0.011 (-0.35)	-0.036 (-1.06)	-0.005 (-0.21)	-0.016 (-0.57)	0.011 (0.23)
OCF_{it-1}	0.026 (0.86)	0.043 (1.28)	-0.082 (-1.37)	0.025 (0.83)	0.042 (1.27)	-0.075 (-1.28)	0.043 (1.30)	0.065^* (1.77)	-0.082 (-1.20)
$Cash_{it-1}$	1.615 (0.95)	1.619 (0.84)	-0.388 (-0.11)	1.429 (0.87)	1.295 (0.70)	-0.005 (0.00)	0.435 (0.23)	0.278 (0.12)	-1.360 (-0.39)
$Rldebt_{it-1}$	0.016 (0.98)	0.026 (1.26)	0.020 (0.71)	0.013 (0.79)	0.024 (1.13)	0.013 (0.45)	0.024 (1.40)	0.024 (1.09)	0.036 (1.27)
$Tangible_{it-1}$	0.041^{***} (3.20)	0.045^{***} (3.24)	0.009 (0.29)	0.042^{***} (3.33)	0.046^{***} (3.40)	0.017 (0.54)	0.034^{***} (2.60)	0.030^{**} (2.38)	0.062 (1.40)
Roa_{it-1}	0.070^{**} (2.51)	0.085^{***} (2.84)	-0.039 (-0.67)	0.065^{**} (2.33)	0.080^{***} (2.68)	-0.035 (-0.60)	0.073^{***} (2.60)	0.099^{***} (3.31)	-0.067 (-1.04)
$Investcf_{it-1}$	0.047 (1.34)	0.062 (1.59)	-0.036 (-0.70)	0.064^* (1.84)	0.080^{**} (2.09)	-0.022 (-0.41)	0.080^{**} (2.42)	0.071^* (1.89)	0.151^{**} (2.11)
$Sgrowth_{it-1}$	0.040 (0.95)	0.032 (0.68)	0.009 (0.14)	0.047 (1.12)	0.040 (0.84)	-0.002 (-0.03)	0.046 (1.08)	0.056 (1.10)	-0.006 (-0.07)
$lnasset_{it-1}$	-0.001 (-0.25)	-0.001 (-0.33)	0.005 (1.11)	-0.004^* (-1.95)	-0.004^* (-1.84)	0.002 (0.51)	-0.001 (-0.31)	0.001 (0.25)	-0.006 (-1.30)
Div_{it-1}	0.022 (1.20)	0.007 (0.32)	0.131^{***} (2.74)	0.022 (1.23)	0.008 (0.38)	0.128^{***} (2.67)	0.024 (1.30)	0.016 (0.70)	0.040 (0.94)

续表

变量	Panel A			Panel B			Panel C		
	总样本	$DRcus_{it-1}$ $=0$	$DRcus_{it-1}$ $=1$	总样本	$DRcus_{it-1}$ $=0$	$DRcus_{it-1}$ $=1$	总样本	$DRcus2_{it-1}$ $=0$	$DRcus2_{it-1}$ $=1$
$lnage_{it-1}$	0.004 (0.63)	0.000 (-0.04)	0.015 (1.04)	0.004 (0.55)	-0.001 (-0.13)	0.017 (1.24)	0.002 (0.37)	0.000 (0.05)	0.000 (0.00)
Adm_{it-1}	0.130** (2.50)	0.111** (1.98)	0.190*** (2.70)	0.098* (1.74)	0.079 (1.29)	0.184** (2.38)	0.199*** (3.10)	0.225*** (3.13)	0.079 (0.63)
$Top1_{it-1}$	-0.005 (-1.24)	-0.006 (-1.21)	-0.004 (-0.49)	-0.003 (-0.81)	-0.004 (-0.86)	-0.005 (-0.50)	-0.006 (-1.50)	-0.008 (-1.56)	-0.001 (-0.12)
$lholding_{it-1}$	-0.010*** (-2.79)	-0.010** (-2.38)	-0.017*** (-2.56)	-0.009** (-2.36)	-0.009** (-1.99)	-0.018*** (-2.79)	-0.009** (-2.38)	-0.008* (-1.92)	-0.012* (-1.66)
$State_{it-1}$	0.002 (0.13)	-0.022 (-1.21)	0.022 (1.18)	0.003 (0.24)	-0.021 (-1.18)	0.021 (1.11)	-0.004 (-0.28)	-0.015 (-0.69)	0.002 (0.11)
$Receiv_{it-1}$	0.001 (0.20)	0.000 (-0.03)	0.006 (0.68)	0.002 (0.46)	0.001 (0.23)	0.003 (0.35)	0.001 (0.24)	0.001 (0.12)	-0.001 (-0.09)
$Intrade_{it-1}$	-0.014 (-1.19)	-0.019 (-1.40)	-0.005 (-0.21)	-0.011 (-0.87)	-0.016 (-1.15)	-0.001 (-0.02)	-0.010 (-0.80)	-0.017 (-1.22)	0.022 (0.81)
常数项	0.169** (2.13)	0.141** (1.81)	-0.018 (-0.19)	0.085 (1.54)	0.050 (0.87)	0.077 (0.81)	-0.022 (-0.42)	-0.071 (-1.28)	0.237* (1.95)
Industry	控制	控制	控制	控制	控制	控制	控制	控制	控制
Year	控制	控制	控制	控制	控制	控制	控制	控制	控制
adj. R^2	0.2190	0.2298	0.4018	0.2311	0.2444	0.3975	0.2274	0.2479	0.2464
样本量	1141	970	171	1141	970	171	1141	901	240

注：表中括号内为 t 值，*** 、** 和 * 分别表示在1%、5%及10%水平下显著。

二、基于企业风险承担视角的影响机理检验

企业研发活动具有高风险特性，研发创新投入会带来企业风险的进一步上升。因此，现有文献研究发现，从事研发活动的企业资产负债率普遍比较低，企业往往不愿意以负债支持研发投资（卡彭特等，2002；辛格等，2005），以控制

企业整体的风险水平。这表明企业当期的风险承担水平会影响企业未来的研发行为。承继上述关系型交易影响企业研发创新投入的理论分析，即关系型交易的存在可能会增加企业的经营风险，进而弱化企业进行高风险研发创新投入的动机与能力，那么，初步预期：关系型交易的存在将会进一步强化企业现有风险承担水平对其研发创新投入的负向影响。

借鉴伯杰龙等（Bargeron et al.，2010）、法乔等（Faccio et al.，2011）以及李文贵等（2012）的研究设计，本书以过去 5 年总资产收益率（ROA_{it-1}）的标准差作为企业风险（$Risk_{it-1}$）的替代变量，进行相应的实证考察。表 3 - 8 列示了相关的多元回归检验结果，Panel A 列示了以 $DRcus_{it-1}$ 作为自变量的多元回归结果，与现有研究结论一致，即企业风险承担水平对其研发创新投入具有显著的负向影响。但分组回归显示，在 $DRcus_{it-1}=0$ 组和 $DRcus_{it-1}=1$ 组中，企业风险承担水平对其研发创新投入均具有显著的负向影响，但 $DRcus_{it-1}=1$ 组的数值及其显著性水平均显著高于 $DRcus_{it-1}=0$ 组。Panel B 列示了以 $DRcus2_{it-1}$ 作为自变量的敏感性分析，回归结果依然保持一致。简言之，实证结果支持原先预期，表明关系型交易的存在确实可以增加企业的风险，进而导致企业减少研发创新投入。

表 3 - 8　　　　关系型交易、风险承担与企业研发创新投入的回归检验

变量	Panel A			Panel B		
	总样本	$DRcus_{it-1}=0$	$DRcus_{it-1}=1$	总样本	$DRcus_{it-1}=0$	$DRcus_{it-1}=1$
$Risk_{it-1}$	-0.034 *** (-2.92)	-0.023 *** (-2.41)	-0.065 *** (-2.94)	-0.034 *** (-2.93)	-0.028 ** (-2.22)	-0.059 *** (-2.85)
$DRcus_{it-1}$	-0.008 * (-1.92)					
$DRcus2_{it-1}$				-0.008 * (-1.81)		
Lev_{it-1}	-0.007 (-0.28)	0.005 (0.15)	-0.055 (-1.39)	-0.005 (-0.21)	-0.016 (-0.57)	0.011 (0.23)
OCF_{it-1}	0.042 (1.29)	0.060 (1.64)	-0.057 (-0.95)	0.043 (1.30)	0.065 * (1.77)	-0.082 (-1.20)
$Cash_{it-1}$	0.482 (0.25)	0.422 (0.19)	-2.616 (-0.63)	0.435 (0.23)	0.278 (0.12)	-1.360 (-0.39)

续表

变量	Panel A			Panel B		
	总样本	$DRcus_{it-1}=0$	$DRcus_{it-1}=1$	总样本	$DRcus_{it-1}=0$	$DRcus_{it-1}=1$
$Rldebt_{it-1}$	0.022 (1.29)	0.027 (1.29)	0.039 (1.24)	0.024 (1.40)	0.024 (1.09)	0.036 (1.27)
$Tangible_{it-1}$	0.033 ** (2.51)	0.036 ** (2.53)	0.011 (0.35)	0.034 *** (2.60)	0.030 ** (2.38)	0.062 (1.40)
Roa_{it-1}	0.074 *** (2.64)	0.090 *** (2.97)	−0.032 (−0.55)	0.073 *** (2.60)	0.099 *** (3.31)	−0.067 (−1.04)
$Investcf_{it-1}$	0.079 ** (2.36)	0.094 *** (2.58)	0.072 (1.02)	0.080 ** (2.42)	0.071 * (1.89)	0.151 ** (2.11)
$Sgrowth_{it-1}$	0.045 (1.05)	0.036 (0.74)	−0.010 (−0.15)	0.046 (1.08)	0.056 (1.10)	−0.006 (−0.07)
$lnasset_{it-1}$	−0.001 (−0.25)	−0.001 (−0.26)	0.003 (0.81)	−0.001 (−0.31)	0.001 (0.25)	−0.006 (−1.30)
Div_{it-1}	0.022 (1.18)	0.006 (0.27)	0.128 (2.60)	0.024 (1.30)	0.016 (0.70)	0.040 (0.94)
$lnage_{it-1}$	0.003 (0.38)	−0.002 (−0.28)	0.018 (1.17)	0.002 (0.37)	0.000 (0.05)	0.000 (0.00)
Adm_{it-1}	0.200 *** (3.11)	0.186 *** (2.62)	0.200 *** (2.60)	0.199 *** (3.10)	0.225 *** (3.13)	0.079 (0.63)
$Top1_{it-1}$	−0.006 (−1.49)	−0.006 (−1.38)	−0.015 (−1.45)	−0.006 (−1.50)	−0.008 (−1.56)	−0.001 (−0.12)
$lholding_{it-1}$	−0.009 ** (−2.40)	−0.009 ** (−2.16)	−0.015 ** (−2.17)	−0.009 ** (−2.38)	−0.008 * (−1.92)	−0.012 * (−1.66)
$State_{it-1}$	−0.004 (−0.32)	−0.028 (−1.64)	0.014 (0.75)	−0.004 (−0.28)	−0.015 (−0.69)	0.002 (0.11)
$Receiv_{it-1}$	0.001 (0.17)	−0.001 (−0.17)	0.002 (0.25)	0.001 (0.24)	0.001 (0.12)	−0.001 (−0.09)
$Intrade_{it-1}$	−0.010 (−0.77)	−0.015 (−1.06)	0.006 (0.25)	−0.010 (−0.80)	−0.017 (−1.22)	0.022 (0.81)

续表

变量	Panel A			Panel B		
	总样本	$DRcus_{it-1}=0$	$DRcus_{it-1}=1$	总样本	$DRcus_{it-1}=0$	$DRcus_{it-1}=1$
$Herfcus_{it-1}$	-0.012 (-1.25)	-0.013 (-1.23)	-0.003 (-0.18)	-0.012 (-1.28)	-0.011 (-1.05)	0.000 (-0.03)
$Industry$	控制	控制	控制	控制	控制	控制
$Year$	控制	控制	控制	控制	控制	控制
$adj.\ R^2$	0.2271	0.2359	0.4188	0.2274	0.2479	0.2464
样本量	1141	970	171	1141	901	240

注：表中括号内为 t 值，***、** 和 * 分别表示在1%、5%及10%水平下显著。

第五节 基于企业截面特征的异质性分析

一、基于产品特征的异质性分析

蒂特曼等（Titman et al.，1988）和班纳吉等（2008）指出，相比易耗品（non-durable goods）企业，耐用品（durable goods）企业与其客户的关系专有资产投资较多。基于关系承诺的视角，关系专有资产被视为一种有效的关系承诺方式，即向对方传递其愿意保持交易关系的行为。企业与关系客户双方投入较多的关系专有资产，则向对方表达了一种保持关系持续发展的态度，这种交易关系的锁定则会进一步降低企业面临的市场竞争压力，进而弱化企业积极从事企业研发的动力。同时，由于关系专有资产自身的专有属性，其流通性较差，较多的关系资产投入会加重企业的融资约束。若关系型交易终止，则企业面临与承担的沉没成本和经营风险会削弱企业的财务实力，进而弱化企业研发创新投入的能力。为此，初步预期：相比易耗品企业，关系型交易对耐用品企业研发创新投入的负向影响更为显著。

表3-9列示了基于产品特征的多元回归检验结果。回归结果显示，以 TRD_{it} 作为因变量，以 $DRcus_{it-1}$ 或 $Rcus_{it-1}$ 作为自变量（列（1）至列（4）所示），耐用品组（$Endur_{it-1}=1$）中的 $DRcus_{it-1}$ 或 $Rcus_{it-1}$ 回归系数均显著为负，而易耗品组（$Endur_{it-1}=0$）中的 $DRcus_{it-1}$ 或 $Rcus_{it-1}$ 回归系数不显著，与预期保持一致。

列（1）至列（4）列示了以 ERD_{it} 作为因变量的多元回归结果，结果基本一致，即由于耐用品企业较多专有资产投入所带来的企业经营风险增加，以及关系客户较多关系资产投入所传递的关系承诺，进一步弱化了企业研发的动力与能力，进而使关系型交易对其研发创新投入的负向影响更为显著。

表 3 – 9　　　　　　　　　基于产品特征的多元回归检验结果

变量	(1) TRD_{it}		(2) TRD_{it}		(3) ERD_{it}		(4) ERD_{it}	
	$Endur_{it-1}$ $=0$	$Endur_{it-1}$ $=1$	$Endur_{it-1}$ $=0$	$Endur_{it-1}$ $=1$	$Endur_{it-1}$ $=0$	$Endur_{it-1}$ $=1$	$Endur_{it-1}$ $=0$	$Endur_{it-1}$ $=1$
$DRcus_{it-1}$	-0.004 (-0.69)	-0.011* (-1.71)			0.001 (0.57)	-0.004* (-1.76)		
$Rcus_{it-1}$			0.001 (0.03)	-0.035* (-1.67)			0.008 (1.15)	-0.011 (-1.47)
Lev_{it-1}	0.061* (1.95)	-0.070 (-0.94)	0.061** (1.96)	-0.072 (-0.96)	0.014* (1.66)	-0.026 (-0.93)	0.014* (1.69)	-0.026 (-0.94)
OCF_{it-1}	2.575 (1.21)	0.261 (0.09)	2.524 (1.18)	0.236 (0.08)	1.510*** (2.70)	-0.148 (-0.11)	1.501*** (2.69)	-0.166 (-0.12)
$Cash_{it-1}$	0.006 (0.26)	0.039 (1.62)	0.006 (0.26)	0.038 (1.57)	0.002 (0.30)	0.008 (0.77)	0.002 (0.33)	0.007 (0.73)
$Rldebt_{it-1}$	0.032*** (2.73)	0.063* (1.89)	0.033*** (2.75)	0.063* (1.86)	0.002 (0.36)	0.000 (-0.04)	0.002 (0.37)	-0.001 (-0.05)
$Tangible_{it-1}$	0.092*** (3.19)	0.000 (0.00)	0.092*** (3.20)	-0.001 (-0.02)	0.028*** (3.65)	0.009 (0.36)	0.028*** (3.67)	0.008 (0.34)
Roa_{it-1}	0.037 (0.89)	0.140* (1.94)	0.037 (0.90)	0.142** (1.97)	-0.006 (-0.68)	0.037 (1.36)	-0.006 (-0.69)	0.038 (1.41)
$Investcf_{it-1}$	-0.039 (-1.01)	0.205** (2.31)	-0.039 (-1.02)	0.202** (2.26)	-0.002 (-0.17)	0.035 (1.40)	-0.002 (-0.15)	0.034 (1.36)
$Sgrowth_{it-1}$	0.007 (0.76)	-0.010 (-0.87)	0.007 (0.78)	-0.009 (-0.83)	0.002 (0.89)	-0.002 (-0.41)	0.002 (0.91)	-0.002 (-0.37)
$lnasset_{it-1}$	-0.002 (-0.70)	0.001 (0.20)	-0.002 (-0.68)	0.001 (0.29)	0.001** (2.11)	0.004** (2.01)	0.001** (2.10)	0.004** (2.10)

变量	(1) TRD_{it}		(2) TRD_{it}		(3) ERD_{it}		(4) ERD_{it}	
	$Endur_{it-1}$ $=0$	$Endur_{it-1}$ $=1$	$Endur_{it-1}$ $=0$	$Endur_{it-1}$ $=1$	$Endur_{it-1}$ $=0$	$Endur_{it-1}$ $=1$	$Endur_{it-1}$ $=0$	$Endur_{it-1}$ $=1$
Div_{it-1}	-0.005 (-0.88)	-0.005 (-0.66)	-0.005 (-0.88)	-0.005 (-0.74)	0.004 ** (2.31)	-0.001 (-0.40)	0.004 ** (2.33)	-0.001 (-0.47)
$lnage_{it-1}$	-0.015 *** (-3.91)	-0.003 (-0.49)	-0.015 *** (-3.83)	-0.003 (-0.48)	-0.007 *** (-4.67)	-0.003 (-1.15)	-0.007 *** (-4.62)	-0.003 (-1.14)
Adm_{it-1}	0.050 (1.02)	0.262 ** (2.38)	0.051 (1.03)	0.266 ** (2.44)	0.072 *** (4.93)	0.292 *** (6.69)	0.072 *** (4.93)	0.295 *** (6.79)
$Top1_{it-1}$	-0.001 (-0.06)	-0.024 (-1.17)	-0.001 (-0.10)	-0.024 (-1.19)	-0.010 * (-1.89)	-0.005 (-0.57)	-0.010 * (-1.88)	-0.006 (-0.60)
$Iholding_{it-1}$	-0.005 (-0.54)	-0.008 (-0.56)	-0.005 (-0.53)	-0.008 (-0.54)	0.004 (0.99)	-0.003 (-0.48)	0.004 (0.98)	-0.003 (-0.46)
$State_{it-1}$	0.002 (0.37)	0.003 (0.42)	0.002 (0.34)	0.003 (0.38)	0.001 (0.75)	0.003 (0.92)	0.001 (0.77)	0.003 (0.89)
$Receiv_{it-1}$	0.041 * (1.86)	0.046 (1.34)	0.041 * (1.88)	0.045 (1.30)	0.031 *** (3.87)	0.050 *** (3.77)	0.031 *** (3.91)	0.049 *** (3.76)
$Intrade_{it-1}$	0.020 (0.91)	-0.013 (-0.68)	0.019 (0.88)	-0.013 (-0.66)	-0.011 (-1.49)	-0.005 (-0.64)	-0.012 * (-1.71)	-0.005 (-0.67)
常数项	0.004 (0.08)	-0.003 (-0.03)	0.003 (0.05)	-0.009 (-0.08)	-0.038 *** (-2.56)	-0.088 ** (-1.98)	-0.038 *** (-2.58)	-0.091 ** (-2.06)
Industry	控制	控制	控制	控制	控制	控制	控制	控制
Year	控制	控制	控制	控制	控制	控制	控制	控制
adj. R^2	0.1958	0.2011	0.1954	0.2001	0.3796	0.4211	0.3805	0.4199
样本量	686	455	686	455	686	455	686	455

注：表中括号内为 t 值，*** 、** 和 * 分别表示在 1%、5% 及 10% 水平下显著。

二、基于国有产权性质的异质性分析

转型经济背景下，中国上市公司大部分由国有企业改制形成。对于国有企业而言，政府控股属性不仅表明了其先天承继的关系，且属于正式的制度安排，而属于非正式制度的关系型交易则隶属于后天形成的关系。已有文献研究证实，先天承继的关系（如政府控股）会对企业后天关系影响企业经营行为产生重要的调节与干预作用（帕克等，2001；杨德明等，2012；刘凤委等，2009；罗党论等，2009）。

在现实经济活动中，为了鼓励国有企业通过研发促进地方产业经济转型，各级国资委及地方政府通过自身的控股权直接干预其经营活动，包括制订与实施针对所属国有企业研发活动考核的方案。因此，当非政府控股企业和政府控股企业都存在关系型交易时，后者减少研发创新投入的动机较弱。另外，相比非政府控股企业，政府控股企业具有规模大与资金实力雄厚的"先天"优势，背后还隐含着政府的支持和担保，是国有和地方金融机构潜在争夺的优质客户资源。因此，即使关系型交易的存在增加了政府控股企业的经营风险，但鉴于其融资约束程度轻，抗风险能力强，其进行研发的能力并未显著下降。综上，关系型交易对政府控股企业的研发动力与风险承担能力影响有限，据此，初步预期：相比政府控股企业，关系型交易对非政府控股企业研发创新投入的负向影响更为显著。

表 3 – 10 列示了基于国有产权性质的多元回归检验结果。回归结果显示，无论以 TRD_{it} 或 ERD_{it} 作为因变量，政府控股企业（$State_{it-1} = 1$）中的 $DRcus_{it-1}$ 或 $Rcus_{it-1}$ 回归系数均不显著，而非政府控股企业（$State_{it-1} = 0$）中的 $DRcus_{it-1}$ 或 $Rcus_{it-1}$ 回归系数基本上显著为负，与预期基本一致。该回归结果证实，在中国现行制度环境下，政府控股属性作为企业的先天关系与正式制度安排，会对隶属后天关系与非正式制度安排的关系型交易影响企业研发投资活动产生重要的调节作用。

表 3 – 10　　　　　　　基于国有产权性质的多元回归检验结果

变量	（1）TRD_{it}		（2）TRD_{it}		（3）ERD_{it}		（4）ERD_{it}	
	$State_{it-1}$ $=0$	$State_{it-1}$ $=1$	$State_{it-1}$ $=0$	$State_{it-1}$ $=1$	$State_{it-1}$ $=0$	$State_{it-1}$ $=1$	$State_{it-1}$ $=0$	$State_{it-1}$ $=1$
$DRcus_{it-1}$	-0.015^{**} (-2.23)	-0.001 (-0.10)			-0.004^{*} (-1.82)	0.000 (0.10)		
$Rcus_{it-1}$			-0.036^{*} (-1.67)	0.002 (0.09)			-0.009 (-1.17)	0.003 (0.40)

续表

变量	(1) TRD_{it}		(2) TRD_{it}		(3) ERD_{it}		(4) ERD_{it}	
	$State_{it-1}$ $=0$	$State_{it-1}$ $=1$	$State_{it-1}$ $=0$	$State_{it-1}$ $=1$	$State_{it-1}$ $=0$	$State_{it-1}$ $=1$	$State_{it-1}$ $=0$	$State_{it-1}$ $=1$
Lev_{it-1}	0.005 (0.12)	0.025 (0.44)	0.005 (0.12)	0.025 (0.44)	−0.005 (−0.39)	0.007 (0.33)	−0.005 (−0.39)	0.007 (0.32)
OCF_{it-1}	−0.257 (−0.11)	5.819 *** (2.72)	−0.321 (−0.13)	5.807 *** (2.72)	0.072 (0.08)	2.274 *** (2.69)	0.049 (0.05)	2.268 *** (2.69)
$Cash_{it-1}$	0.061 ** (2.32)	−0.040 ** (−2.31)	0.061 ** (2.32)	−0.040 ** (−2.25)	0.025 *** (3.13)	−0.032 *** (−3.62)	0.025 *** (3.14)	−0.032 *** (−3.62)
$Rldebt_{it-1}$	0.062 *** (3.23)	0.010 (0.69)	0.061 *** (3.20)	0.010 (0.70)	0.007 (1.26)	−0.006 (−0.96)	0.007 (1.24)	−0.006 (−0.94)
$Tangible_{it-1}$	0.049 (1.23)	0.062 (1.20)	0.048 (1.21)	0.062 (1.20)	0.018 * (1.80)	0.028 (1.53)	0.018 * (1.78)	0.029 (1.51)
Roa_{it-1}	0.030 (0.57)	0.062 * (1.92)	0.031 (0.58)	0.063 * (1.94)	−0.024 (−1.35)	0.008 (0.56)	−0.024 (−1.34)	0.009 (0.58)
$Investcf_{it-1}$	0.092 (1.47)	0.044 (0.96)	0.088 (1.41)	0.044 (0.96)	0.022 (1.41)	0.008 (0.36)	0.022 (1.36)	0.008 (0.36)
$Sgrowth_{it-1}$	0.012 (1.32)	−0.008 (−1.00)	0.012 (1.39)	−0.008 (−1.00)	0.007 ** (2.18)	−0.004 (−0.89)	0.007 ** (2.25)	−0.004 (−0.90)
$lnasset_{it-1}$	−0.003 (−0.93)	0.002 (0.84)	−0.003 (−0.83)	0.002 (0.86)	0.003 ** (2.44)	0.002 * (1.81)	0.003 ** (2.54)	0.002 * (1.85)
Div_{it-1}	−0.002 (−0.37)	−0.008 * (−1.69)	−0.003 (−0.43)	−0.008 * (−1.69)	0.002 (1.12)	0.002 (0.98)	0.002 (1.08)	0.002 (0.95)
$lnage_{it-1}$	−0.006 (−1.14)	−0.015 *** (−2.93)	−0.006 (−1.10)	−0.015 *** (−2.93)	−0.003 (−1.56)	−0.012 *** (−4.08)	−0.003 (−1.52)	−0.012 *** (−4.10)
Adm_{it-1}	0.165 *** (2.61)	0.061 (0.69)	0.170 *** (2.67)	0.062 (0.70)	0.193 *** (7.28)	0.104 *** (3.10)	0.195 *** (7.30)	0.104 *** (3.10)
$Top1_{it-1}$	−0.023 (−1.25)	−0.021 (−1.22)	−0.024 (−1.31)	−0.021 (−1.23)	−0.010 (−1.42)	−0.014 (−0.83)	−0.010 (−1.46)	−0.014 * (−1.69)

续表

变量	(1) TRD_{it}		(2) TRD_{it}		(3) ERD_{it}		(4) ERD_{it}	
	$State_{it-1}$ $=0$	$State_{it-1}$ $=1$	$State_{it-1}$ $=0$	$State_{it-1}$ $=1$	$State_{it-1}$ $=0$	$State_{it-1}$ $=1$	$State_{it-1}$ $=0$	$State_{it-1}$ $=1$
$Iholding_{it-1}$	-0.008 (-0.69)	0.007 (0.55)	-0.007 (-0.63)	0.007 (0.55)	0.001 (0.35)	0.007 (0.10)	0.002 (0.40)	0.007 (1.16)
$Receiv_{it-1}$	0.015 (0.55)	0.050** (2.22)	0.014 (0.52)	0.050** (2.22)	0.035*** (3.42)	0.023** (1.97)	0.035*** (3.42)	0.023** (1.96)
$Intrade_{it-1}$	0.019 (0.74)	-0.005 (-0.30)	0.022 (0.88)	-0.005 (-0.32)	-0.003 (-0.38)	-0.009 (-1.29)	-0.003 (-0.30)	-0.010 (-1.33)
常数项	0.034 (0.45)	-0.029 (-0.32)	0.027 (0.35)	-0.029 (-0.33)	-0.054** (-2.54)	-0.026 (-1.01)	-0.056*** (-2.61)	-0.026 (-0.83)
Industry	控制	控制	控制	控制	控制	控制	控制	控制
Year	控制	控制	控制	控制	控制	控制	控制	控制
adj. R^2	0.2269	0.2465	0.2245	0.2465	0.4853	0.4680	0.4840	0.4681
样本量	663	478	663	478	663	478	663	478

注：表中括号内为 t 值，***、**、*分别表示在1%、5%、10%水平下显著。

综上，本章以关系型交易的非正式制度属性为切入点，考察关系型交易对企业 R&D 投入的影响。研究发现：（1）转型经济背景下，中国企业关系型交易的存在会导致企业减少研发创新投入，且这种影响还依赖于企业产品的耐用特征与政府控股特征；（2）基于影响机理的分析进一步显示，关系型交易的存在会缓解企业所面临的行业竞争压力，同时增加企业的风险承担水平，进而弱化其进行研发活动的动力，降低企业的研发创新投入强度。这表明企业基于行业竞争压力减弱和风险增加进而降低其研发创新投入，并不利于企业的长远发展。

第四章

关系型交易、正式制度与企业
研发创新投入

第一节　关系型交易、内部控制与企业研发创新投入

一、理论分析与假说提出

相较于日常经营活动和有形资产投资，研发创新活动具有周期长、风险高以及信息较难评估等特点，其契约成本和监督成本更大，代理成本更高，创新信息也更易被低估（Hirshleifer et al.，2013），这些都严重影响了企业研发创新绩效。内部控制作为一种有效的内部治理机制可以通过优化企业创新资源配置、降低企业风险、促进信息传递以及抑制委托代理行为对企业研发创新产生积极作用。

首先，关系型交易比例的上升会对企业的研发创新投入产生挤出效应同时加剧企业所面临的融资约束，阻碍企业的研发创新。而高质量的内部控制能够提高会计信息和财务报告质量，降低投资者信息不对称和信息风险，从而降低外部融资成本，缓解企业融资约束（韩少真等，2015），为企业研发创新提供资金支持；还能通过优化企业治理结构，完善人力资源激励政策机制，为企业吸引、培养和留住人才，为企业研发创新提供人力资源支持。同时高质量的内部控制还能对管理层行为起监督作用，以保证企业研发创新相关的人力、物力等研发资源能够合理配置（Takao Kato et al.，2010；Belloc，2012），减少非效率投资，提高创新效率，推动企业创新顺利进行。

其次，不仅客户关系型交易比例的上升引起的大量关系专用性投资会使企业面临的风险叠加，研发创新因其本身特征也会带来较高风险。良好的内部控制一方面可以通过改善治理机制提升企业绩效，从而有效缓解企业专用性投资所带来的经营风险；另一方面可以通过有效的风险评估程序对企业研发创新产生的系统及特定风险进行预防和控制，提高企业的风险承担能力，同时通过有效的监督机制对研发过程进行监督和保护，降低创新过程中的不确定性，形成良好的创新投资循环，推动创新活动高效有序进行（方红星和陈作华，2015）。

最后，内部控制还能够通过优化企业内部的信息传递机制，缓解信息不对称及其带来的委托代理的问题（王加灿等，2022）。一方面，高质量的内部控制能够促进研发创新信息在管理层和企业各部门之间进行有效传递，并通过合理的制度安排对管理层进行激励和监督，使管理层决策和行动与企业战略目标保持一致的同时抑制其风险厌恶以及懒惰等逆向选择行为，从而缓解管理者和股东之间的代理问题。另一方面，内部控制可以通过有效的监督机制抑制控股股东掏空上市企业的行为，增加研发资金配置；同时通过信息与沟通机制协调企业长期发展与中小股东短期收益的利益冲突，从而有效缓解控股股东与中小股东之间的代理问题，使得推动企业研发创新这一长期发展战略得到股东广泛认可，推动企业研发创新发展。

根据以上分析，内部控制能够通过优化企业创新资源的配置，降低企业风险，缓解委托代理问题等方式弱化客户关系型交易给企业带来的不利影响，增加企业创新投入，提高创新效率，推动企业研发创新。因此，本书提出以下假说：

假说4-1：在其他条件一定的情况下，内部控制能够削弱客户关系型交易对企业的研发创新的抑制作用。

二、研究设计

（一）数据来源及样本选择

本书以2010~2020年沪深股票市场A股非金融类上市公司为样本。本书所用到的数据来源于国泰安数据库、万得（Wind）数据库、中国研究数据服务平台（CNRDS）和深圳迪博数据库。对于数据的处理包括以下的原则：第一，剔除了2010~2020年ST上市公司数据，因为这些公司的财务情况和经营状况有可能出现一些问题，导致其数据具有一定的特殊性；第二，剔除数据大量缺失的公司，防止对分析结果的准确性产生影响；第三，对所有数据变量进行了（1%，

99%）Winsorize 缩尾处理，可以消除极端值的影响。最终经过对样本数据的筛选匹配，得到了 13084 个有效数据，对数据的实证分析采用 STATA15.0 软件完成检验。

（二）变量定义

（1）企业研发创新的操作性计量，即财务报表附注中披露的费用化研发创新投入水平与当期主营业务收入的比值（ERD_{it}）。

（2）参考帕塔图卡斯（2012）、达利瓦尔等（2016）、方红星等（2016）、曹越等（2020）的研究，本书采用前五大客户销售收入占比之和（$Rcus_{it-1}$）衡量关系型交易，同时还以前三大客户销售额占年度总销售额比率（$Rcus3_{it-1}$）和前四大客户销售额占年度总销售额比率（$Rcus4_{it-1}$）作为关系型交易的衡量指标。

（3）内部控制质量（ICQ_{it-1}）采用的指标是深圳迪博公司发布的内部控制指数，可以较好地反映出公司的实际内部控制水平。为了克服规模效应，借鉴胥朝阳等（2021）的研究，采用迪博内控指数的自然对数代表内部控制质量进行实证检验。

（三）控制变量

本书将以下变量作为实证分析中的控制变量：企业规模（$lnasset_{it-1}$），期末总资产自然对数；总资产净利润率（Roa_{it-1}），净利润与总资产平均余额的比值；企业年龄（$lnage_{it-1}$），企业成立年限的自然对数；独立董事比例（$Indep_{it-1}$），企业独立董事人数占董事会人数的比例；现金持有比例（$Cash_{it-1}$），现金和可交易性金融资产之和与总资产的比值；经营性净现金流量（OCF_{it-1}），经营活动产生的现金流量净额与总资产的比值；机构投资者持股比例（$Iholding_{it-1}$），机构投资者持股总数与流动股本的比值；第一大股东持股比例（$Top1_{it-1}$），第一大股东持股数量与总股数的比值；本书设置行业（$Industry$）和年度（$Year$）虚拟变量，以控制行业和年度因素对企业研发创新投入的影响。

（四）模型设计

为研究内部控制质量在关系型交易影响企业研发创新过程中发挥的调节效应，将关系型交易与内部控制质量作为交乘项，因此，构建模型（4-1）：

$$ERD_{it} = \alpha_0 + \alpha_1 Rcus_{it-1} + \alpha_2 ICQ_{it-1} + \alpha_3 Rcus_{it-1} \times ICQ_{it-1} + \alpha_4 lnasset_{it-1}$$
$$+ \alpha_5 Roa_{it-1} + \alpha_6 lnage_{it-1} + \alpha_7 Indep_{it-1} + \alpha_8 Cash_{it-1} + \alpha_9 OCF_{it-1}$$
$$+ \alpha_{10} Iholding_{it-1} + \alpha_{11} Top1_{it-1} + \sum Year + \sum Ind + \varepsilon \quad (4-1)$$

三、实证结果与分析

（一）描述性统计

表 4 - 1 显示了描述性统计的结果。剔除缺失值以后，2010 ~ 2020 年沪深交易市场 A 股非金融类上市公司样本数量为 13084 个。被解释变量研发创新投入（ERD_{it}）的最大值与最小值分别为 0.262 和 0.000，表明企业之间的研发创新投入水平具有很大差距，其中有一部分企业研发创新投入水平较低，也存在少数上市公司研发创新投入水平较高，但从总体水平来看规模不大。专利授权总数（$Grant_{it}$）最大值和最小值分别是 8.940 和 0，说明不同企业之间的专利授权数还是存在一定差距的。就解释变量来看，我国上市公司关系型交易指数（$Rcus_{it-1}$）的均值和中位数分别为 0.307 和 0.255，说明我国上市公司的关系型交易是很常见的，并且与客户的关系密切，其中，均值高于中位数，说明不同企业的关系型交易的分布有一定的差异。就调节变量来看，内部控制质量（ICQ_{it-1}）均值和中位数分别为 6.485 和 6.509，最大值和最小值分别为 6.783 和 5.760，表明现今上市公司的内部控制水平较好。就控制变量可以看出，企业规模（$lnasset_{it-1}$）的最大值是 25.85，最小值是 19.83，均值为 22.000，说明公司的资产规模都比较大，但是，不同公司的资产规模有很大的差别，这表明了公司之间的发展水平存在着很大的差距；总资产净利润率（Roa_{it-1}）的最大值为 0.207，最小值为 - 0.175，说明我国上市公司的总资产利润率有明显差距，但均值和中位数分别为 0.046 和 0.042，位于较低水平上；现金持有比例（$Cash_{it-1}$）的均值是 0.165，这表明大部分公司都倾向于持有更多的现金以保持财务状况的健康，而最小值与最大值分别是 0.011 和 0.675，说明各公司对未来发展考虑不同，持有的现金规模存在很大的差别；其他变量中，独立董事比例（$Indep_{it-1}$）、经营性净现金流量（$Cashflow_{it-1}$）、机构持股者比例（$Iholding_{it-1}$）、第一大股东持股比例（$Top1_{it-1}$）的均值和中位数处于相同的水平，且分布是比较合理的。

表 4 - 1　　　　　　　　　　　各变量描述性统计

变量	样本量	均值	中位数	标准差	最小值	最大值
ERD_{it}	13084	0.048	0.037	0.045	0.000	0.262
$Rcus_{it-1}$	13084	0.307	0.255	0.204	0.000	1.000

续表

变量	样本量	均值	中位数	标准差	最小值	最大值
$Rcus3_{it-1}$	13084	0.244	0.190	0.184	0.000	0.933
$Rcus4_{it-1}$	13084	0.278	0.225	0.195	0.000	0.954
ICQ_{it-1}	13084	6.485	6.509	0.124	5.760	6.783
$lnasset_{it-1}$	13084	22.000	21.830	1.163	19.830	25.850
Roa_{it-1}	13084	0.046	0.042	0.056	−0.175	0.207
$FirmAge_{it-1}$	13084	2.774	2.833	0.361	1.609	3.434
$Indep_{it-1}$	13084	0.375	0.333	0.054	0.333	0.571
$Cash_{it-1}$	13084	0.165	0.128	0.127	0.011	0.675
OCF_{it-1}	13084	0.047	0.045	0.065	−0.156	0.230
$Iholding_{it-1}$	13084	0.364	0.358	0.233	0.000	0.870
$Top1_{it-1}$	13084	0.336	0.316	0.143	0.090	0.732

(二) 多元回归结果与分析

表4-2列示了假说4-1的多元回归检验结果，列（1）列示了内部控制质量在关系型交易对企业研发创新投入的影响过程中起到的调节作用，可以看出关系型交易（$Rcus_{it-1}$）的回归系数为 −0.183，在1%水平下显著，关系型交易与内部控制质量的交乘项 $Rcus_{it-1} \times ICQ_{it-1}$ 在1%水平下显著为正，证实高质量的内部控制可以缓解关系型交易对企业研发创新投入的不利影响，支持假说4-1。列（2）与列（3）分别以 $Rcus3_{it-1}$ 与 $Rcus4_{it-1}$ 作为解释变量，重新进行多元回归检验。结果显示，$Rcus3_{it-1}$ 回归系数在5%水平下为负，$Rcus3_{it-1}$ 交乘项回归系数在5%水平下显著为正，$Rcus4_{it-1}$ 回归系数在1%水平下为负，$Rcus4_{it-1}$ 交乘项回归系数在1%水平下显著为正，假说4-1依旧成立。

(三) 内生性问题检验

表4-3列示了滞后2期解释变量的结果，列（1）、列（2）与列（3）中 $Rcus_{it-2}$、$Rcus3_{it-2}$、$Rcus4_{it-2}$ 的回归系数均在10%水平下显著为负，同时和 ICQ_{it-1} 的交乘项都在10%水平下为正，回归结果与假说4-1一致，继续支持假说4-1。

表 4 - 2 假说 4 - 1 回归结果

变量	(1) ERD_{it}	(2) ERD_{it}	(3) ERD_{it}
$Rcus_{it-1}$	−0.183 *** (−2.694)		
$Rcus_{it-1} \times ICQ_{it-1}$	0.027 *** (2.634)		
$Rcus3_{it-1}$		−0.149 ** (−2.526)	
$Rcus3_{it-1} \times ICQ_{it-1}$		0.022 ** (2.437)	
$Rcus4_{it-1}$			−0.162 *** (−2.689)
$Rcus4_{it-1} \times ICQ_{it-1}$			0.024 *** (2.609)
ICQ_{it-1}	−0.006 (−1.490)	−0.003 (−0.834)	−0.004 (−1.149)
$lnasset_{it-1}$	−0.005 *** (−16.271)	−0.005 *** (−16.363)	−0.005 *** (−16.335)
Roa_{it-1}	0.020 ** (2.469)	0.020 ** (2.452)	0.020 ** (2.451)
$lnage_{it-1}$	−0.011 *** (−10.909)	−0.011 *** (−10.896)	−0.011 *** (−10.914)
$Indep_{it-1}$	0.035 *** (5.746)	0.035 *** (5.739)	0.035 *** (5.729)
$Cash_{it-1}$	0.060 *** (16.003)	0.060 *** (16.043)	0.060 *** (16.031)
OCF_{it-1}	−0.020 *** (−3.399)	−0.020 *** (−3.440)	−0.020 *** (−3.419)
$Iholding_{it-1}$	0.006 *** (3.592)	0.006 *** (3.572)	0.006 *** (3.591)

续表

变量	（1）ERD_{it}	（2）ERD_{it}	（3）ERD_{it}
$Top1_{it-1}$	−0.028 *** （−11.623）	−0.028 *** （−11.573）	−0.028 *** （−11.602）
$Year/Ind$	控制	控制	控制
_cons	0.180 *** （6.550）	0.160 *** （6.656）	0.169 *** （6.683）
N	13084	13084	13084
R^2	0.338	0.338	0.338

注：表中括号内为 t 值，***、** 分别表示在 1%、5% 水平下显著。

表 4 - 3   假说 4 - 1 内生性检验

变量	（1）ERD_{it}	（2）ERD_{it}	（3）ERD_{it}
$Rcus_{it-2}$	−0.165 * （−1.933）		
$Rcus_{it-2} \times ICQ_{it-1}$	0.024 * （1.820）		
$Rcus3_{it-2}$		−0.149 * （−1.810）	
$Rcus3_{it-2} \times ICQ_{it-1}$		0.021 * （1.681）	
$Rcus4_{it-2}$			−0.152 * （−1.829）
$Rcus4_{it-2} \times ICQ_{it-1}$			0.022 * （1.707）
ICQ_{it-1}	−0.008 （−1.643）	−0.006 （−1.379）	−0.007 （−1.484）
$lnasset_{it-1}$	−0.004 *** （−9.223）	−0.004 *** （−9.172）	−0.004 *** （−9.203）

续表

变量	(1) ERD_{it}	(2) ERD_{it}	(3) ERD_{it}
Roa_{it-1}	0.036 ***	0.036 ***	0.036 ***
	(3.664)	(3.682)	(3.669)
$\ln age_{it-1}$	−0.010 ***	−0.010 ***	−0.010 ***
	(−7.871)	(−7.811)	(−7.835)
$Indep_{it-1}$	0.026 ***	0.026 ***	0.026 ***
	(3.235)	(3.241)	(3.239)
$Cash_{it-1}$	0.049 ***	0.049 ***	0.049 ***
	(10.721)	(10.716)	(10.721)
OCF_{it-1}	−0.035 ***	−0.035 ***	−0.035 ***
	(−4.979)	(−4.955)	(−4.964)
$Iholding_{it-1}$	0.005 **	0.005 **	0.005 **
	(2.387)	(2.367)	(2.377)
$Top1_{it-1}$	−0.022 ***	−0.022 ***	−0.022 ***
	(−7.201)	(−7.186)	(−7.208)
Year/Ind	控制	控制	控制
_cons	0.171 ***	0.156 ***	0.162 ***
	(5.102)	(5.225)	(5.153)
N	6885	6885	6885
R^2	0.314	0.314	0.314

注：表中括号内为 t 值，***、** 和 * 分别表示在 1%、5% 及 10% 水平下显著。

（四）基于国有产权性质的进一步分析

在中国现行制度环境下，我国大多数上市公司都是由国有企业改制、发展而来，上市公司具有重要的国有产权特征，其国有产权特征反映了企业与政府之间先天的紧密关系，会对企业内部控制质量产生重要的影响。国有企业的内部控制建设主要是政府推动、政府干预的结果，由于国企肩负着大量的政府使命和社会责任，企业管理层个人利益与企业内部控制质量关联不大，管理层缺乏建设企业高质量内部控制制度的动力，并且随着管理者在国企中任职时间变长，升迁机会渺茫，就会变得灰心、懈怠，疏于管理，从而使企业内部控制质量变差。相较而言，非国有企业由于自身缺乏天生优势，会面临着更高的融资约束，所以企业会通过建设高质量的内部控制制度吸引投资者，从而降低其对企业的风险预期。因此，内部控制对关系型交易影响企业研发创新过程中起到的调节效应会受到产权性质的影响，可以预期相比于国有企业，非国有企业中内部控制的调节效应正向影响更为显著。

根据上市公司产权性质，将国有控股企业取值为 1，其他企业为 0，基于此进行实证检验，根据模型（4-1）采用分组回归检验，得到的结果如表 4-4 所示。在非国有企业中，关系型交易（$Rcus_{it-1}$）与内部控制质量的交乘项系数为0.032，而在国有企业中系数为 0.016；在非国有企业中 $Rcus3_{it-1}$ 与内部控制质量的交乘项系数为 0.031，而在国有企业中的系数为 0.010；在非国有企业中，$Rcus4_{it-1}$ 与内部控制质量的交乘项系数为 0.032，在 5% 水平下显著为正，而在国有企业中该系数虽为正，但不显著。这表明相比于国有企业，非国有企业中内部控制的调节效应正向影响更为显著，该结论符合上述预期。

表 4-4　　　　　　　　　　基于产权性质的进一步分析

变量	（国有）ERD_{it}	（非国有）ERD_{it}	（国有）ERD_{it}	（非国有）ERD_{it}	（国有）ERD_{it}	（非国有）ERD_{it}
$Rcus_{it-1}$	-0.109^{**} (-1.979)	-0.211^{*} (-1.929)				
$Rcus_{it-1} \times ICQ_{it-1}$	0.016^{*} (1.889)	0.032^{*} (1.888)				
$Rcus3_{it-1}$			-0.070^{*} (-1.956)	-0.208^{**} (-1.984)		
$Rcus3_{it-1} \times ICQ_{it-1}$			0.010^{*} (1.786)	0.031^{*} (1.929)		
$Rcus4_{it-1}$					-0.073 (-1.642)	-0.211^{**} (-2.134)
$Rcus4_{it-1} \times ICQ_{it-1}$					0.010 (1.510)	0.032^{**} (2.079)
ICQ_{it-1}	-0.000 (-0.083)	-0.009 (-1.430)	0.002 (0.488)	-0.006 (-1.186)	0.002 (0.366)	-0.008 (-1.387)

续表

变量	（国有）ERD_{it}	（非国有）ERD_{it}	（国有）ERD_{it}	（非国有）ERD_{it}	（国有）ERD_{it}	（非国有）ERD_{it}
$lnasset_{it-1}$	-0.005 *** (-10.611)	-0.006 *** (-11.657)	-0.005 *** (-10.676)	-0.006 *** (-11.736)	-0.005 *** (-10.635)	-0.006 *** (-11.720)
Roa_{it-1}	0.053 *** (3.674)	0.009 (0.882)	0.054 *** (3.699)	0.009 (0.853)	0.054 *** (3.684)	0.009 (0.864)
$lnage_{it-1}$	-0.021 *** (-8.940)	-0.008 *** (-7.203)	-0.021 *** (-8.946)	-0.008 *** (-7.184)	-0.021 *** (-8.942)	-0.009 *** (-7.216)
$Indep_{it-1}$	-0.007 (-0.818)	0.050 *** (6.288)	-0.007 (-0.825)	0.050 *** (6.284)	-0.007 (-0.828)	0.050 *** (6.275)
$Cash_{it-1}$	0.042 *** (6.068)	0.067 *** (14.812)	0.042 *** (6.073)	0.067 *** (14.851)	0.042 *** (6.063)	0.067 *** (14.841)
OCF_{it-1}	-0.017 * (-1.840)	-0.021 *** (-2.925)	-0.017 * (-1.848)	-0.022 *** (-2.971)	-0.017 * (-1.840)	-0.022 *** (-2.956)
$Iholding_{it-1}$	0.002 (0.607)	0.008 *** (4.289)	0.002 (0.578)	0.008 *** (4.290)	0.002 (0.592)	0.008 *** (4.304)
$Top1_{it-1}$	-0.026 *** (-5.909)	-0.029 *** (-9.580)	-0.026 *** (-5.862)	-0.029 *** (-9.549)	-0.026 *** (-5.887)	-0.029 *** (-9.573)
$\_cons$	0.189 *** (5.628)	0.185 *** (4.616)	0.171 *** (5.739)	0.170 *** (4.788)	0.175 *** (5.575)	0.179 *** (4.878)
N	3523	9561	3523	9561	3523	9561
R^2	0.331	0.324	0.331	0.324	0.331	0.324

注：表中括号内为 t 值，*** 、** 、* 分别表示在1%、5%、10%水平下显著。

第二节　关系型交易、政府补贴与企业研发创新投入

一、理论分析与假说提出

鉴于企业创新研发活动的重要性，中国政府借助"863 计划""星火计划"、

国家科技重大专项等多项财政资助计划，鼓励与支持企业研发创新活动。政府补贴制度属于宏观经济中的财政政策，是中央政府与地方政府依据经济形势而采取的市场干预手段。值得思考的是，作为正式制度的政府补贴，其会如何干预关系型交易对企业研发创新的负向驱动呢？

现有研究表明，政府补贴往往直接构成企业收入的来源，会增强企业的盈利水平与财务实力，有助于强化企业研发创新投入的动机与能力（Gorg et al.，2007）。穆尔曼等（Meuleman et al.，2012）研究指出，政府补贴行为向外部投资者传递了企业质量及其未来产品需求的"信号"，有助于企业获得长期的融资支持，这一效应在高融资约束的企业中更为显著。由此，政府补贴带来的企业财务实力增强，以及所释放的企业质量及其产品未来需求信号，有助于缓解客户高度集中引发的经营风险与融资约束，进而弱化了关系型交易对企业研发创新投入水平的负向影响。综上，提出以下假说：

假说 4 - 2：随着企业政府补贴强度的增加，企业与其关系客户的关系型交易对其研发创新投入水平的负向影响呈现递减的趋势。

二、变量设计

对于政府补贴强度变量，借鉴唐清泉等（2007）的研究设计，采用两个指标进行政府补贴强度的计量：其一，上市公司非经常损益中的政府补助与其营业收入之比（$Rsubsidy_{it}$）；其二，上市公司非经常损益中的政府补助与税收返还之和与其营业收入之比（$TRsubsidy_{it}$）。

借鉴现有研究，在控制变量中加入：资产负债率（Lev_{it-1}），总负债与总资产的比值；总资产净利润率（Roa_{it-1}），净利润与总资产平均余额的比值；投资机会（$Sgrowth_{it-1}$），主营业务收入增长率；现金持有比例（$Cash_{it-1}$），现金和可交易性金融资产之和与总资产的比值；经营性净现金流量（OCF_{it-1}），经营活动产生的现金流量净额与总资产的比值；企业商业信用（$Rreceiv_{it-1}$），应付账款与应收账款的差值与主营业务收入的比值；应付账款占比（$Rpayable_{it-1}$），（应付账款 + 应付票据 - 预收账款）除以期初总资产；投资支出水平（$Investcf_{it-1}$），投资活动现金流出与总资产的比值；企业年龄（$lnage_{it-1}$），企业成立年限的自然对数；关联方采购占比（$Intrade_{it-1}$），关联方销售商品与提供劳务之和与主营业务收入的比值；关联方销售占比（$Relpurch_{it-1}$），向关联方采购额占营业成本的比率；企业规模（$lnasset_{it-1}$），期末总资产自然对数；管理费费率（Adm_{it-1}），管理费用与主营业务收入的比值；管理层薪酬（$lnmagcomp_{it-1}$），管理层年度报酬总额的对数；管理层持股比例（$Magholding_{it-1}$），管理层持有股份占比；股权制衡度（$Delrshare_{it-1}$），第 2 大至第 10 大股东持股占比累计；两职合一（$Duality_{it-1}$），公司为两职合一赋值为 1，否则为 0；政府控股特征（$State_{it-1}$），若为政府控股企业，则赋值为 1，否则赋值为 0；本书设置行业（$Industry$）和年度（$Year$）虚拟变量，以控制行业和年度因素对企业研发创新投入的影响。

三、实证结果与分析

（一）多元回归结果与分析

假说 4-2 的多元回归检验结果如表 4-5 所示，列（1）和列（2）加入上市公司政府补贴强度 $Rsubsidy_{it-1}$ 后，关系型交易 $Rcus_{it-1}$（前 5 大客户采购占比累计之和）和 $Rkeycus_{it-1}$（采购占比超过 10% 的核心客户采购占比累计之和）回归系数依然显著为负，而政府补贴强度 $Rsubsidy_{it-1}$ 回归系数显著为正，支持政府补贴对企业研发创新投入的激励效应。列（3）与列（4）则进一步加入上述两者的交乘项，进行假说 4-2 的检验。回归结果显示，关系型交易变量和政府补贴强度变量回归系数保持稳定，而二者交乘项回归系数至少在 5% 水平内显著为正，表明政府补贴的获得部分抵消了关系型交易对公司研发创新投入的负向影响，进而支持假说 4-2。

表 4-5 多元回归检验结果与分析

变量	（1）	（2）	（3）	（4）
$Rcus_{it-1}$	-0.012^{**} (-1.98)		-0.025^{***} (-3.67)	
$Rcuskey_{it-1}$		-0.004^{*} (-1.95)		-0.011^{***} (-4.22)
$Rcus_{it-1} \times$ $Rsubsidy_{it-1}$			1.354^{**} (2.43)	
$Rcuskey_{it-1} \times$ $Rsubsidy_{it-1}$				0.593^{***} (2.73)
$Rsubsidy_{it-1}$	0.279^{***} (6.50)	0.276^{***} (6.44)	0.218^{***} (4.77)	0.198^{***} (4.24)

续表

变量	(1)	(2)	(3)	(4)
Lev_{it-1}	-0.023*** (-8.16)	-0.023*** (-8.11)	-0.023*** (-8.15)	-0.023*** (-8.14)
Roa_{it-1}	-0.001 (-0.22)	-0.001 (-0.22)	-0.001 (-0.34)	-0.001 (-0.34)
$Sgrowth_{it-1}$	0.002 (1.44)	0.002 (1.44)	0.002 (1.53)	0.002 (1.47)
$Cash_{it-1}$	0.012*** (6.24)	0.020*** (6.32)	0.020*** (6.17)	0.020*** (6.25)
OCF_{it-1}	0.008 (1.62)	0.008 (1.60)	0.008 (1.59)	0.008 (1.62)
$Rreceiv_{it-1}$	0.029*** (7.59)	0.029*** (7.61)	0.029*** (7.66)	0.029*** (7.73)
$Rpayable_{it-1}$	0.006 (1.29)	0.006 (1.31)	0.005 (1.11)	0.005 (1.11)
$Investcf_{it-1}$	0.009 (1.20)	0.009 (1.24)	0.009 (1.19)	0.009 (1.20)
$lnage_{i\,it-1}$	-0.005*** (-3.40)	-0.005*** (-3.42)	-0.005*** (-3.28)	-0.005*** (-3.25)
$Intrade_{it-1}$	-0.007 (-1.51)	-0.007* (-1.68)	-0.006 (-1.31)	-0.006 (-1.35)
$Relpurch_{it-1}$	0.002 (0.40)	0.002 (0.43)	0.002 (0.38)	0.002 (0.37)
$lnasset_{it-1}$	0.001 (1.48)	0.001 (1.44)	0.001 (1.18)	0.000 (0.98)
Adm_{it-1}	0.166*** (9.42)	0.167*** (9.46)	0.163*** (9.37)	0.162*** (9.40)
$lnmagcomp_{it-1}$	0.004*** (6.09)	0.004*** (6.09)	0.004*** (6.18)	0.004*** (6.20)

续表

变量	（1）	（2）	（3）	（4）
$Magholding_{it-1}$	-0.003 *** （-2.73）	-0.003 *** （-2.69）	-0.003 *** （-2.79）	-0.003 *** （-2.71）
$Delrshare_{it-1}$	0.003 （1.08）	0.003 （1.05）	0.003 （0.93）	0.003 （0.91）
$Duality_{it-1}$	0.002 * （1.94）	0.002 * （1.92）	0.002 * （1.85）	0.002 * （1.90）
$State_{it-1}$	0.001 （0.61）	0.001 （0.56）	0.000 （0.50）	0.000 （0.48）
_cons	-0.032 *** （-2.62）	-0.031 *** （-2.58）	-0.028 ** （-2.36）	-0.025 ** （-2.16）
Year/Industry	控制	控制	控制	控制
N	3694	3694	3694	3694
adj. R-sq	0.467	0.467	0.469	0.471

注：以 $TRsubsidy_{it-1}$ 作为政府补贴强度指标重新进行回归检验，结果完全一致；括号内为 t 值，***、** 和 * 分别表示在1%、5%及10%水平下显著。

（二）敏感性测试

为了确保研究结论的稳健性，进行下述的敏感性测试。（1）计算基于前3大客户的赫芬达尔指数 $Herthcus_{it-1}$ 作为关系型交易的计量指标，重新进行上述多元回归检验，回归结果如表4－6中 Panel A 所示，回归结果保持稳定，依然支持假说4－2。（2）采用资本化研发创新投入与费用化研发创新投入之和作为上市公司研发创新投入水平的计量指标 $TRatiord_{it}$，再次进行上述多元回归检验，如表4－6中 Panel B 所示，回归结果保持一致。

表4－6　　　　　　　　敏感性测试多元回归检验结果与分析

变量	Panel A （1）	Panel B （2）
$Herthcus_{it-1}$	-0.025 *** （-3.62）	
$Rcus_{it-1}$		-0.031 ** （-2.04）

续表

变量	Panel A （1）	Panel B （2）
$Herthcus_{it-1} \times$ $Rsubsidy_{it-1}$	1. 345 ** (2. 41)	
$Rcus_{it-1} \times$ $Rsubsidy_{it-1}$		3. 858 *** (2. 64)
$Rsubsidy_{it-1}$	0. 222 *** (4. 92)	0. 407 *** (3. 45)
Lev_{it-1}	− 0. 023 *** （ − 8. 16）	− 0. 030 *** （ − 3. 77）
Roa_{it-1}	− 0. 001 （ − 0. 34）	0. 004 （0. 43）
$Sgrowth_{it-1}$	0. 002 （1. 53）	0. 005 （1. 47）
$Cash_{it-1}$	0. 019 *** （6. 16）	0. 053 *** （5. 63）
OCF_{it-1}	0. 008 （1. 59）	− 0. 010 （ − 0. 69）
$Rreceiv_{it-1}$	0. 029 *** （7. 66）	0. 027 *** （3. 35）
$Rpayable_{it-1}$	0. 005 （1. 11）	0. 007 （0. 59）
$Investcf_{it-1}$	0. 008 （1. 17）	0. 098 *** （4. 70）
$\ln age_{it-1}$	− 0. 005 *** （ − 3. 28）	− 0. 009 ** （ − 2. 53）
$Intrade_{it-1}$	− 0. 006 （ − 1. 31）	− 0. 010 （ − 0. 92）
$Relpurch_{it-1}$	0. 002 （0. 38）	0. 002 （0. 22）

续表

变量	Panel A（1）	Panel B（2）
$lnasset_{it-1}$	0.001 （1.20）	0.000 （0.37）
Adm_{it-1}	0.163*** （9.36）	0.226*** （6.20）
$lnmagcomp_{it-1}$	0.004*** （6.18）	0.002 （1.22）
$Magholding_{it-1}$	−0.003*** （−2.78）	−0.004 （−1.37）
$Delrshare_{it-1}$	0.003 （0.93）	−0.001 （−0.12）
$Duality_{it-1}$	0.002* （1.84）	0.002 （0.98）
$State_{it-1}$	0.001 （0.51）	−0.002 （−0.87）
_cons	−0.028** （−2.39）	−0.015 （−0.54）
Year/Industry	控制	控制
N	3694	3694
adj. R − sq	0.469	0.246

注：以 $TRsubsidy_{it-1}$ 作为政府补贴强度指标重新进行回归检验，结果完全一致；括号内为 t 值，***、** 和 * 分别表示在1%、5%及10%水平下显著。

第三节　关系型交易、地区法制化进程与企业研发创新投入

一、理论分析与假说提出

转型经济背景下，我国各地区表现出所处地区法制环境差异明显的特征，法

制环境作为正式制度，其差异必然对企业行为产生重要的影响。承继上述关系型交易与企业研发创新的分析逻辑，作为非正式制度的关系型交易影响企业研发创新，则这种影响必然会受到正式制度——地区法律制度环境的影响。首先，法律制度可以有效缓解关系客户与企业的委托代理问题，防止关系客户管理层的机会主义和舞弊行为，保证组织结构的效率；其次，法律制度可以有效缓解信息不对称问题，按照法律制度要求出具的报告可以提供可靠的会计信息，企业等外部利益相关者可以通过有效信息判断作出交易决策；最后，法律制度对关系客户机会主义行为起到调整和控制的作用，可以及时纠偏关系客户行为，保证其行为不会影响整体市场经济的运行。综上，提出以下假说：

假说4-3：相较于法律制度环境较差的地区，处于法律制度环境较好地区的关系型交易对其研发创新的负影响更弱。

二、变量设计

对于地区法制化进程，承袭郑军等（2013）的研究设计，采取"市场中介组织的发育和法律制度环境指数"作为地区法制化进程的替代变量。基于各省市年度相应指数的单独排序，将样本按照年度中位数划分为高低两组，然后将所有年份汇总进行相应的分组的回归。被解释变量（企业研发投入强度）、关系型交易及其控制变量设计具体见第三章中相关的变量定义。同时，借鉴上述公式（3-2），按照上述地区法制化进程变量，采用分组回归方式进行检验。

三、实证结果与分析

（一）基准回归结果

表4-7列示了假说4-3的多元回归检验结果。回归结果显示，无论以 TRD_{it} 或 ERD_{it} 作为因变量，高法制化进程组的 $DRcus_{it-1}$ 或 $Rcus_{it-1}$ 回归系数均不显著，而低法制化进程组的 $DRcus_{it-1}$ 或 $Rcus_{it-1}$ 回归系数基本上显著为负，与假说4-3相一致。该回归结果证实，在中国制度环境下，地区法制化进程作为企业的外部正式制度安排，会对隶属非正式制度安排的关系型交易影响企业研发投资活动产生重要的调节作用。

表 4 − 7 假说 4 − 3 基准回归检验结果与分析

变量	(1) TRD_{it}		(2) TRD_{it}		(3) ERD_{it}		(4) ERD_{it}	
	低法制化	高法制化	低法制化	高法制化	低法制化	高法制化	低法制化	高法制化
$DRcus_{it-1}$	− 0. 003 *** (− 2. 64)	− 0. 001 (− 0. 31)			− 0. 002 ** (− 2. 54)	− 0. 002 (− 1. 23)		
$Rcus_{it-1}$			− 0. 008 ** (− 2. 33)	− 0. 000 (− 0. 04)			− 0. 005 *** (− 3. 62)	− 0. 003 (− 1. 28)
Lev_{it-1}	0. 012 (0. 58)	0. 018 (0. 29)	− 0. 007 (− 0. 26)	− 0. 034 (− 0. 38)	0. 005 (0. 69)	0. 013 (1. 06)	− 0. 002 (− 0. 21)	0. 011 (0. 74)
OCF_{it-1}	1. 530 (1. 19)	1. 299 (0. 53)	2. 944 * (1. 79)	1. 081 (0. 31)	1. 008 ** (2. 02)	0. 853 (1. 51)	0. 814 (1. 22)	1. 407 ** (2. 12)
$Cash_{it-1}$	0. 035 *** (3. 19)	0. 036 (1. 56)	0. 026 * (1. 66)	0. 004 (0. 12)	0. 009 ** (2. 12)	0. 006 (0. 84)	0. 005 (0. 93)	− 0. 004 (− 0. 45)
$Rldebt_{it-1}$	0. 018 ** (2. 11)	0. 023 (1. 46)	0. 026 ** (2. 18)	0. 017 (0. 70)	0. 003 (1. 10)	0. 004 (0. 71)	0. 002 (0. 58)	0. 007 (0. 91)
$Tangible_{it-1}$	0. 044 ** (2. 31)	0. 054 (0. 94)	0. 040 (1. 61)	0. 002 (0. 03)	0. 028 *** (4. 09)	0. 027 ** (2. 47)	0. 029 *** (3. 34)	0. 025 * (1. 88)
Roa_{it-1}	0. 020 (0. 79)	0. 064 (1. 33)	− 0. 001 (− 0. 03)	0. 0915 (1. 36)	0. 000 (0. 04)	0. 002 (0. 19)	− 0. 001 (− 0. 09)	− 0. 004 (− 0. 32)
$Investcf_{it-1}$	0. 085 *** (3. 17)	− 0. 008 (− 0. 19)	0. 074 ** (2. 13)	− 0. 080 (− 1. 25)	0. 008 (0. 98)	− 0. 009 (− 0. 59)	0. 017 (1. 55)	− 0. 029 (− 1. 55)
$Sgrowth_{it-1}$	0. 002 (0. 46)	0. 008 (0. 67)	0. 000 (0. 03)	0. 013 (0. 80)	0. 001 (0. 75)	0. 004 (1. 50)	− 0. 001 (− 0. 35)	0. 007 ** (2. 40)
$lnasset_{it-1}$	0. 001 (0. 98)	− 0. 000 (− 0. 03)	0. 002 (1. 10)	0. 000 (0. 08)	0. 002 *** (3. 79)	0. 000 (0. 27)	0. 003 *** (4. 43)	− 0. 000 (− 0. 11)
Div_{it-1}	0. 003 (1. 22)	− 0. 008 (− 1. 64)	− 0. 000 (− 0. 03)	− 0. 007 (− 1. 04)	0. 003 *** (2. 65)	0. 001 (0. 86)	0. 002 (1. 15)	0. 002 (0. 79)
$lnage_{it-1}$	− 0. 003 (− 1. 43)	− 0. 012 *** (− 3. 36)	− 0. 006 ** (− 2. 06)	− 0. 012 ** (− 2. 12)	− 0. 005 *** (− 5. 75)	− 0. 008 *** (− 5. 32)	− 0. 004 *** (− 3. 22)	− 0. 009 *** (− 4. 69)
Adm_{it-1}	0. 213 *** (5. 32)	0. 097 (1. 33)	0. 185 *** (3. 97)	0. 138 (1. 40)	0. 195 *** (11. 45)	0. 087 *** (4. 12)	0. 192 *** (9. 43)	0. 090 *** (3. 64)

续表

变量	(1) TRD_{it}		(2) TRD_{it}		(3) ERD_{it}		(4) ERD_{it}	
	低法制化	高法制化	低法制化	高法制化	低法制化	高法制化	低法制化	高法制化
$Top1_{it-1}$	− 0.015 ** (− 2.03)	− 0.010 (− 0.60)	− 0.025 *** (− 2.64)	− 0.018 (− 0.67)	− 0.010 *** (− 3.47)	− 0.002 (− 0.32)	− 0.016 *** (− 3.50)	− 0.005 (− 0.81)
$Iholding_{it-1}$	− 0.004 (− 0.86)	0.018 * (1.90)	− 0.010 (− 1.48)	0.032 ** (2.13)	0.006 *** (2.80)	0.002 (0.42)	0.004 (1.35)	0.009 * (1.76)
$Receiv_{it-1}$	0.039 *** (3.26)	0.009 (0.42)	0.044 *** (2.73)	0.009 (0.26)	0.036 *** (6.97)	0.019 ** (2.13)	0.040 *** (5.79)	0.021 * (1.75)
$Intrade_{it-1}$	− 0.013 (− 1.36)	− 0.030 *** (− 2.80)	− 0.004 (− 0.38)	− 0.033 ** (− 2.25)	− 0.010 *** (− 2.84)	− 0.012 *** (− 2.79)	− 0.008 (− 1.64)	− 0.012 ** (− 2.05)
常数项	− 0.054 (− 1.56)	− 0.062 (− 0.96)	− 0.084 ** (− 2.11)	0.056 (0.62)	− 0.069 *** (− 5.34)	− 0.041 ** (− 2.00)	− 0.088 *** (− 5.59)	0.003 (0.12)
$Industry$	控制	控制	控制	控制	控制	控制	控制	控制
$Year$	控制	控制	控制	控制	控制	控制	控制	控制
$adj.\ R^2$	0.213	0.202	0.205	0.144	0.489	0.449	0.458	0.427
样本量	747	1461	747	1461	747	1461	747	1461

注：表中括号内为 t 值，*** 、** 和 * 分别表示在 1%、5% 及 10% 水平下显著。

（二）敏感性测试

借鉴第三章敏感性测试方法，引入 $Rcus2_{it-1}$，即根据连续 2 年销售占比超过 10% 的相同核心客户销售额占比累计之和的年均值进行赋值。相应的假说 4 - 3 敏感性分析如表 4 - 8 所示，结果保持一致，继续支持假说 4 - 3。

表 4 - 8 假说 4 - 3 敏感性测试回归结果

变量	(1) TRD_{it}		(4) ERD_{it}	
	低法制化	高法制化	低法制化	高法制化
$Rcus2_{it-1}$	− 0.015 *** (− 3.22)	0.001 (0.14)	− 0.007 *** (− 3.20)	− 0.001 (− 0.38)
Lev_{it-1}	− 0.014 (− 0.38)	0.098 * (1.85)	− 0.008 (− 0.61)	0.002 (0.09)

续表

变量	(1) TRD_{it}		(4) ERD_{it}	
	低法制化	高法制化	低法制化	高法制化
OCF_{it-1}	2.045 (0.96)	1.763 (0.58)	0.030 (0.03)	1.319 (1.55)
$Cash_{it-1}$	0.022 (1.13)	0.042 (1.12)	0.009 (1.19)	-0.009 (-0.95)
$Rldebt_{it-1}$	0.037** (2.54)	0.066** (2.31)	0.005 (0.89)	0.009 (1.03)
$Tangible_{it-1}$	0.043 (1.34)	0.126*** (2.65)	0.024** (2.17)	0.015 (1.00)
Roa_{it-1}	0.007 (0.21)	0.090 (1.17)	-0.006 (-0.37)	-0.014 (-0.92)
$Investcf_{it-1}$	0.101** (2.00)	-0.050 (-0.75)	0.034** (2.21)	-0.057** (-2.50)
$Sgrowth_{it-1}$	0.001 (0.10)	0.010 (0.72)	-0.002 (-0.45)	0.009*** (3.17)
$lnasset_{it-1}$	0.001 (0.20)	-0.001 (-0.25)	0.004*** (3.90)	0.001 (1.14)
Div_{it-1}	-0.003 (-0.63)	-0.018** (-2.04)	0.002 (1.08)	0.001 (0.46)
$lnage_{it-1}$	-0.009** (-2.05)	-0.010 (-1.29)	-0.005** (-2.41)	-0.009*** (-3.95)
Adm_{it-1}	0.146*** (2.70)	0.097 (0.86)	0.201*** (7.55)	0.090*** (2.76)
$Top1_{it-1}$	-0.021 (-1.54)	-0.007 (-0.23)	-0.015** (-2.29)	-0.010 (-1.11)
$Iholding_{it-1}$	-0.013 (-1.22)	0.027* (1.67)	-0.000 (-0.10)	0.014** (2.49)
$Receiv_{it-1}$	0.041** (1.96)	0.046 (1.22)	0.045*** (4.89)	0.019 (1.19)

续表

变量	（1） TRD_{it}		（4） ERD_{it}	
	低法制化	高法制化	低法制化	高法制化
$Intrade_{it-1}$	0.010 （0.67）	−0.031* （−1.78）	−0.009 （−1.33）	−0.014** （−2.35）
常数项	−0.038 （−0.78）	−0.092 （−0.86）	−0.097*** （−4.71）	−0.023 （−0.88）
$Industry$	控制	控制	控制	控制
$Year$	控制	控制	控制	控制
$adj. \ R^2$	0.213	0.202	0.458	0.427
样本量	382	632	382	632

注：表中括号内为 t 值，***、** 和 * 分别表示在1%、5%及10%水平下显著。

综上，本章引入内部控制这一内部治理机制与政府补贴和地区法制环境这些外部正式制度，考察其在关系型交易影响企业研发创新投入过程中产生的影响。（1）内部控制作为一种有效的企业内部治理机制，可以有效缓解客户关系型交易的上升所带来的信息不对称以及委托代理问题，优化企业的资源配置，提高企业的风险承受能力，从而有效弱化客户关系型交易对企业研发创新的抑制作用；（2）政府补贴带来的企业财务实力增强，以及所释放的企业质量及其产品未来需求信号，有助于缓解高强度关系型交易可能引发的经营风险与融资约束，进而弱化了关系型交易对企业研发创新投入水平的负向影响；（3）较好的地区法制环境更有助于保障风险较高企业的权益，进而使得关系型交易对企业研发创新投入的负向影响在地区法制环境较好的企业中表现得更弱。

第五章

关系客户异质性特征与企业研发
创新投入：财务特征视角

第一节　关系客户与企业研发创新的同群效应：基于
关系客户研发创新水平异质性的分析

一、理论分析与假说提出

基于现有研究成果，上下游企业间研发创新投入同伴效应的形成可能源于"信息获取机理"与"市场竞争机理"。

其一，"信息获取机理"，即供应商与关系客户在频繁的交易过程中，通过信息交流与传递来获取决策有用信息，降低研发决策风险，从而引发研发创新投入同伴效应。当前，我国经济内外部环境中仍存在许多不稳定与不确定的因素，供应商正确判断未来市场需求及政策变化有较大的难度，投资决策需要更多的信息支撑。尤其是研发活动的产出及成果转化存在很大的不确定性，一旦失败将会产生巨大的沉没成本。因此，供应商在决策过程中，会设法利用其他企业的有用信息作为决策支撑，以帮助降低决策风险。尽管供应商与关系客户处在不同的产业链环节，但其服务的终端消费者相同，二者面临相似的外部市场环境与宏观经济政策，关系客户研发决策所蕴含的未来市场发展预期可为供应商研发投资决策提供重要参考。而供应链作为"传递信息与组织学习"的机制（Yu，2013），能有效降低供应商与关系客户的沟通壁垒，为供应商提供获取信息的有效渠道。因此，供应商很可能通过模仿客户的研发行为，缩短研发试错过程，降低决策风险。

其二，"市场竞争机理"，即供应商会为了保持竞争优势、维持竞争地位而模仿关系客户研发行为，进而形成研发创新投入同伴效应。基于该形成机理，研发创新投入同伴效应的形成被认为是供应商应对风险和竞争的一种被动反应。研发是打造企业核心竞争力的关键，在很大程度上决定着企业的竞争优势和行业地位。供应链情境中，客户更接近需求端消费者，当市场需求和消费者偏好发生变化时，客户能够最先收到反馈，通过相应的研发活动来满足新的市场需求，同时也产生对供应商创新产品的需求，此时供应商为了避免被关系客户"套牢"，失去交易话语权，就会受此刺激进行研发活动来满足关系客户新的产品需要。因此，为了在未来市场竞争中满足关系客户需求，避免流失客户，供应商也会关注并模仿关系客户的研发行为，进而形成上下游企业研发创新投入同伴效应。基于以上分析，本书提出以下假说：

假说 5-1：上下游企业研发创新投入存在显著的同伴效应，即关系客户研发创新投入强度越高，供应商研发创新投入强度也越高。

基于上述"信息获取机理"，在供应链情境中，关系客户更接近消费终端，市场需求以及消费者偏好的变化最先由关系客户捕捉，然后才传递给供应商。由于信息传递的滞后性，供应商对未来市场需求变化的了解缺乏及时性和准确性。外部环境不确定性越高，供应商准确判断未来市场需求变化的难度就越大，这种信息不完备给供应商带来的冲击也就越大。这种情形下，供应商就会更多地依赖于关系客户研发创新活动所释放出的信息，据此进行自身研发创新投入决策。鉴于此，承继假说 5-1 的分析逻辑，如果"信息获取机理"存在，即上下游企业研发创新投入同伴效应的形成源于供应商研发创新投入决策依赖关系客户研发创新所传递的信息，则外部环境不确定性越高，"信息获取机理"发挥的作用越大，此时供应商研发创新投入决策越依赖于关系客户研发创新所传递的信息。为此，提出以下假说：

假说 5-2：供应商所处的外部环境不确定性越高，上下游企业研发创新投入的同伴效应越显著。

根据上述"市场竞争机理"，企业通过模仿同伴企业的行为特征来被动应对风险和竞争。供应链情境中，自身市场竞争地位较高的供应商，对关系客户的依赖程度低，在交易中能掌握更强的议价能力（Peress，2010），自主研发能力可能已处于竞争领先地位，此时供应商研发创新的最大挑战并非来自关系客户，而是是否能够自主分析市场前景，引领技术革新方向，掌握发展的主动权，因此，相较于模仿关系客户的研发活动来维持市场竞争地位和议价水平，供应商更愿意通过自身努力，集合先进技术和人才自主进行研发活动，此时，上下游企业间研发创新投入同伴效应就会被削弱。反之，对于市场竞争地位较低的供应商，其生存压力相对较大，对关系客户的依赖度相对较高，缺乏足够的经济实力和分析能力支撑其独立做出研发创新投入决策，因此，其对关系客户研发行为便更为敏感。具体而言，当关系客户通过研发活动提升自身议价优势并产生新产品需求时，供应商为了保证自身利益，避免在交易中失去"话语权"甚至流失客户，就会更倾向于模仿关系客户而加大研发创新投入强度。综上，承继假说 5 - 1 的分析逻辑，如果"市场竞争机理"存在，则供应商市场竞争地位越低，"市场竞争机理"发挥的作用空间就越大，此时上下游企业研发创新投入同伴效应就越为显著。为此，提出以下假说：

假说 5 - 3：供应商的市场竞争地位越低，上下游企业研发创新投入的同伴效应越显著。

二、研究设计

（一）样本和数据来源

本书选取 2009～2021 年我国 A 股上市公司，通过手工收集与整理其披露的关系客户信息，基于关系客户名称信息，利用企查查、天眼查和水滴信用等网站查找客户上市属性，依据客户或其母公司属于上市公司将其判定为上市客户，然后将供应商与其上市客户一一配对，获得实证研究所需的供应商—客户样本及其相应财务数据。根据已有研究惯例，剔除金融行业上市公司、ST 类公司以及数据缺失样本，最终获得 2791 个有效观测值（即供应商—客户配对样本，限于篇幅未予列示）。为消除极端值的影响，对所有连续性变量进行 1% 和 99% 的 Winsorize 处理。企业研发创新投入和其他财务数据均来自 CSMAR 数据库。

（二）变量定义

对于被解释变量，即供应商研发创新投入，借鉴卡莱等（2007）、温军和冯根福（2012）的研究设计，采用费用化研发创新投入与资本化研发创新投入之和占同期营业收入之比（TRD_{it}）和费用化研发创新投入占同期营业收入之比（ERD_{it}）对供应商研发创新投入加以计量。

对于解释变量，即客户研发创新投入强度，鉴于同一年度供应商可能存在多个上市关系客户，借鉴金姆等（Kim et al.，2015）和底璐璐等（2020）的研究设计，采用按销售额占比计算企业前五大客户中上市客户费用化＋资本化研发创新投入加权平均值（$CTRD_{it-1}$）以及费用化研发创新投入加权平均值（$CERD_{it-1}$）加以计量。

对于供应商外部环境不确定性，借鉴王雄元和曾敬（2019）的研究，采用供应商销售收入风险（$Enviruncer_{it-1}$）作为其计量指标，即采用供应商营业总收入的3年标准差进行度量。对于供应商市场竞争地位，借鉴欧文（Irvine，2016）和李姝等（2021）的研究设计，采用供应商客户集中度（$Position_{it-1}$）加以计量，即采用供应商每年前5大客户的总销售额占全部销售额的比例进行度量。

另外，为了控制供应商与客户基本面特征的影响，借鉴王勇（2020）、鲍树琛和代明（2021）等的研究设计了相应控制变量。其中，供应商基本面特征变量包括 Lev_{it}（供应商期末总负债/期末总资产）、$lnage_{it}$（供应商上市年限对数）、TQ_{it}（托宾Q）、$Employees_{it}$（供应商员工人数对数）、$lnasset_{it}$（供应商期末总资产对数）、$Salesexp_{it}$（供应商销售费用对数）、Roa_{it}（净利润/期末总资产）；客户基本面特征变量包括 $CLev_{it}$（客户期末总负债/期末总资产）、$Clnage_{it}$（客户上市年限对数）、CTQ_{it}（客户托宾Q）、$CEmployees_{it}$（客户员工人数对数）、$Clnasset_{it}$（客户期末总资产对数）、$CSalesexp_{it}$（客户供销售费用对数）、$CState_{it}$（国企赋值为1，其他赋值为0）。

（三）模型构建

基于上述变量设计，为检验上下游企业研发创新投入同伴效应的存在性（即假说5-1），借鉴陈等（Chen et al.，2017）、鲍树琛和代明（2021）等的研究设计，建立如下回归模型（5-1）：

$$RD_{it} = \beta_0 + \beta_1 CRD_{it-1} + \beta_2 Control_{it} + \sum Year + \sum Ind + \varepsilon_{it} \qquad (5-1)$$

基于假说5-1预期，模型中的 β_1 应显著为正。

基于模型（5-1），引入供应商外部环境不确定性与市场竞争地位变量，分别构建模型（5-2）和模型（5-3）进行假说5-2和假说5-3的检验：

$$RD_{it} = \beta_0 + \beta_1 CRD_{it-1} + \beta_2 CRD_{it-1} \times Enviruncer_{it-1} + \beta_3 Control_{it}$$
$$+ \sum Year + \sum Ind + \varepsilon_{it} \qquad (5-2)$$

$$RD_{it} = \beta_0 + \beta_1 CRD_{it-1} + \beta_2 CRD_{it-1} \times Position_{it-1} + \beta_3 Control_{it}$$
$$+ \sum Year + \sum Ind + \varepsilon_{it} \qquad (5-3)$$

基于假说5-2和假说5-3预期，模型中的 β_1 与 β_2 均应显著为正。

三、实证结果与分析

（一）描述性统计

表 5 - 1 为相关变量的描述性统计结果。由表中列示结果可知，供应商研发创新投入均值为 0.041 和 0.037，客户研发创新投入均值为 0.020 和 0.019，这种差距主要源自供应商规模相比其关系客户更小。这种企业规模的差距意味着客户往往在供应链中处于链主地位，关系客户对于供应商的影响相对更为重要。另外，通过计算变量间 Pearson 相关系数发现，供应商研发创新投入强度和客户研发创新投入强度（TRD_{it} 和 $CTRD_{it-1}$、ERD_{it} 和 $CERD_{it-1}$）的相关系数分别为 0.729和 0.681，1% 水平内显著为正，初步支持假说 5 - 1，即上下游企业研发创新投入存在显著的同伴效应。

表 5 - 1　　　　　　　　　核心变量的描述性统计

变量	最小值	均值	中位数	最大值	标准差	样本量
TRD_{it}	0.000	0.041	0.034	0.277	0.042	2791
ERD_{it}	0.000	0.037	0.033	0.209	0.035	2791
$CTRD_{it-1}$	0.000	0.020	0.013	0.145	0.025	2791
$CERD_{it-1}$	0.000	0.019	0.012	0.118	0.022	2791
$Enviruncer_{it-1}$	0.000	0.116	0.026	25.550	0.605	2240
$Position_{it-1}$	4.240	35.200	28.870	94.020	21.960	2485
Lev_{it}	0.065	0.423	0.406	0.944	0.206	2791
$lnasset_{it}$	19.680	21.970	21.804	25.130	1.203	2791
$CLev_{it}$	0.164	0.577	0.593	0.859	0.153	2791
$Clnasset_{it}$	20.620	24.540	24.391	28.520	1.949	2791

（二）多元回归检验与结果分析

表 5 - 2 列示了基于模型（5 - 1）的假说 5 - 1 多元回归检验结果。列（1）和列（2）列示了资本化与费用化研发创新投入总额作为上下游企业研发创新投入强度的多元回归结果。无论是仅控制供应商层面因素（如列（1）所示），抑

或是同时控制供应商层面和客户层面因素，客户研发创新投入强度（$CTRD_{it-1}$）回归系数都在1%水平内显著为正。列（3）和列（4）列示了费用化研发创新投入作为上下游企业研发创新投入强度的多元回归结果。无论是否控制客户层面因素的影响，客户研发创新投入强度（$CERD_{it-1}$）回归系数及其显著性均未发生实质性变化，依然表现为关系客户研发创新投入强度越高，供应商研发创新投入强度越高，证实上下游企业研发创新投入存在显著的同伴效应，假说5-1得到验证。

表 5-2 假说 5-1 多元回归检验结果

变量	（1）TRD_{it}	（2）ERD_{it}	（3）TRD_{it}	（4）ERD_{it}
$CTRD_{it-1}$	0.994 *** (21.90)	0.992 *** (21.55)		
$CERD_{it-1}$			0.832 *** (22.22)	0.826 *** (21.79)
Lev_{it}	-0.034 *** (-7.54)	-0.034 *** (-7.53)	-0.033 *** (-8.61)	-0.033 *** (-8.64)
$lnage_{it}$	-0.006 *** (-7.24)	-0.006 *** (-7.27)	-0.006 *** (-8.67)	-0.006 *** (-8.74)
TQ_{it}	0.003 *** (4.04)	0.003 *** (4.02)	0.003 *** (4.55)	0.003 *** (4.53)
$Employees_{it}$	-0.004 *** (-4.27)	-0.004 *** (-4.46)	-0.003 *** (-3.96)	-0.003 *** (-4.09)
$lnasset_{it}$	0.002 ** (2.43)	0.003 *** (2.60)	0.002 ** (1.99)	0.002 ** (2.14)
$Salesexp_{it}$	0.003 *** (6.42)	0.003 *** (6.60)	0.003 *** (6.26)	0.003 *** (6.51)
Roa_{it}	-0.102 *** (-6.04)	-0.102 *** (-6.01)	-0.092 *** (-6.94)	-0.092 *** (-6.91)
$CLev_{it}$		0.004 (0.97)		0.002 (0.60)

续表

变量	（1）TRD_{it}	（2）ERD_{it}	（3）TRD_{it}	（4）ERD_{it}
$Clnage_{it}$		-0.000 （-0.18）		-0.000 （-0.22）
CTQ_{it}		-0.000 （-0.12）		0.000 （0.44）
$CEmployees_{it}$		0.002^{***} （3.00）		0.002^{***} （3.26）
$Clnasset_{it}$		-0.002^{***} （-2.98）		-0.002^{***} （-2.96）
$CSalesexp_{it}$		0.000 （0.08）		-0.000 （-0.58）
$CState_{it}$		0.000 （0.02）		0.000 （0.35）
常数项	0.002 （0.32）	-0.019 （-0.92）	0.004 （0.84）	-0.003 （-0.18）
$Year$	控制	控制	控制	控制
$Indus$	控制	控制	控制	控制
$adj.\ R^2$	0.615	0.616	0.578	0.579
样本量	2791	2791	2791	2791

注：表中括号内为 t 值，***、** 分别表示在1%、5%水平下显著。

表 5-3 中的 Panel A 列示了假说 5-2 的多元回归检验结果。由于供应商外部环境不确定性变量缺失，样本量下降为 2240 个。结果显示，客户研发创新投入强度（$CTRD_{it-1}$ 和 $CERD_{it-1}$）回归系数显著为正，同时，交乘项（$CTRD_{it-1} \times Enviruncer_{it-1}$ 和 $CERD_{it-1} \times Enviruncer_{it-1}$）的回归系数均在 1% 的水平下显著为正，表明供应商所处的外部环境不确定性越高，上游供应商与下游关系客户研发创新投入同伴效应越显著，假说 5-2 得到验证，同时表明该同伴效应的形成部分是源于"信息获取机理"。

表 5 – 3　　　　　　　　　假说 5 – 2 与假说 5 – 3 多元回归检验结果

变量	Panel A 假说 5 – 2		Panel B 假说 5 – 3	
	(1) TRD_{it}	(2) ERD_{it}	(3) TRD_{it}	(4) ERD_{it}
$CTRD_{it-1}$	0.682 *** (16.71)		0.831 *** (9.56)	
$CERD_{it-1}$		0.498 *** (10.45)		0.727 *** (11.35)
$CTRD_{it-1} \times$ $Enviruncer_{it-1}$	0.310 *** (2.83)			
$CERD_{it-1} \times$ $Enviruncer_{it-1}$		0.535 *** (4.74)		
$CTRD_{it-1} \times$ $Position_{it-1}$			0.005 ** (2.21)	
$CERD_{it-1} \times$ $Position_{it-1}$				0.003 * (1.92)
$Enviruncer_{it-1}$	– 0.011 *** (– 3.92)	– 0.011 *** (– 4.14)		
$Position_{it-1}$			0.000 (0.41)	0.000 (0.88)
Control	控制	控制	控制	控制
adj. R^2	0.585	0.561	0.617	0.579
样本量	2240	2240	2485	2485

注：表中括号内为 t 值，*** 、** 和 * 分别表示在 1%、5% 及 10% 水平下显著。限于篇幅，供应商与客户层面相关控制变量回归结果省略。

表 5 – 3 中的 Panel B 列示了假说 5 – 3 的多元回归检验结果。由于供应商市场竞争地位变量缺失，样本量下降为 2485 个。结果显示，客户研发创新投入强度（$CTRD_{it-1}$ 和 $CERD_{it-1}$）回归系数显著为正，同时交乘项（$CTRD_{it-1} \times Position_{it-1}$ 和 $CERD_{it-1} \times Position_{it-1}$）的回归系数分别在 5% 和 10% 的水平下显著为正，表明供应商的市场竞争地位越低，上游供应商与下游关系客户研发创新投入同伴效应越显著，假说 5 – 3 得到验证，同时表明该同伴效应的形成部分是源于"市场竞争机理"。

（三）内生性检验

尽管实证检验过程中采用滞后一期 $CTRD_{it-1}$ 和 $CERD_{it-1}$ 以缓解内生性问题，但依然会存在一定的内生性问题。对此，采用滞后两期解释变量与调节变量重新进行上述多元回归检验分析，结果如表 5－4 所示。结果显示，无论采用滞后 2 期的 $CTRD_{it-2}$ 和 $CERD_{it-2}$，还是滞后 2 期的调节变量 $Enviruncer_{it-2}$ 与 $Position_{it-2}$，假说 5－1 至假说 5－3 的多元回归结果总体上保持一致，基本支持假说 5－1 至假说 5－3。

表 5－4   滞后 2 期汇总的多元回归结果

变量	(1) TRD_{it}	(2) ERD_{it}	(3) TRD_{it}	(4) ERD_{it}	(5) TRD_{it}	(6) ERD_{it}
$CTRD_{it-2}$	0.549*** (5.55)		0.487*** (11.43)		0.622*** (7.95)	
$CERD_{it-2}$		0.504*** (8.33)		0.444*** (12.33)		0.513*** (7.39)
$CTRD_{it-2} \times$ $Enviruncer_{it-2}$			0.335** (2.24)			
$CERD_{it-2} \times$ $Enviruncer_{it-2}$				0.331*** (3.22)		
$CTRD_{it-2} \times$ $Position_{it-2}$					0.003* (1.92)	
$CERD_{it-2} \times$ $Position_{it-2}$						0.003* (1.85)
$Enviruncer_{it-2}$			-0.010*** (-3.67)	-0.007*** (-3.15)		
$Position_{it-2}$					0.000 (1.08)	0.000 (0.61)
$Control$	控制	控制	控制	控制	控制	控制
$adj.\ R^2$	0.449	0.474	0.519	0.549	0.542	0.538
样本量	2517	2517	1575	1575	2010	2010

注：表中括号内为 t 值，***、* 分别表示在 1%、10% 水平下显著。限于篇幅，供应商与客户层面相关控制变量回归结果省略。

另外，基于下游关系客户的财务数据以及上游供应商的本身特征，采用 PSM 倾向得分匹配法控制供应商对关系客户的选择性偏差以及影响关系客户研发创新投入的因素，以减轻由此引发的内生性问题。首先，分别控制供应商和客户的负债水平（Lev_{it}）、上市年限（$lnage_{it}$）、成长能力（TQ_{it}）、员工人数（$Employees_{it}$）公司规模（$lnasset_{it}$）、企业销售费用（$Salesexp_{it}$）、供应商盈利能力（Roa_{it}）、客户股权性质（$cState_{it}$）以及行业年度变量，回归并计算出 ps 值，然后进行卡尺为 0.001 的最近邻无放回匹配，最终得到 1736 个配对样本。匹配后样本回归结果如表 5 – 5 列（1）和列（2）所示，$CTRD_{it-1}$ 和 $CERD_{it-1}$ 的系数依然在 1% 水平内显著为正。同样地，重复上述步骤，分别对假说 5 – 2 和假说 5 – 3 进行内生性检验，匹配后假说 5 – 2 样本回归结果如列（3）和列（4）所示，假说 5 – 3 回归结果如列（5）和列（6）所示，回归结果依然保持稳定，继续支持假说 5 – 2 和假说 5 – 3，表明在克服了一定样本选择偏差和内生问题后，上述假说仍然成立。

表 5 – 5　　　　　　　　　　　　匹配后样本回归结果

变量	(1) TRD_{it}	(2) ERD_{it}	(3) TRD_{it}	(4) ERD_{it}	(5) TRD_{it}	(6) ERD_{it}
$CTRD_{it-1}$	1.011 *** (17.65)		0.707 *** (13.59)		0.646 *** (6.37)	
$CERD_{it-1}$		0.792 *** (16.18)		0.572 *** (11.90)		0.647 *** (8.00)
$CTRD_{it-1} \times$ $Enviruncer_{it-1}$			0.152 *** (3.34)			
$CERD_{it-1} \times$ $Enviruncer_{it-1}$				0.450 *** (3.69)		
$CTRD_{it-1} \times$ $Position_{it-1}$					0.009 *** (3.28)	
$CERD_{it-1} \times$ $Position_{it-1}$						0.004 * (1.88)
$Enviruncer_{it-1}$			− 0.006 *** (− 3.10)	− 0.013 *** (− 4.32)		

续表

变量	(1) TRD_{it}	(2) ERD_{it}	(3) TRD_{it}	(4) ERD_{it}	(5) TRD_{it}	(6) ERD_{it}
$Position_{it-1}$					-0.000 (-0.70)	-0.000 (-0.88)
$Control$	控制	控制	控制	控制	控制	控制
$adj.\ R^2$	0.616	0.561	0.585	0.554	0.588	0.570
样本量	1736	1736	1554	1536	1582	1552

注：表中括号内为 t 值，***、* 分别表示在 1%、10% 水平下显著。限于篇幅，供应商与客户层面相关控制变量回归结果省略。

（四）基于关系专有资产理论的竞争性解释排除

基于关系专有资产理论，企业对特定渠道交易伙伴在设备、程序、培训或关系等方面进行的投入被称为关系专有资产投入，上下游企业间的研发创新投入往往可以反映双方企业关系资产投入强度。因此，上下游企业间研发创新投入同伴效应实质上反映的是双方互惠性关系专有资产投入，而非真正意义的上下游企业研发创新同伴效应。为了排除该竞争性解释，本书尝试引入行业层面的关系专有资产投入因素。通常而言，对于关系专有资产投入较高的行业，其关系专有资产对双方较为重要，上下游企业越倾向基于对方关系专有资产投入水平给予相应的互惠性关系专有资产投入。鉴于此，如果上下游企业间研发创新投入同伴效应实质上反映的是双方互惠性关系专有资产投入，则可以预期这种行为在关系型专有资产投入强度高的行业中表现得更为显著；反之，如果上下游企业间研发创新投入同伴效应并非反映双方互惠性的关系专有资产投入，则可以预期这种行为在关系型专有资产投入强度高和低的行业中均具有显著表现。

根据班纳吉等（2008）的研究，耐用品行业中关系专有资产更为重要，关系专有资产投入强度明显高于易耗品行业。鉴于此，借鉴班纳吉等（2008）和奥利韦拉等（Oliveira et al.，2017）耐用品与易耗品行业的划分标准，将金属制品业（C33）、通用设备制造业（C34）、专用设备制造业（C35）、汽车制造业（C36）、铁路、船舶、航空航天和其他运输设备制造业（C37）、电气机械及器材制造业（C38）、计算机、通信和其他电子设备制造业（C39）、仪器仪表制造业（C40）以及软件和信息技术服务业（I65）划分为耐用品行业，其他行业划分为易耗品行业，然后进行分组检验，分组结果如表 5-6 所示。结果显示，无论是耐用品行业（列（1）和列（3）所示），还是易耗品行业（列（2）和列（4）所示），$CTRD_{it-1}$ 和 $CERD_{it-1}$ 的回归系数均在 1% 的水平下显著为正，表明上下游企业研发创新投入存在着显著的同伴效应，该同伴效应并非双方互惠性的关系专有资产投入，继续支持假说 5 - 1。

表 5 - 6　　　　　　　　　关系专有资产理论的竞争性解释检验结果

变量	(1) TRD_{it}	(2) TRD_{it}	(3) ERD_{it}	(4) ERD_{it}
$CTRD_{it-1}$	0.840 *** (27.60)	1.175 *** (34.18)		
$CERD_{it-1}$			0.707 *** (22.36)	0.960 *** (27.31)
Control	控制	控制	控制	控制
Year	控制	控制	控制	控制
Indus	控制	控制	控制	控制
adj. R^2	0.557	0.648	0.512	0.591
样本量	1317	1474	1317	1474

注：表中括号内为 t 值，*** 表示在 1% 水平下显著。限于篇幅，供应商与客户层面相关控制变量回归结果省略。

（五）同地区与同行业影响的排除

样本中供应商与关系客户可能处于同行业或同地区，研发创新投入的同伴效应可能是同行业或同地区导致的，因此，将供应商与关系客户处于同行业、同地区的样本观测值分别剔除与同时剔除，并重新进行回归检验，结果如表 5 - 7 所示。$CTRD_{it-1}$ 和 $CERD_{it-1}$ 的回归系数依然显著为正，继续支持假说 5 - 1。

表 5 - 7　　　　　　　供应商与客户同地区、同行业影响检验结果

变量	剔除同行业		剔除同地区		剔除同行业与同地区	
	(1) TRD_{it}	(2) ERD_{it}	(3) TRD_{it}	(4) ERD_{it}	(5) TRD_{it}	(6) ERD_{it}
$CTRD_{it-1}$	0.958 *** (17.46)		0.999 *** (19.24)		0.957 *** (16.16)	
$CERD_{it-1}$		0.798 *** (17.56)		0.833 *** (20.02)		0.803 *** (17.17)
Control	控制	控制	控制	控制	控制	控制

续表

变量	剔除同行业		剔除同地区		剔除同行业与同地区	
	（1）TRD_{it}	（2）ERD_{it}	（3）TRD_{it}	（4）ERD_{it}	（5）TRD_{it}	（6）ERD_{it}
$Year$	控制	控制	控制	控制	控制	控制
$Indus$	控制	控制	控制	控制	控制	控制
$adj.\ R^2$	0.595	0.566	0.619	0.589	0.605	0.585
样本量	2096	2096	2334	2334	1758	1758

注：表中括号内为 t 值，*** 表示在 1% 水平下显著。限于篇幅，供应商与客户层面相关控制变量回归结果省略。

四、基于供应商股权结构特征的进一步分析

上述有关上下游企业研发创新投入同伴效应的分析立足于供应商企业层面，尚未考虑供应商研发创新决策主体的动机因素。中国上市公司中，普遍存在着控股股东，控股股东对包括研发创新投入在内的重要投资决策往往会施加重要影响。鉴于此，基于上述研究发现，本书进一步从股权集中度、股权制衡度和机构投资者持股等股权结构特征视角来分析与考察供应商股东这一决策主体动机对上下游企业研发创新投入同伴效应的影响。

（一）基于供应商股权集中度的分析

中国资本市场中，上市公司股权普遍较为集中，"一股独大"现象十分普遍，由此引发的控股股东与中小股东代理问题更加突出。大股东由于投资集中难以分散风险，加上研发活动风险高、周期长、收益滞后的特点，一旦研发失败将蒙受巨大的损失。另外，在股权较为集中的情况下，控股股东借助其控制权对上市公司进行掏空行为，同样会弱化上市公司进行研发创新的能力。在此情形下，股权集中度越高，供应商大股东进行高风险研发活动的意愿越弱，加之管理层的风险规避特性，使得关系客户增加研发创新投入时，供应商倾向于忽视关系客户研发创新投入行为传递的信息，做出的反应相对较弱。基于此，可以预期：供应商股权集中度越高，上下游企业研发创新投入的同伴效应越弱。

借鉴宋迪和杨超（2017）、刘若姣和都沁军（2023）等的研究，采用第一大股东持股比例（$Top1_{it}$）作为股权集中度的衡量指标。基于模型（5 – 1），采用供应商股权集中度（$Top1_{it}$）及其与客户研发创新投入的交乘项（$CTRD_{it-1} \times Top1_{it}$ 和 $CERD_{it-1} \times Top1_{it}$）进行检验，表 5 – 8 列示了基于供应商的股权集中度

特征检验结果，回归结果与预期保持一致，即供应商股权集中度弱化了上下游企业间研发创新同伴效应的形成。

表 5 - 8　　　　　　　　基于供应商的股权集中度特征检验结果

变量	(1) TRD_{it}	(2) ERD_{it}
$CTRD_{it-1}$	1.191 *** (11.55)	
$CTRD_{it-1} \times Top1_{it}$	-0.008 *** (-2.74)	
$CERD_{it-1}$		0.986 *** (6.63)
$CERD_{it-1} \times Top1_{it}$		-0.006 * (-1.75)
$Top1_{it}$	0.000 ** (2.07)	0.000 (0.85)
Lev_{it}	-0.035 *** (-7.65)	-0.041 *** (-6.74)
$\ln age_{it}$	-0.006 *** (-7.04)	-0.009 *** (-5.13)
TQ_{it}	0.003 *** (3.72)	0.005 *** (2.98)
$Employees_{it}$	-0.004 *** (-4.33)	-0.004 *** (-4.16)
$\ln asset_{it}$	0.002 ** (2.40)	0.005 *** (3.04)
$Salesexp_{it}$	0.003 *** (6.65)	0.003 *** (4.73)
Roa_{it}	-0.105 *** (-5.86)	-0.168 *** (-4.63)
$CLev_{it}$	0.005 (1.11)	0.007 (1.06)

续表

变量	（1）TRD_{it}	（2）ERD_{it}
$Clnage_{it}$	−0.000 （−0.12）	−0.000 （−0.10）
CTQ_{it}	−0.000 （−0.19）	−0.000 （−0.17）
$CEmployees_{it}$	0.003 *** （3.31）	0.004 *** （2.87）
$Clnasset_{it}$	−0.003 *** （−3.27）	−0.004 *** （−2.85）
$CSalesexp_{it}$	0.000 （0.19）	0.000 （0.83）
$CState_{it}$	−0.000 （−0.22）	−0.001 （−0.56）
常数项	−0.018 （−0.84）	−0.040 （−1.43）
$Year$	控制	控制
$Indus$	控制	控制
$adj.\ R^2$	0.607	0.401
样本量	2791	2791

注：表中括号内为 t 值，***、** 和 * 分别表示在 1%、5% 及 10% 水平下显著。

（二）基于供应商股权制衡度的分析

与股权集中度相对应的另一个股权结构特征便是股权制衡。股权制衡是指几个大股东共同分享企业的实际控制权，通过互相牵制来达到内部监督的股权安排模式。股权制衡不仅可以约束管理层，还能够有效缓解上市公司"一股独大"引发的第二类代理问题，抑制控股股东的掏空行为与短期行为。为此，面对关系客户增加研发创新投入时，高股权制衡度的供应商倾向于采取更为长远的经营战略，更为重视关系客户研发创新投入行为传递的信息，努力提升自身在市场竞争中的地位，进而会对关系客户研发创新投入行为反应相对较强。基于此，可以预期：供应商股权制衡度越高，上下游企业研发创新投入的同伴效应越显著。

借鉴单春霞等（2021）的研究，采用第 2~5 大股东所持股份之和占第一大股东所持股份的比例作为股权制衡度的衡量指标。基于模型（5-1），采用供应商股权制衡度（Bal_{it}）及其与客户研发创新投入的交乘项（$CTRD_{it-1} \times Bal_{it}$ 和 $CERD_{it-1} \times Bal_{it}$）进行检验，表 5-9 列示了基于供应商的股权制衡度特征检验结果，回归结果与预期一致，即供应商股权制衡度强化了上下游企业间研发创新同伴效应的形成。

表 5-9 基于供应商的股权制衡度特征检验结果

变量	（1）TRD_{it}	（2）ERD_{it}
$CTRD_{it-1}$	0.741 *** (10.76)	
$CTRD_{it-1} \times Bal_{it}$	0.246 *** (4.26)	
$CERD_{it-1}$		0.621 *** (8.81)
$CERD_{it-1} \times Bal_{it}$		0.221 ** (2.55)
Bal_{it}	−0.005 *** (−3.40)	−0.003 (−1.26)
Lev_{it}	−0.036 *** (−7.96)	−0.042 *** (−7.17)
$\ln age_{it}$	−0.006 *** (−7.10)	−0.009 *** (−5.49)
TQ_{it}	0.003 *** (3.60)	0.005 *** (2.96)
$Employees_{it}$	−0.004 *** (−4.42)	−0.004 *** (−4.24)
$\ln asset_{it}$	0.003 ** (2.51)	0.005 *** (3.17)
$Salesexp_{it}$	0.003 *** (6.58)	0.003 *** (4.63)

续表

变量	(1) TRD_{it}	(2) ERD_{it}
Roa_{it}	-0.108^{***} (-6.09)	-0.170^{***} (-4.71)
$CLev_{it}$	0.005 (1.20)	0.007 (1.07)
$Clnage_{it}$	-0.000 (-0.25)	-0.000 (-0.17)
CTQ_{it}	-0.000 (-0.02)	-0.000 (-0.09)
$CEmployees_{it}$	0.003^{***} (3.26)	0.004^{***} (2.83)
$Clnasset_{it}$	-0.003^{***} (-3.27)	-0.004^{***} (-2.86)
$CSalesexp_{it}$	0.000 (0.35)	0.001 (0.93)
$CState_{it}$	-0.000 (-0.29)	-0.001 (-0.58)
常数项	-0.009 (-0.45)	-0.034 (-1.21)
$Year$	控制	控制
$Indus$	控制	控制
$adj.\ R^2$	0.613	0.405
样本量	2791	2791

注：表中括号内为 t 值，***、** 分别表示在 1%、5% 水平下显著。

（三）基于供应商机构投资者持股的分析

近年来，我国机构投资者不断发展壮大，逐步成为企业重要的治理力量，对企业的组织活动有着重要影响。机构投资者持股已成为影响企业研发创新投入的一个重要因素。首先，机构投资者持股比例越高，换手成本越大，因此，机构投资者更倾向于长期持股，更加关注企业成长性，为了获取更多长期收益就会乐于推动企业进行研发。其次，相较于个人投资者，机构投资者掌控的话语权更大，能够直接与大股东对话，对其形成有效监督，缓解委托代理问题。当大股东为追求自身利益最大化而放弃研发活动时，机构投资者可以通过在股东大会行使投票权等方式对其形成有效约束，促使研发活动正常开展。最后，机构投资者有强大的资金实力、信息搜集和分析能力，这都是研发活动不可或缺的资源，可以减少大股东对研发失败引起短期股价波动的担忧，为其研发投资决策提供更大的容错空间。基于此，可以预期：供应商的机构投资者持股比例越高，则上下游企业研发创新投入的同伴效应越显著。

借鉴张宏亮等（2023）的研究，采用机构投资者持股总数占总股数的比例计算机构投资者持股比例（$Iholding_{it}$）。基于模型（5 – 1），采用供应商机构投资者持股（$Iholding_{it}$）及其与客户研发创新投入的交乘项（$CTRD_{it-1} \times Iholding_{it}$ 和 $CERD_{it-1} \times Iholding_{it}$）进行检验，由表 5 – 10 可知，回归结果与预期一致，即供应商机构投资者持股强化了上下游企业间研发创新同伴效应的形成。

表 5 – 10　　　　　　基于供应商的机构投资者持股特征的检验结果

变量	（1）TRD_{it}	（2）ERD_{it}
$CTRD_{it-1}$	0. 800 *** (9. 96)	
$CTRD_{it-1} \times Iholding_{it}$	0. 453 ** (2. 44)	
$CERD_{it-1}$		0. 610 *** (5. 44)
$CERD_{it-1} \times Iholding_{it}$		0. 576 ** (2. 38)
$Iholding_{it}$	− 0. 003 (− 0. 93)	− 0. 003 (− 0. 62)
Lev_{it}	− 0. 035 *** (− 7. 83)	− 0. 041 *** (− 6. 89)
$\ln age_{it}$	− 0. 006 *** (− 7. 10)	− 0. 009 *** (− 5. 44)
TQ_{it}	0. 003 *** (3. 24)	0. 005 *** (2. 66)

续表

变量	(1) TRD_{it}	(2) ERD_{it}
$Employees_{it}$	-0.004^{***} (-4.46)	-0.004^{***} (-4.33)
$lnasset_{it}$	0.002^{**} (2.11)	0.004^{***} (2.70)
$Salesexp_{it}$	0.003^{***} (6.94)	0.003^{***} (4.94)
Roa_{it}	-0.112^{***} (-6.17)	-0.174^{***} (-4.77)
$CLev_{it}$	0.004 (1.10)	0.007 (1.04)
$Clnage_{it}$	-0.000 (-0.24)	-0.000 (-0.24)
CTQ_{it}	0.000 (0.09)	0.000 (0.07)
$CEmployees_{it}$	0.003^{***} (3.18)	0.004^{***} (2.80)
$Clnasset_{it}$	-0.002^{***} (-2.82)	-0.004^{**} (-2.57)
$CSalesexp_{it}$	-0.000 (-0.09)	0.000 (0.56)
$CState_{it}$	-0.000 (-0.34)	-0.002 (-0.74)
常数项	-0.010 (-0.45)	-0.027 (-0.98)
$Year$	控制	控制
$Indus$	控制	控制
adj. R^2	0.609	0.405
样本量	2781	2781

注：表中括号内为 t 值，***、** 分别表示在 1%、5% 水平下显著。

第二节　关系客户金融化水平特征与企业研发创新投入

现有研究发现，企业经营行为会对其供应商具有显著的外溢效应，特别是对于供应链中处于上游的企业而言，下游的客户作为其一项重要的经济资源，可作为判断企业未来经营、销售风险、业绩和现金流风险的重要决策依据。尤其是在中国的上市公司中，关系客户的存在尤为普遍。据学者研究发现，近50%的公司与其前五大客户或供应商的交易比例超过30%，其中20%左右的公司的相关交易比例甚至超过50%（李增泉，2017）。那么，基于企业的视角，关系客户通过金融资产投资进行金融化对其究竟意味着什么？作为供应商，企业又会采取怎样的措施加以反映呢？对此，现有研究往往较多关注企业金融化对其自身的影响，鲜有关注其对包括供应商在内的利益相关者的影响。为此，本书尝试基于供应商企业的视角，考察其关系客户金融资产投资行为对其的影响，将关系客户金融化行为的经济后果进一步延伸至供应链企业。在供应链关系中，企业研发创新投入往往被视为供应链关系专有资产的重要组成部分，是企业与下游客户间构建与维护紧密渠道关系的重要因素（Raman et al.，2008；Minnick et al.，2017）。为此，本书研究的问题便具化为：面对关系客户金融化行为，供应商会如何通过调整其研发投资行为加以应对呢？即关系客户金融化行为是否会对企业研发投资行为产生重要的影响呢？该问题的回答不仅有助于将关系客户金融化行为经济后果拓展至外部利益相关者，还有助于更加深入地理解企业金融化行为的影响。

一、理论分析与假说提出

在供应链中，研发创新投入往往被视为企业关系专有资产投入的重要组成部分（拉曼等，2008；明尼克等，2017），而关系专有资产投入则被认为是企业间构建紧密渠道关系的重要因素。以企业研发创新投入为重要组成部分形成的关系专有资产往往具备独特性、专用性、不可模仿性等特征，对提升整个供应链的运行效率与价值增值，促进基于全产业链的整体创新与协同发展具有重要的意义（王勇，2020）。但是，研发创新投入所形成的关系专有资产仅专属于双方特定的交易关系，其可转移性低。一旦其中一方遭遇困境，或降低关系业务强度，另一方关系专有性资产价值将会遭受巨大的贬损（Williamson，1979）。因此，鉴于企业研发创新投入所具有的关系专有属性，企业往往担心关系客户的机会主义行为，使得其承担额外的风险，即当关系客户违背其隐性与显性契约时，企业研发创新投入风险上升，而收益大幅下降（威廉姆森，1979），因此，企业进行研发投资决策时，会将关系客户因素纳入决策中加以考虑。

具体到关系客户的金融化行为，关系客户配置金融资产存在"双动机"的可能性。对于作为供应商的企业而言，如果关系客户金融化行为是出于防范未来风险动机的预防性储备，即出于"蓄水池"动机配置金融资产，那么，企业会认为关系客户有较强的未来风险抵抗能力，从而降低企业进行研发创新投入所感知的风险，进而会激发企业进行更多具有关系专有资产属性的研发创新投入。反之，如果企业认为关系客户的金融化行为是出于"投资替代"动机，即出于利润最大化目的而进行的挤占实体经济资金投资金融资产，那么企业会认为关系客户主业发展可能会缺乏后劲，降低其进行研发创新投入所感知的投资收益前景，进而抑制企业的研发创新投入。

简言之，当企业认为关系客户是基于"蓄水池"动机进行金融资产投资时，会降低企业对关系客户经营风险的感知，进而促进其研发创新投入；当企业认为关系客户是基于"投资替代"动机进行金融资产投资时，企业会认为关系客户主业发展放缓，研发投资所感知的投资收益会下降，进而减少研发创新投入。鉴于此，提出以下假说：

假说 5-4a：关系客户金融化行为会促进企业的研发创新投入行为，表现为关系客户金融资产投资规模对企业研发创新投入强度具有显著的正向影响；

假说 5-4b：关系客户金融化行为会抑制企业的研发创新投入行为，表现为关系客户金融资产投资规模对企业研发创新投入强度具有显著的负向影响。

客户作为企业收入与价值实现的来源，其经营行为的外溢效应还取决于企业对其依赖程度（Hertzel et al.，2008；Kolay et al.，2016；Johnson et al.，2018）。随着企业对少数重要客户的依赖度上升，客户议价能力随之提升，企业与关系客户权利逐渐变得不对等，这会使其在谈判及交易中处于弱势地位，进而导致利益被侵占（张晔等，2019）。鉴于企业研发创新投入具有关系专有资产属性，可以带来关系租金，因此，随着企业对关系客户依赖度的上升，关系客户凭借其议价能力提升，往往要求更高份额的关系租金比例，进而抑制了企业进行研发创新投入的动机。另外，企业对关系客户的高度依赖往往被视为企业重要的经营风险，这同样会抑制企业进行高风险的研发投资活动。基于此，承继假说 5-4a 的逻辑思路，如果关系客户金融化行为会促进企业的研发创新投入，则随着关系企业客户依赖度上升，这种促进效应将会弱化；承继假说 5-4b 的逻辑思路，如果关系客户金融化行为会抑制企业的研发创新投入，则随着企业关系客户依赖度上升，这种抑制效应会呈现强化趋势。为此，提出以下假说：

假说 5 - 5a：随着企业关系客户依赖度上升，关系客户金融资产投资规模对于企业研发创新投入的促进效应逐渐下降；

假说 5 - 5b：随着企业关系客户依赖度上升，关系客户金融资产投资规模对于企业研发创新投入的抑制效应逐渐上升。

二、研究设计

（一）数据来源与样本选取

该实证研究基于 CSMAR 以及同花顺数据库，选取 2007 ~ 2018 年沪深 A 股非金融类上市公司为初步研究样本。后续通过手工收集与整理，基于客户名称信息，利用企查查、天眼查和水滴信用等网站查找这些客户企业的上市属性，并依据客户企业或者其母公司属于上市公司，判定该客户为上市客户，进而获取上市客户证券代码以及相关财务数据。接下来，将企业与各个核心上市客户一一配对，获得实证研究所需样本。另外，进一步剔除数据缺失及 ST 类样本，对所有连续型变量进行 0 ~ 1% 至 99% ~ 100% 的 Winsorize 处理以消除极端值的影响。经过对样本数据的初步筛选、匹配和分析处理，最终获得 2669 个有效观测值，并运用 Stata15. 0 进行相关实证分析。

（二）变量计量

被解释变量：企业研发创新投入（ERD_{it}）。借鉴卡莱等（Kale et al.，2007）、拉曼等（2008）、卡莱等（2015）、明尼克等（2017）的研究设计，用企业研发创新投入强度进行计量，即费用化研发创新投入/营业收入。

解释变量：客户金融资产投资规模（$TFin_{it}$）。借鉴德米尔（2008）、宋军等（2015）、胡奕明等（2017）及黄贤环等（2018）等研究，以及新版《中国会计准则》对金融资产的分类，基于资产科目，将货币资金、交易性金融资产、应收利息、应收股利、衍生金融资产、发放贷款及垫款、可供出售金融资产、持有至到期投资、长期股权投资及投资性房地产纳入金融资产的范畴，以金融资产总额与总资产的比值来反映关系客户企业金融资产投资规模（即金融化程度）。稳健型分析部分，剔除了短期金融资产、货币资金、交易性金融资产、应收利息以及应收股利科目等短期金融资产，采用企业长期金融资产计量关系客户金融资产投资规模进行稳健型检验，以确保结论的稳健型。

另外，涉及的企业对客户依赖度（$custratio_{it}$），采用企业对关系客户销售额占企业销售总额的比例加以计量；对企业商业信用（$Receiv_{it}$）规模，借鉴陈正林（2017）研究设计，采用（应收票据＋应收账款总额－预收账款）/占总资产加以计量。

参考胡奕明等（2017）、杨筝等（2017）、黄贤环等（2018）、王勇（2019）学者的研究，同时控制企业层面因素与客户层面因素。其中，企业层面因素包括：负债水平（Lev_{it-1}）、资产规模（$lnasset_{it-1}$）、营运能力（$TurnA_{it-1}$）、股权集中度（$Tten_{it-1}$）、客户集中度（$Totfivcusratio_{it-1}$）、关联方交易占比（$Intrade_{it-1}$）、成立年限（$lnage_{it-1}$）、短期融资能力（$Loanshort_{it-1}$）、长期融资能力（$Loanlong_{it-1}$）、盈利能力（Roa_{it-1}）、营销策略（$Saleexp_{it-1}$）、成长能力（TQ_{it-1}）、经营业绩（$Tasrate_{it-1}$），客户层面因素包括：客户成立年限（$Clnage_{it-1}$）、客户资产规模（$Clnasset_{it-1}$）、客户产权性质（$CState_{it-1}$）、客户负债水平（$CLev_{it-1}$）。

本书选取的变量具体定义如表 5–11 所示。

表 5–11　　　　　　　　　　变量代码、名称与定义

变量类型	变量符号	变量名	变量定义
被解释变量	ERD_{it}	企业研发创新投入	企业研发费用/同期营业收入 * 100
被解释变量	$TFin_{it-1}$	客户金融资产配置规模	（货币资金＋交易性金融资产＋应收利息＋应收股利＋衍生金融资产＋发放贷款及垫款＋可供出售金融资产＋持有至到期投资＋长期股权投资＋投资性房地产）/总资产
被解释变量	$custratio_{it-1}$	企业客户依赖度	客户销售占比
被解释变量	$Receiv_{it-1}$	企业商业信用	（应收票据＋应收账款－预收账款）/总资产
控制变量	Lev_{it-1}	企业负债水平	总负债/总资产
控制变量	$lnasset_{it-1}$	企业公司资产规模	ln（企业总资产）
控制变量	$TurnA_{it-1}$	企业营运能力	总资产周转率
控制变量	$Tten_{it-1}$	企业股权集中度	企业前十大股东持股比例和
控制变量	$Totfivcusratio_{it-1}$	企业客户集中度	前 5 大客户销售占比
控制变量	$Intrade_{t-1}$	企业关联方交易占比	关联方销售商品与提供劳务和/营业收入
控制变量	$lnage_{it-1}$	企业成立年限	ln［（当年－上市年份）+1］
控制变量	$Loans_{it-1}$	企业短期融资能力	短期借款/总资产
控制变量	$Loanl_{it-1}$	企业长期融资能力	长期借款/总资产

续表

变量类型	变量符号	变量名	变量定义
控制变量	Roa_{it-1}	企业盈利能力	总资产净利润率
	$Saleexp_{it-1}$	企业营销策略	企业销售费用/同期营业收入
	TQ_{it-1}	企业成长能力（托宾Q）	[B股当期值+（总股数 - 人民币普通股 - 境内上市的外资B股）*（所有者权益合计期末值/实收资本本期期末值）+负债合计本期期末值]/总资产
	$Tasrate_{it-1}$	企业资产增长速度	（资产总计本期期末值 - 资产总计本期期初值）/（资产总计本期期初值）
	$Clnage_{it-1}$	客户成立年限	ln［（当年 - 上市年份）+1]
	$Clnasset_{it-1}$	客户公司资产规模	ln（客户当期总资产账面价值）
	$CState_{it-1}$	客户产权性质	国有控股企业赋值为1，非国有为0
	$CLev_{it-1}$	客户负债水平	客户总负债/客户总资产
	$Industry$	行业效应	行业虚拟变量
	$Year$	年度效应	年度虚拟变量

（三）模型设计

基于上述变量设计，假说5-4的检验模型具体如式（5-4）所示：

$$ERD_{it} = \alpha_0 + \alpha_1 TFin_{it-1} + \alpha_{2-18} Controls_{it-1} + \sum Year + \sum Ind + \varepsilon_{it}$$

（5-4）

如果实证结果支持假说5-4a，那么α_1显著为正；如果实证结果支持假说5-4b，那么α_1显著为负。

基于模型（5-4），分别引入企业的客户依赖度变量$custratio_{it-1}$与$TFin_{it-1}$的交乘项，建立模型（5-5）进行假说5-5的检验：

$$ERD_{it} = \alpha_0 + \alpha_1 TFin_{it-1} + \alpha_2 custratio_{it-1} + \alpha_3 custratio_{it-1} \times TFin_{it-1}$$
$$+ \alpha_{4-20} Controls_{it-1} + \sum Year + \sum Ind + \varepsilon_{it}$$

（5-5）

三、实证结果与分析

（一）描述性统计

表5-12列示了相关变量1% Winsorize后的描述性统计结果。其中，企业研

发创新投入（ERD_{it}）最大值为 29.07，最小值为 0，均值为 3.228%。另外，客户金融资产配置规模（$TFin_{it-1}$）最大值为 0.778，最小值为 0.046，平均值为 0.252，由此可以看出，我国上市公司中普遍存在金融资产投资现象，金融资产投资成为上市公司常见的投资活动，且最大值与最小值的较大差异说明不同公司之间金融资产配置规模存在较大差异。

表 5 - 12　　　　　　　　　　　　各变量描述性统计

变量	最小值	均值	中位数	最大值	标准差	样本量
ERD_{it}	0.000	3.228	2.580	29.070	4.402	2669
$TFin_{it-1}$	0.046	0.252	0.209	0.778	0.172	2669
$custratio_{it-1}$	0.000	0.068	0.043	0.459	0.081	2669
$Receiv_{it-1}$	-0.135	0.141	0.131	0.460	0.116	2669
$Tten_{it-1}$	21.330	58.428	59.570	87.900	15.311	2669
$lnage_{it-1}$	0.000	1.860	2.079	3.178	0.979	2669
$lnasset_{it-1}$	19.540	21.823	21.650	25.114	1.212	2669
$TurnA_{it-1}$	0.109	0.629	0.531	2.431	0.403	2669
Roa_{it-1}	-0.181	0.039	0.038	0.165	0.051	2669
TQ_{it-1}	0.939	2.258	1.655	11.422	1.779	2669
Lev_{it-1}	0.052	0.414	0.402	0.902	0.217	2669
$Loanl_{it-1}$	0.000	0.039	0.002	0.343	0.068	2669
$Totfivcusratio_{it-1}$	0.001	0.321	0.268	0.948	0.234	2669
$Loans_{it-1}$	0.000	0.106	0.077	0.446	0.110	2669
$Intrade_{it-1}$	0.000	0.079	0.007	0.705	0.150	2669
$Saleexp_{it-1}$	0.000	0.076	0.043	0.490	0.095	2669
$Tasrate_{it-1}$	-0.259	0.301	0.117	3.457	0.584	2669
$Clnage_{it-1}$	0.000	2.300	2.565	3.178	0.702	2669
$Clnasset_{it-1}$	20.224	24.374	24.127	30.453	2.287	2669
$CLev_{it-1}$	0.112	0.582	0.596	0.938	0.183	2669

注：表中采用的研发创新投入 $SRDit$ 计算公式：SRD = 企业研发费用/同期营业收入 ×100。

(二) 相关性分析

通过计算变量间的 Pearson 相关系数，发现企业研发创新投入（ERD_{it}）与客户金融资产配置（$TFin_{it-1}$）相关系数为 0.240，在 1% 水平下显著为正，初步支持假说 5 – 4a。另外，解释变量与控制变量之间的相关系数均小于 0.3，说明选取变量间不存在严重的多重共线性问题（限于篇幅未予汇报）。由于未考虑控制变量的影响，上述结果还需进一步的回归检验。

(三) 多元回归检验与结果分析

表 5 – 13 中 Panel A 列示了假说 5 – 4 的多元回归结果。其中，列（1）显示，控制了企业层面因素后，客户金融化指标 $TFin_{it-1}$ 回归系数在 1% 水平下显著为正，进而支持假说 5 – 4a，表明企业认为关系客户主要是基于"预防储备"动机配置金融资产配置，关系客户金融资产配置行为降低企业研发投资所感知的风险，进而促进其增加研发创新投入。列（2）列示了同时控制企业与客户特征因素的多元回归结果，$TFin_{it-1}$ 回归系数依然在 1% 水平下显著为正，继续支持假说 5 – 4a。

表 5 – 13　　　　　　　　假说 5 – 4 和假说 5 – 5 多元回归检验结果

变量	Panel A　假说 5 – 4		Panel B　假说 5 – 5	
	（1）ERD_{it}	（2）ERD_{it}	（3）ERD_{it}	（4）ERD_{it}
$TFin_{it-1}$	1.824 *** (3.84)	1.839 *** (3.90)	3.536 *** (5.54)	3.544 *** (5.57)
$TFin_{it-1} \times custratio_{it-1}$			− 24.280 *** (− 4.44)	− 24.130 *** (− 4.36)
$custratio_{it-1}$			6.049 *** (3.55)	6.040 *** (3.56)
$Tten_{it-1}$	0.004 (0.79)	0.004 (0.79)	− 1.063 *** (− 9.08)	− 1.043 *** (− 8.83)
$\ln age_{it-1}$	− 1.061 *** (− 8.98)	− 1.039 *** (− 8.73)	0.197 ** (2.40)	0.198 ** (2.37)
$\ln asset_{it-1}$	0.183 ** (2.24)	0.182 ** (2.21)	− 1.822 *** (− 12.55)	− 1.792 *** (− 12.50)

续表

变量	Panel A　假说 5 – 4		Panel B　假说 5 – 5	
	（1）ERD_{it}	（2）ERD_{it}	（3）ERD_{it}	（4）ERD_{it}
$TurnA_{it-1}$	− 1. 807 *** （− 12. 40）	− 1. 779 *** （− 12. 34）	0. 275 （0. 17）	0. 162 （0. 10）
Roa_{it-1}	0. 161 （0. 10）	0. 045 （0. 03）	0. 192 *** （3. 48）	0. 190 *** （3. 42）
TQ_{it-1}	0. 187 *** （3. 37）	0. 185 *** （3. 31）	− 3. 290 *** （− 6. 01）	− 3. 503 *** （− 6. 23）
Lev_{it-1}	− 3. 174 *** （− 5. 81）	− 3. 382 *** （− 6. 03）	− 0. 308 （− 0. 39）	− 0. 117 （− 0. 15）
$Loanl_{it-1}$	− 0. 227 （− 0. 29）	− 0. 026 （− 0. 03）	1. 065 * （1. 73）	1. 146 * （1. 85）
$Loans_{it-1}$	0. 928 （1. 51）	1. 003 （1. 62）	− 0. 765 * （− 1. 89）	− 0. 798 ** （− 2. 00）
$Totfivcusratio_{it-1}$	− 0. 771 ** （− 1. 96）	− 0. 804 ** （− 2. 05）	1. 261 *** （3. 16）	1. 298 *** （3. 28）
$Intrade_{it-1}$	1. 415 *** （3. 56）	1. 452 *** （3. 69）	2. 417 ** （2. 35）	2. 583 ** （2. 54）
$Saleexp_{it-1}$	2. 584 ** （2. 52）	2. 765 *** （2. 73）	0. 118 （0. 67）	0. 127 （0. 73）
$TasrateA_{it-1}$	0. 128 （0. 71）	0. 137 （0. 77）	− 1. 063 *** （− 9. 08）	− 1. 043 *** （− 8. 83）
$Clnage_{it-1}$		− 0. 116 （− 1. 14）		− 0. 120 （− 1. 18）
$Clnasset_{it-1}$		0. 041 （1. 40）		0. 034 （1. 15）
$CLev_{it-1}$		1. 061 *** （2. 81）		1. 104 *** （2. 93）
常数项	− 1. 602 （− 0. 87）	− 2. 697 （− 1. 41）	− 2. 106 （− 1. 15）	− 3. 079 （− 1. 62）

续表

变量	Panel A　假说 5 – 4		Panel B　假说 5 – 5	
	（1）ERD_{it}	（2）ERD_{it}	（3）ERD_{it}	（4）ERD_{it}
$Year$	控制	控制	控制	控制
$Indus$	控制	控制	控制	控制
$adj.\ R^2$	0.469	0.471	0.474	0.477
样本量	2669.000	2669.000	2669.000	2669.000

注：表中括号内为 t 值，***、** 和 * 分别表示在 1%、5% 及 10% 水平下显著。

　　基于假说 5 – 4a 的证实，则可预期假说 5 – 5a 的成立。表 5 – 13 中 Panel B 列示了假说 5 – 5 相应的实证检验结果。其中，列（3）显示，控制了企业特征因素后，客户金融化变量 $TFin_{it-1}$ 回归系数在 1% 水平下显著为正，客户金融化 $TFin_{it-1}$ 与企业的客户依赖度 $custratio_{it-1}$ 交乘项回归系数在 1% 水平下显著为负，进而支持假说 5 – 5a。列（4）列示了同时控制企业与客户特征因素的多元回归结果，$TFin_{it-1}$ 回归系数依然在 1% 水平下显著为正，$TFin_{it-1}$ 与 $custratio_{it-1}$ 交乘项系数依然在 1% 水平下显著为负，继续支持假说 5 – 5a，表明企业的关系客户依赖度弱化了企业关系客户金融化行为对其研发创新投入的促进效应。

（四）稳健性检验

　　为减轻模型中的内生性问题，以滞后 2 期的 $TFin_{it-2}$ 作为解释变量，重新进行假说 5 – 4 和假说 5 – 5 的回归检验。假说 5 – 4 的内生性检验结果如表 5 – 14 中 Panel A 中列（1）与列（2）所示，$TFin_{it-2}$ 回归系数仍在 1% 水平下显著为正，回归结果保持稳定，继续支持假说 5 – 4a。假说 5 – 5 的内生性检验结果如 Panel B 列（3）与列（4）中所示，$TFin_{it-2}$ 回归系数以及 $TFin_{it-2}$ 与 $custratio_{it-1}$ 的交乘项系数均在 1% 水平内显著为负，回归结果保持稳定，继续支持假说 5 – 5a。

　　另外，更换解释变量重新进行假说 5 – 4 和假说 5 – 5 的回归检验。首先，剔除存在争议的长期股权投资、应收股利及应收利息科目，重新界定企业金融资产范围与金融资产投资计量指标，相应的回归检验结果如表 5 – 15 Panel A 所示，回归结果中保持一致，依然支持假说 5 – 4a 和假说 5 – 5a。其次，剔除了短期金融资产，货币资金、交易性金融资产、应收利息以及应收股利科目等短期金融资产，采用企业长期金融资产计量客户金融资产投资规模，再次进行假说的回归检验，结果如表 5 – 15 Panel B 所示，回归结果依然保持稳定。

表 5 - 14　　　　　　　　　　　　　内生性检验结果

变量	Panel A　假说 5 - 4		Panel B　假说 5 - 5	
	(1) ERD_{it}	(2) ERD_{it}	(3) ERD_{it}	(4) ERD_{it}
$TFin_{it-2}$	2.023 ***	2.049 ***	3.632 ***	3.652 ***
	(3.92)	(4.00)	(5.48)	(5.51)
$TFin_{it-2} \times$ $custratio_{it-1}$			-23.154 ***	-23.043 ***
			(-3.85)	(-3.78)
$custratio_{it-1}$			5.714 ***	5.686 ***
			(3.15)	(3.14)
$Tten_{it-1}$	0.005	0.005	0.005	0.005
	(1.03)	(1.06)	(0.96)	(0.98)
$lnage_{it-1}$	-1.060 ***	-1.035 ***	-1.059 ***	-1.036 ***
	(-8.81)	(-8.56)	(-8.85)	(-8.61)
$lnasset_{it-1}$	0.171 **	0.169 **	0.182 **	0.182 **
	(2.04)	(2.00)	(2.15)	(2.12)
$TurnA_{it-1}$	-1.805 ***	-1.772 ***	-1.825 ***	-1.790 ***
	(-12.28)	(-12.19)	(-12.42)	(-12.34)
Roa_{it-1}	0.010	-0.083	0.087	-0.002
	(0.01)	(-0.05)	(0.05)	(-0.00)
TQ_{it-1}	0.182 ***	0.180 ***	0.185 ***	0.183 ***
	(3.22)	(3.16)	(3.29)	(3.23)
Lev_{it-1}	-3.197 ***	-3.422 ***	-3.282 ***	-3.514 ***
	(-5.72)	(-5.96)	(-5.88)	(-6.11)
$Loanl_{it-1}$	-0.286	-0.057	-0.348	-0.126
	(-0.36)	(-0.07)	(-0.44)	(-0.16)
$Loans_{it-1}$	0.935	1.018	1.054 *	1.143 *
	(1.51)	(1.64)	(1.70)	(1.83)
$Totfivcusratio_{it-1}$	-0.897 **	-0.934 **	-0.859 **	-0.893 **
	(-2.25)	(-2.36)	(-2.09)	(-2.21)
$Intrade_{it-1}$	1.521 ***	1.546 ***	1.355 ***	1.381 ***
	(3.77)	(3.88)	(3.33)	(3.43)

续表

变量	Panel A 假说 5－4		Panel B 假说 5－5	
	（1）ERD_{it}	（2）ERD_{it}	（3）ERD_{it}	（4）ERD_{it}
$Saleexp_{it-1}$	2.731 *** （2.61）	2.937 *** （2.83）	2.609 ** （2.49）	2.801 *** （2.71）
$TasrateA_{it-1}$	0.076 （0.41）	0.078 （0.42）	0.067 （0.36）	0.069 （0.38）
$Clnage_{it-1}$		－0.129 （－1.04）		－0.131 （－1.06）
$Clnasset_{it-1}$		0.044 （1.42）		0.037 （1.22）
$CLev_{it-1}$		1.155 *** （3.00）		1.197 *** （3.13）
常数项	－0.919 （－0.51）	－2.105 （－1.09）	－1.521 （－0.83）	－2.595 （－1.34）
$Year$	控制	控制	控制	控制
$Indus$	控制	控制	控制	控制
$adj.\ R^2$	0.470	0.473	0.475	0.478
样本量	2597.000	2597.000	2597.000	2597.000

注：表中括号内为 t 值，*** 、** 和 * 分别表示在 1% 、5% 及 10% 水平下显著。

表 5 －15　　　　　　　　客户金融资产配置计量指标稳健性检验

变量	Panel A		Panel B	
	假说 5 －4 ERD_{it}	假说 5 －5 ERD_{it}	假说 5 －4 ERD_{it}	假说 5 －5 ERD_{it}
$TFin2_{it-1}$	1.942 *** （4.07）	3.218 *** （5.02）		
$TFinL_{it-1}$			2.351 *** （3.38）	4.709 *** （5.45）
$TFin2_{it-1} \times$ $custratio_{it-1}$		－18.100 *** （－2.75）		

续表

变量	Panel A		Panel B	
	假说 5 - 4 ERD_{it}	假说 5 - 5 ERD_{it}	假说 5 - 4 ERD_{it}	假说 5 - 5 ERD_{it}
$TFinL_{it-1} \times$ $custratio_{it-1}$				- 37. 425 *** (- 5. 75)
$TFin2_{it-1} \times$ $Receiv_{it-1}$				
$TFinL_{it-1} \times$ $Receiv_{it-1}$				
$custratio_{it-1}$		4. 239 ** (2. 50)		3. 266 *** (2. 67)
$Receiv_{it-1}$				
$Tten_{it-1}$	0. 004 (0. 83)	0. 003 (0. 74)	0. 004 (0. 88)	0. 004 (0. 91)
$lnage_{it-1}$	- 1. 037 *** (- 8. 70)	- 1. 042 *** (- 8. 76)	- 1. 042 *** (- 8. 77)	- 1. 060 *** (- 9. 04)
$lnasset_{it-1}$	0. 182 ** (2. 20)	0. 196 ** (2. 35)	0. 174 ** (2. 12)	0. 186 ** (2. 25)
$TurnA_{it-1}$	- 1. 779 *** (- 12. 32)	- 1. 796 *** (- 12. 44)	- 1. 786 *** (- 12. 32)	- 1. 760 *** (- 12. 37)
Roa_{it-1}	0. 083 (0. 05)	0. 201 (0. 12)	- 0. 026 (- 0. 02)	0. 508 (0. 32)
TQ_{it-1}	0. 185 *** (3. 30)	0. 188 *** (3. 37)	0. 174 *** (3. 10)	0. 189 *** (3. 41)
Lev_{it-1}	- 3. 350 *** (- 6. 00)	- 3. 401 *** (- 6. 09)	- 3. 313 *** (- 5. 96)	- 3. 313 *** (- 6. 02)
$Loanl_{it-1}$	- 0. 099 (- 0. 13)	- 0. 203 (- 0. 26)	- 0. 332 (- 0. 42)	- 0. 322 (- 0. 41)

续表

变量	Panel A		Panel B	
	假说 5 - 4 ERD_{it}	假说 5 - 5 ERD_{it}	假说 5 - 4 ERD_{it}	假说 5 - 5 ERD_{it}
$Loans_{it-1}$	0.997 (1.61)	1.075 * (1.73)	0.837 (1.36)	0.901 (1.46)
$Totfivcusratio_{it-1}$	- 0.807 ** (- 2.07)	- 0.780 ** (- 1.97)	- 0.784 ** (- 2.00)	- 0.818 ** (- 2.04)
$Intrade_{it-1}$	1.480 *** (3.74)	1.338 *** (3.35)	1.398 *** (3.57)	1.226 *** (3.09)
$Saleexp_{it-1}$	2.876 *** (2.85)	2.812 *** (2.77)	2.761 *** (2.70)	2.663 *** (2.61)
$TasrateA_{it-1}$	0.137 (0.77)	0.131 (0.74)	0.127 (0.71)	0.086 (0.50)
$Clnage_{it-1}$	- 0.073 (- 0.71)	- 0.084 (- 0.82)	- 0.139 (- 1.34)	- 0.145 (- 1.41)
$Clnasset_{it-1}$	0.046 (1.56)	0.041 (1.38)	0.001 (0.03)	0.000 (0.01)
$CLev_{it-1}$	0.964 ** (2.55)	0.986 *** (2.61)	0.858 ** (2.27)	0.928 ** (2.46)
常数项	- 2.796 (- 1.45)	- 3.175 * (- 1.65)	- 1.202 (- 0.63)	- 1.695 (- 0.89)
Year	控制	控制	控制	控制
Indus	控制	控制	控制	控制
adj. R^2	0.472	0.474	0.471	0.478
样本量	2669.000	2669.000	2669.000	2669.000

注：表中括号内为 t 值，*** 、** 和 * 分别表示在 1%、5% 及 10% 水平下显著。

四、基于中国制度背景的进一步分析

（一）基于关系客户国有产权性质的进一步分析

企业进行研发投资决策时，对于关系客户金融化行为的关注程度往往要受关系客户发生财务危机的可能性的影响。如果关系客户为国有企业，那么由于存在各级政府的隐形担保以及商业银行的青睐，其发生财务危机以及破产的风险较低。这种情况下，企业会降低对其基于"蓄水池"效应进行金融资产配置的关注。即使关注，企业对其国有关系客户进行金融资产配置所传递的风险效应反应也相对较弱。相比之下，若关系客户为非国有客户，企业则会更加关注其基于"蓄水池"效应进行的金融资产投资行为，据此进行其研发投资决策的风险与收益评价。基于此，承继假说 5 - 4a 的逻辑，初步预期：相比国有关系客户，非国有关系客户金融资产投资行为对企业研发创新投入的促进效应更为显著。

基于模型（5 - 4），引入客户产权性质（$CState_{it}$）以及客户产权性质（$CState_{it}$）与客户金融资产投资行为（$TFin_{it-1}$）的交乘项，进行相应的实证检验。表 5 - 16 中 Panel A 列示了相应的多元回归结果。结果显示，无论是以 $TFin_{it-1}$（列（1）所示）还是 $TFin_{it-2}$（列（2）所示）作为解释变量，其回归系数均显著为正，而交乘项回归系数为负，且均在 1% 水平下显著，进而与预期保持一致。综上表明，关系客户国有产权性质对关系客户金融资产投资与企业研发创新投入间关系具有显著的干预与调节效应。

表 5 - 16　　　　　　　基于中国制度背景分析的回归结果

变量	Panel A　基于客户国有属性		Panel B　基于客户地区市场化程度	
	（1）ERD_{it}	（2）ERD_{it}	（3）ERD_{it}	（4）ERD_{it}
$TFin_{it-1}$	2.840 *** (4.08)		7.228 *** (2.81)	
$TFin_{it-2}$		2.924 *** (3.95)		7.611 *** (2.94)
$TFin_{it-1} \times CState_{it}$	-2.846 *** (-3.53)			
$TFin_{it-2} \times CState_{it}$		-2.657 *** (-3.11)		
$CState_{it}$	0.704 *** (2.74)	0.674 ** (2.58)		

续表

变量	Panel A 基于客户国有属性		Panel B 基于客户地区市场化程度	
	(1) ERD_{it}	(2) ERD_{it}	(3) ERD_{it}	(4) ERD_{it}
$TFin_{it-1} \times CGM_{it}$			-0.901^{**} (-2.50)	
$TFin_{it-2} \times CGM_{it}$				-0.919^{**} (-2.50)
CGM_{it}			0.424^{***} (4.47)	0.427^{***} (4.46)
$Control$	控制	控制	控制	控制
$adj. R^2$	0.473	0.475	0.483	0.488
样本量	2595.000	2527.000	2507.000	2438.000

注：表中括号内为 t 值，*** 、** 分别表示在1%、5%水平下显著。表中省略了控制变量回归结果的列示。由于调节变量数据的缺失，样本量有一定的减少。

（二）基于市场化程度的进一步分析

随着地区市场化程度的上升，企业与其客户间的交易关系更倾向于基于市场的交易关系，双方对关系专有资产的诉求则会随之降低。因此，即使关系客户金融化水平较高，鉴于双方对关系专有资产的关注度与需求下降，企业通过研发在内的关系专有资产投入以维持与巩固双方间关系的动力也会弱化。因此，承继假说5-4a的逻辑，初步预期：随着关系客户所在地区市场化程度的上升，关系客户金融资产投资规模对企业研发创新投入的促进效应呈现弱化趋势。

基于《中国分省市市场化指数报告》中的市场化指数数据，在模型（5-4）中引入客户所在省市政府与市场关系市场化指数（CGM_{it}）及其与客户金融资产投资（$TFin_{it-1}$）的交乘项，进行相应的实证检验。具体回归结果如表5-16中Panel B 所示，$TFin_{it-1}$（列（3）所示）与 $TFin_{it-2}$（列（4）所示）回归系数均在1%水平下显著为正，而交乘项回归系数则均在5%水平下显著为负。综上表明，关系客户金融化对企业研发创新投入的促进效应还受关系客户所在地区的市场化程度的影响，表现为随着关系客户所在地区市场化程度的上升，关系客户金融资产投资规模对企业研发创新投入的促进效应逐渐弱化。

第三节　关系客户诉讼风险特征与企业研发创新投入

一、理论分析与假说提出

关系客户诉讼风险是导致供应链中断的核心供应链风险之一（Group，2012）。当客户遭遇诉讼时，诉讼风险会影响其自身的库存管理、产品购买和货款交付等，进而对供应商产品（或服务）销售与应收账款回收产生较为严重的负面影响。此外，客户涉诉本身就是一个负面新闻，其会向外界传递企业的经营管理存在问题的信号。作为与客户关系紧密的供应商，其企业声誉与形象可能也会在公众心中"大打折扣"。

对此，面对发生诉讼的关系客户，企业往往会主动采取措施弱化其对关系客户的依赖，以尽量弱化客户诉讼风险可能对其造成的负向外溢效应。现有研究表明，研发投资作为企业的核心业务，其产出具有难以模仿性与持久性，是企业竞争优势的基石，其可作为降低企业对主要客户依赖程度的重要措施（Raymond et al.，2004）。一方面，企业可以通过研发进入新产品领域，吸引新客户以扩大企业现有的客户基础（王勇等，2016），从而弱化其对关系客户的依赖程度。另一方面，研发创新投入将会提高企业产品的差异化，增加关系客户的转换成本，以及影响关系客户进行后向垂直整合的难易程度。这样，关系客户寻求替代供应商愈发困难（田志龙等，2016），对现有企业依赖增加，降低了企业面临的"敲竹杠"风险。综上，提出以下假说：

假说5 - 6：关系客户诉讼风险对企业研发创新投入具有显著的正向影响。

企业与关系客户间的交易关系是关系客户诉讼产生外溢效应的经济基础。这种外溢效应的大小取决于双方间的交易规模，即企业对关系客户的依赖程度（Pandit et al.，2011；Kolay et al.，2016；Johnson et al.，2018）。随着企业对客户依赖度的上升，意味着该客户采购占企业销售占比越高，且企业资产的关系专有程度越高。因此，一旦关系客户陷入诉讼甚至引发财务危机，关系客户诉讼风险会进一步增加企业未来销售收入波动风险，加剧企业未来的不确定性程度，同时引发企业现有关系专有资产价值较大幅度的贬损，对企业价值乃至持续经营造成更为严重的不利影响，这种情形下，企业进行研发创新投入的意愿更强。综上，承继假说5 - 6的逻辑分析思路，如果关系客户诉讼风险对企业研发创新投

入具有的正向影响,那么该影响在高客户依赖度的企业中表现得更为显著。据此,提出以下假说:

假说 5－7:相比客户依赖度低的企业,关系客户诉讼风险对客户依赖度高的企业研发创新投入的正向影响更为显著。

承继假说 5－6 的研究思路,如果供应商采取增加研发创新投入应对关系客户诉讼风险,鉴于国有客户诉讼风险外溢效应的严重性,供应商增加研发创新投入的动机更为强烈。据此,提出以下假说:

假说 5－8:相比非国有关系客户,国有关系客户诉讼风险对企业研发创新投入的正向影响更为显著。

地理位置已经成为企业选择交易合作伙伴的重要考虑因素,尤其是同地客户。对于企业而言,同地客户一般是企业建立与成长的基础,双方往往保持了长久的交易关系,企业往往为此投入较多的关系专有资产。另外,当企业和客户企业处于同一地区时,不仅有助于企业降低物流成本(陈良华等,2019),同时,企业与客户可以进行更多的"面对面"交流,获取更多更有效的信息,降低双方间信息不对称的程度(刘文军,2014),帮助供应商更为及时了解客户市场的需求,降低企业面临的经营风险(褚等,2019)。这种情形下,相比异地关系客户,一旦属于优质客户的同地关系客户陷入诉讼,其诉讼风险对企业造成的冲击将会更为严重,企业更为需要强化自身产品市场竞争优势,吸引与增加异地关系客户,以缓解同地关系客户诉讼风险可能造成的严重不利影响。综上,承继假说 5－6 的研究思路,提出以下假说:

假说 5－9:相比异地关系客户,同地关系客户诉讼风险对企业研发创新投入的正向影响更为显著。

二、研究设计

(一) 数据来源与样本选取

本研究总样本为 2007～2018 年沪深股市非金融类 A 股上市公司,通过手工收集与整理,获得 7086 个详细披露其前 5 大客户名称信息的公司年度样本。基于客户名称信息,利用企查查、天眼查和水滴信用等网站查找这些客户企业的全称及其上市属性,并依据客户企业或其母公司属于上市公司,判定该客户为上市客户,进而获取上市客户证券代码以及相关财务数据。接下来,借鉴科拉伊等(2016) 的处理方法,将企业与下游各个核心上市公司客户一一配对,并剔除相关变量数据缺失值，获得 1385 个供应商上市公司与 2059 个下游上市公司的配对，共形成 2059 个样本。公司诉讼数据来自国泰安 CSMAR，其他所有财务数据来自同花顺 iFinD。使用 Stata15.0 软件进行相关实证分析，包括将连续性变量进行 5% 的 Winsorize 处理，以消除极端值的影响。

（二）模型设计与变量计量

基于上述假说，测试变量中的被解释变量和解释变量分别为企业的研发创新投入（ERD_{it}）和客户诉讼风险（$CDLiti_{it-1}$）。借鉴邵剑兵等（2019）的研究设计，企业研发创新投入强度通过企业研发创新投入除以同期营业收入计算得到。上述假设检验中，企业研发创新投入（ERD_{it}）计量仅表示企业费用化研发创新投入强度，未考虑资本化研发创新投入。为此，以（企业研发费用 + 无形资产和开发支出的变化额）/同期营业收入进行企业研发创新投入（TRD_{it}）计量，进行稳健性检验。借鉴岑等（2018）的研究设计，以企业上一年度是否发生诉讼作为客户诉讼风险的衡量指标（$CDLiti_{it-1}$）。同时借鉴傅超等（2017）的研究，以企业上一年度涉诉次数（$CLitiCount_{it-1}$）进行稳健性检验。

基于上述测试变量设计，假说 5 - 6 的检验模型具体如公式（5 - 6）所示：

$$ERD_{it} = \beta_0 + \beta_1 CDLiti_{it-1} + \beta_2 Supspecontr_{it-1} + \beta_3 Cusspecontr_{it-1}$$
$$+ \sum Industry + \sum Year + \varepsilon_{it} \qquad (5-6)$$

基于假说 5 - 6 的预期，其中 $CDLiti_{it-1}$ 的回归系数 β_1 应显著为正。对于假说 5 - 7、假说 5 - 8 以及假说 5 - 9，依据模型（5 - 6）采用分组回归进行检验。

借鉴金姆等（2015）的相关研究设计，模型（5 - 6）还加入企业特征因素（$Supspecontr_{it-1}$）和客户特征因素（$Cusspecontr_{it-1}$）的控制变量，相关变量的具体定义如表 5 - 17 所示。

表 5 -17　　　　　　　　　　变量符号、名称与定义

变量类型	变量符号	变量名	变量定义
被解释变量	ERD_{it}	供应商研发创新投入1	第 t 年度企业研发创新投入/同期营业收入
	TRD_{it}	供应商研发创新投入2	第 t 年度（企业研发创新投入 + 无形资产和开发支出的变化额）/同期营业收入
解释变量	$CDLiti_{it-1}$	客户诉讼风险1	第 t - 1 年度客户被诉赋值为 1，否则为 0
	$CLitiCount_{it-1}$	客户诉讼风险2	第 t - 1 年度客户诉讼次数

续表

变量类型	变量符号	变量名	变量定义
调节变量	$Csaledep1_{it-1}$	客户依赖度	第 $t-1$ 年度客户销售收入占比高于中位数 0.0458 时赋值为 1，表明高客户依赖度；否则赋值为 0
	$CState_{it-1}$	客户国有产权性质	第 $t-1$ 年度客户为国有企业时为 1，否则为 0
	Dis_{it-1}	供应商客户地理位置相似度	第 $t-1$ 年度供应商和客户同处同一省市为 1，否则为 0
控制变量	$SDLiti_{it-1}$	供应商诉讼 1	第 $t-1$ 年度供应商被诉为 1，否则为 0
	$SLitiCount_{it-1}$	供应商诉讼 2	第 $t-1$ 年度供应商诉讼次数
	$Rsubsidy_{it-1}$	供应商政府补助	第 $t-1$ 年度非经常损益中的政府补助/同期营业收入
	Lev_{it-1}	供应商资本结构	第 $t-1$ 年度总负债/同期总资产
	$Sgrowth_{it-1}$	供应商营业收入增长率	第 $t-1$ 年度（当前营业收入 – 前期营业收入）/前期营业收入
	Roe_{it-1}	供应商盈利能力	第 $t-1$ 年度净资产收益率
	$Cash_{it-1}$	供应商现金持有量	第 $t-1$ 年度现金及其等价物总额/同期总资产
	OCF_{it-1}	供应商经营性净现金流	第 $t-1$ 年度经营性净现金流量/当期总资产
	$Saleexp_{it-1}$	供应商销售费用比率	第 $t-1$ 年度销售费用/同期营业收入
	$Relsale_{it-1}$	供应商关联方销售占比	第 $t-1$ 年度向关联方销售额占营业收入比率
	$lnage_{it-1}$	供应商成立年限	第 $t-1$ 年度企业的自然对数（成立至当期年数 +1）
	$Receiv_{it-1}$	供应商商业信用	第 $t-1$ 年度企业（应收票据 + 应收账款 – 预收账款)/同期总资产
	$lnasset_{it-1}$	供应商资产规模	第 $t-1$ 年度企业的自然对数（企业当期总资产）
	$Top1_{it-1}$	企业第 1 大股东持股	第 $t-1$ 年度企业第 1 大股东持股数量/总股本
	$State_{it-1}$	供应商国有产权性质	第 $t-1$ 年度国有企业为 1，否则为 0
	$CSgrowth_{it-1}$	客户营业收入增长率	第 $t-1$ 年度客户营业收入增长率，（当前营业收入 – 前期营业收入)/前期营业收入
	$CRoe_{it-1}$	客户盈利能力	第 $t-1$ 年度客户盈利能力，客户净资产收益率
	$Clnasset_{it-1}$	客户资产规模	企业的自然对数（客户上期总资产）

（三）描述性统计

表 5-18 列示了模型（5-6）主要变量 Winsorize 后的描述性统计结果。其

中，企业研发创新投入 ERD_{it} 和 TRD_{it} 均值分别为 0.042 和 0.052，与现有研究的统计水平基本一致。同时，样本中26.9%的关系客户存在诉讼行为。另外，反映企业对客户依赖程度的销售占比（$Csaleratio_{it-1}$）均值为7.6%，总体上表明企业对关系客户的依赖程度较为严重。

表 5-18 描述性统计

变量	最小值	均值	中位数	最大值	标准差	样本量
ERD_{it}	0.00100	0.0420	0.0360	0.124	0.0340	2059
TRD_{it}	-0.00900	0.0520	0.0400	0.143	0.0460	2059
$Csaleratio_{it-1}$	0	0.0760	0.0460	0.985	0.0960	2052
$CDLiti_{it-1}$	0	0.269	0	1	0.444	2059
$SDLiti_{it-1}$	0	0.170	0	1	0.376	2059
$CLitiCount_{it-1}$	0	1.628	0	29	5.113	2051
$SLitiCount_{it-1}$	0	0.688	0	27	2.844	2059

注：$Csaleratio_{it-1}$ 和 $CLitiCount_{it-1}$ 由于缺乏，故样本量不一致。

通过计算上述变量间的 Pearson 相关系数，企业的研发创新投入（ERD_{it}）和客户诉讼风险（$CDLiti_{it-1}$）相关系数分别为 0.103，在 1% 水平内显著为正，表明企业的研发创新投入与关系客户诉讼风险间具有正相关关系，初步支持假说5-6。另外，$CDLiti_{it-1}$ 与企业截面特征变量间的相关系数最高为 -0.069（与 $Relsale_{it-1}$ 变量），关系客户自身特征相关系数最高为 0.114（与 $lnasset_{it-1}$ 变量），表明模型中的多重共线性程度相对较轻。

三、实证检验结果与分析

（一）假说5-6检验

表5-19列示了假说5-6的多元回归检验结果。列（1）列示了以 ERD_{it} 作为被解释变量，仅控制企业特征因素后的多元回归结果。结果显示，$CDLiti_{it-1}$ 回归系数1%水平下显著为正，支持假说5-6。列（2）则同时控制供应商与客户特征控制变量后进行多元回归检验，$CDLiti_{it-1}$ 回归系数依然在1%水平下显著为正，继续支持假说5-6。列（3）列示了以 TRD_{it} 作为被解释变量，同时控制供

应商与客户特征控制变量后进行多元回归检验，回归结果完全一致。综上表明，关系客户诉讼风险对企业研发创新投入具有显著正向影响，支持假说5-6。

表5-19 假说5-6多元回归结果

变量	（1）ERD_{it}	（2）ERD_{it}	（3）TRD_{it}
$CDLiti_{it-1}$	0.005 *** (3.63)	0.005 *** (3.62)	0.006 *** (3.13)
$SDLiti_{it-1}$	-0.004 *** (-3.00)	-0.004 *** (-2.99)	-0.004 ** (-2.06)
$Rsubsidy_{it-1}$	0.798 *** (11.78)	0.797 *** (11.71)	0.789 *** (8.46)
$Cash_{it-1}$	0.030 *** (4.90)	0.030 *** (4.87)	0.038 *** (4.47)
OCF_{it-1}	-0.031 *** (-2.77)	-0.031 *** (-2.76)	-0.049 *** (-3.27)
Lev_{it-1}	-0.026 *** (-5.91)	-0.026 *** (-5.91)	-0.035 *** (-6.55)
$Sgrowth_{it-1}$	0.002 (0.78)	0.002 (0.63)	0.007 * (1.81)
Roe_{it-1}	0.012 (1.20)	0.012 (1.20)	0.002 (1.61)
$lnasset_{it-1}$	-0.001 (-0.86)	-0.001 (-0.85)	0.055 *** (4.00)
$Saleexp_{it-1}$	0.073 *** (7.61)	0.074 *** (7.55)	-0.011 *** (-3.20)
$lnage_{it-1}$	-0.007 *** (-3.45)	-0.007 *** (-3.44)	0.035 *** (4.15)
$Receiv_{it-1}$	0.032 *** (5.24)	0.032 *** (5.25)	-0.013 (-0.99)
$State_{it-1}$	-0.004 ** (-2.57)	-0.004 ** (-2.57)	-0.010 *** (-4.81)

续表

变量	(1) ERD_{it}	(2) ERD_{it}	(3) TRD_{it}
$Top1_{it-1}$	-0.001 (-0.28)	-0.001 (-0.27)	-0.006 (-1.03)
$Relsale_{it-1}$	0.032*** (3.13)	0.032*** (3.11)	0.005 (1.42)
$CSgrowth_{it-1}$		0.002 (0.64)	-0.000 (-0.51)
$CRoe_{it-1}$		-0.002 (-0.33)	0.025** (2.04)
$Clnasset_{it-1}$		-0.000 (-0.01)	-0.002 (-0.27)
常数项	0.030* (1.92)	0.030* (1.78)	0.012 (0.43)
Year	控制	控制	控制
Indus	控制	控制	控制
样本量	2059	2059	2337

注：表中括号内为 t 值，***、** 和 * 分别表示在1%、5%及10%水平下显著。所有回归系数的标准误在企业层面上进行了 Cluster 处理（下同，不再赘述）。

（二）假说5-7检验

立足模型（5-6），依据 $Csaledep1_{it-1}$ 将样本划分为高依赖组（$Csaledep1_{it-1}=1$）与低依赖组（$Csaledep1_{it-1}=0$），采用分组回归检验，具体结果如表5-20所示。以 ERD_{it} 作为被解释变量时，高依赖组中 $CDLiti_{it-1}$ 回归系数大于低依赖组，但其分别在1%和10%水平下显著，组间差异检验结果显示，前者在10%统计水平下高于后者，进而支持假说5-7。以 TRD_{it} 再次进行多元回归分析，回归结果见列（3）和列（4），结果依然支持假说5-7。

（三）假说5-8检验

同样立足模型（5-6），依据 $CState_{it-1}$ 将样本划分为国有关系客户组（$CState_{it-1}=1$）与非国有关系客户组（$CState_{it-1}=0$），具体结果如表5-21所示。以 ERD_{it} 作为被解释变量时，国有客户组中 $CDLiti_{it-1}$ 回归系数显著为正，而

非国有组中 $CDLiti_{it-1}$ 回归系数统计上不显著，支持假说 5 - 8。以 TRD_{it} 再次进行多元回归分析，结果依然支持假说 5 - 8，如列（3）与列（4）所示。

表 5 - 20 假说 5 - 7 多元回归结果

变量	ERD_{it}		TRD_{it}	
	（1） $Csaledep1_{it-1}=1$	（2） $Csaledep1_{it-1}=0$	（3） $Csaledep1_{it-1}=1$	（4） $Csaledep1_{it-1}=0$
$CDLiti_{it-1}$	0.007 *** （3.52）	0.003 * （1.73）	0.010 *** （3.32）	0.003 （1.08）
$adj. R^2$	0.465	0.523	0.323	0.396
样本量	1034	1025	1034	1025

注：表中括号内为 t 值，*** 和 * 分别表示在 1% 及 10% 水平下显著。限于篇幅，表中省略了控制变量的多元回归结果。

表 5 - 21 假说 5 - 8 多元回归结果

变量	ERD_{it}		ERD_{it}	
	（1） $CState_{it-1}=1$	（2） $CState_{it-1}=0$	（3） $CState_{it-1}=1$	（4） $CState_{it-1}=0$
$CDLiti_{it-1}$	0.006 *** （3.71）	0.001 （0.23）	0.008 *** （3.52）	0.000 （0.02）
$adj. R^2$	0.497	0.479	0.351	0.388
样本量	1448	611	1448	611

注：表中括号内为 t 值，*** 表示在 1% 水平下显著。限于篇幅，表中省略了控制变量的多元回归结果。

（四）假说 5 - 9 检验

同样立足模型（5 - 6），依据 Dis_{it-1} 将样本划分为同地组（$Dis_{it-1}=1$）与异地组（$Dis_{it-1}=0$），具体结果如表 5 - 22 所示。以 ERD_{it} 作为被解释变量时，同地组 $CDLiti_{it-1}$ 回归系数大于异地组，但其统计上都显著，但组间差异检验结果显示，前者在 5% 统计水平下高于后者，进而支持假说 5 - 9。以 TRD_{it} 再次进行多元回归分析，回归结果见列（3）和列（4），前者 $CDLiti_{it-1}$ 回归系数依然在 5%统计水平下高于后者，继续支持假说 5 - 9。

表 5 - 22　　　　　　　　　　　假说 5 - 9 多元回归结果

变量	ERD_{it}		ERD_{it}	
	(1) $Dis_{it-1}=1$	(2) $Dis_{it-1}=0$	(3) $Dis_{it-1}=1$	(4) $Dis_{it-1}=0$
$CDLiti_{it-1}$	0.014 *** (3.04)	0.004 *** (2.95)	0.022 *** (3.07)	0.005 ** (2.53)
adj. R^2	0.524	0.482	0.346	0.362
样本量	277	1782	277	1782

注：表中括号内为 t 值，*** 、** 分别表示在 1% 、5% 水平下显著。限于篇幅，表中省略了控制变量的多元回归结果。

（五）稳健性检验

1. 稳健性检验 1：内生性检验

上述检验中，即使采用滞后一期解释变量 $CDLiti_{it-1}$ 进行多元回归分析，其仍然可能存在着一定的内生关系。对此，本书采用滞后 2 期的客户诉讼风险 $CDLiti_{it-2}$ 和滞后 3 期的客户诉讼风险 $CDLiti_{it-3}$ 作为解释变量进行假说 5 - 6 的检验，以弱化内生性问题，具体结果见表 5 - 23。无论采用滞后两期的 $CDLiti_{it-2}$ ，还是滞后三期的 $CDLiti_{it-3}$ ，其回归系数均在 1% 水平下显著为正，继续支持假说 5 - 6。

表 5 - 23　　　　　　　　　　　内生性检验分析结果

变量	ERD_{it}	
	(1) 滞后两期	(2) 滞后三期
$CDLiti_{it-2}$	0.005 *** (3.44)	
$CDLiti_{it-3}$		0.005 *** (3.30)
adj. R^2	0.485	0.475
样本量	1788	1460

注：表中括号内为 t 值，*** 表示在 1% 水平下显著。限于篇幅，表中省略了控制变量的多元回归结果。

2. 稳健性检验 2：客户诉讼风险替代变量

上述假设检验中，客户诉讼风险（$CDLiti_{it-1}$）仅表示企业是否存在诉讼风险，未能表示其强度。为确保结论的稳健，基于客户诉讼次数（$CLitiCount_{it-1}$）来计量客户诉讼风险，重新进行假说5-6至假说5-9的检验，具体结果见表5-24中的 Panel A，回归结果基本继续支持假说5-6至假说5-9。

表5-24　　　　　　　　　　稳健性检验2-4回归结果

变量	ERD_{it}	ERD_{it}		ERD_{it}		ERD_{it}	
	假说5-6	假说5-7		假说5-8		假说5-9	
	(1)	(2) $Csaledep1_{it-1}$ =1度	(3) $Csaledep1_{it-1}$ =0度	(4) $CState_{it-1}=1$	(5) $CState_{it-1}=0$	(6) $Dis_{it-1}=1$	(7) $Dis_{it-1}=0$
Panel A——稳健性检验2							
$CLitiCount_{it-1}$	0.001 *** (3.04)	0.001 *** (3.65)	0.000 (0.08)	0.0004 ** (2.03)	0.0004 * (1.66)	0.002 *** (3.92)	0.000 ** (2.34)
adj. R^2	0.480	0.465	0.522	0.493	0.482	0.534	0.480
样本量	2051	1028	1023	1440	611	277	1774
Panel B——稳健性检验3							
$CDLiti_{it-1}$	0.005 ** (2.25)	0.006 ** (2.03)	0.002 (0.60)	0.006 ** (2.04)	0.004 (1.09)	0.030 *** (2.93)	0.004 * (1.68)
adj. R^2	0.465	(0.59)	(0.92)	(1.38)	(0.35)	0.650	0.453
样本量	822	413	409	538	284	65	757
Panel C——稳健性检验4							
$CDLiti_{it-1}$	0.006 *** (3.06)	0.008 *** (2.66)	0.003 (1.20)	0.006 *** (2.74)	0.003 (0.70)	0.033 *** (3.06)	0.005 ** (2.44)
adj. R^2	0.551	0.564	0.570	0.558	0.559	0.672	0.546
样本量	975	490	485	770	205	71	904

注：表中括号内为 t 值，***、** 和 * 分别表示在 1%、5% 及 10% 水平下显著。限于篇幅，表中省略了控制变量的多元回归结果。

3. 稳健性检验3：剔除存在关联方交易样本

关系客户诉讼风险与企业研发创新投入间的关系可能是由于供应商与关系客户间存在关联交易导致的。例如，关系客户诉讼会向市场传递对其自身不利的"消极"信号。而作为与之有关联交易的供应商，其自身形象很可能也会受损。因此，这部分供应商会进行高投资的研发创新投入，以此向市场传递企业生产经营的"积极"信号，获取投资者信心。为此，将存在关联方交易的样本予以剔除，基于剩余的 822 个样本重新进行假说 5 - 6 至假说 5 - 9 的检验，具体见表 5 - 24 中 Panel B，结果依然支持假说 5 - 6 至假说 5 - 9。

4. 稳健性检验 4：剔除双方同一行业样本

关系客户诉讼风险与企业研发创新投入间的关系可能是由于供应商与关系客户间处于同一行业导致的，并非企业弱化对核心客户的依赖。为此，将供应商与关系客户处于同一行业的样本予以剔除，基于剩余的 975 个样本重新进行假说 5 - 6 至假说 5 - 9 的检验，具体见表 5 - 24 中 Panel C 所示，结果保持稳定。

第四节　关系客户过度负债与企业研发创新投入

一、理论分析与假说提出

在供应链中，企业与关系客户的交易通常需要进行关系专有资产投入，而研发创新往往被视为企业关系专有资产投入的重要组成部分。一方面，企业研发创新形成的资产往往具备关系专有资产的独特性、专用性、不可模仿性等特征。另外，研发创新同样具备关系专有资产投入契约的不完整性，即一方关系专有资产投入可能会超越契约拟定的范围间使另一方受益。另一方面，现实中，公司进行的部分 RD 投入往往也是针对特定的关系客户。例如，软件公司进行 RD 投入是针对特定客户的产品或者运行系统，如为 Apple 公司提供特定软件的公司。因此，企业研发创新强度往往作为关系特定资产投入的量化指标（Kale et al.，2007，2015；Raman et al.，2008；Minnick et al.，2017）。基于关系专有资产理论，相比一般性资产，关系专有资产属于交易双方成员的异质性资本，赋予双方战略性的竞争优势。但是，关系专有资产仅专属于双方特定的交易关系，一旦其中一方遭遇财务困境与破产，其价值将会遭受巨大损失，甚至丧失价值，成为沉没成本。因此，供应商在进行关系专有资产投资时，其会关注关系客户的财务健康状况（Banerjee et al.，2008）。如果关系客户的过度负债水平过高，其发生财务危机的可能性增加。对于供应商而言，不仅现存关系专有资产的价值面临重大的贬损风险，同时会增加新增的关系专有资产投资风险。这种情形下，供应商往往会采取趋于保守的关系资产投资行为（Kale et al.，2014），在研发创新层面表现为研发创新的下降。基于关系专有资产理论以及企业研发创新的关系专有资产属性，提出以下假说：

假说 5 – 10a：关系客户过度负债抑制企业研发创新。

关系客户过度负债会给企业带来极大的不确定性，这种不确定性，包括应收账款回收的不确定性与未来销售收入的不确定性。基于实物期权理论，企业可能推迟包括研发在内的资本投入，以便获得推迟投资所赋予的等待期权价值（waiting option）。但实物期权理论假定企业垄断投资机会，且投资行为不会改变产品价格或市场价格。相比，战略增长期权理论则假定市场处于不完全竞争状态，即产品市场非垄断的，其他竞争者同样能够把握增长机会。因此，当企业面临不确定性时，不确定性会带来增长的选择权（growth option）。如果企业推迟投资，可能会将投资者让渡给竞争对手；如果企业即可投资，可能会阻止竞争对手的进入，提高自身的市场份额与收益，提高自身的竞争优势（Kulatilaka et al.，1998）。因此，不确定性可能会刺激企业进行增长期权的投资。基于战略管理理论，企业研发投资不仅赋予企业未来增长的选择权，而且其产出更具难以模仿性与持久性，是企业竞争优势的基石。库马尔等（Kumar et al.，2016）与朗尼克·霍尔（Lengnick Hall，1992）认为，企业研发创新是公司业绩增长的源泉。黎文武等（Lai Van Vo et al.，2017）研究发现，企业面临的不确定性（以异质性报酬波动率作为计量指标）越高，更倾向进行更多的研发创新，尤其当处于竞争更激烈的行业与较弱的市场地位时，进而支持了战略增长期权理论，即企业面临不确定性时，处于竞争的企业会采取先发制人的战略。因此，基于战略增长期权理论，当供应商企业面临关系客户过度负债引发的不确定性时，其可能会加大研发创新，以弱化关系客户过度负债引发的销售收入风险，确保企业未来能够获得稳定增长的机会。综上，基于战略增长期权理论以及关系客户过度负债引发的不确定性，提出以下假说：

假说 5 – 10b：关系客户过度负债刺激企业研发创新。

关系客户作为企业产业链的下游企业，是企业现金流入与价值实现的经济来源，因此，关系客户财务政策与行为的外向溢出效应还依赖于企业对关系客户的依赖程度。企业对关系客户销售收入占比越高，即企业对关系客户的依赖程度越高，表明关系客户越为重要，关系客户不确定性对企业的外向溢出效应越为显著（Pandit et al.，2011；Kolay et al.，2016；Campello et al.，2017；Johnson et al.，2018）。因此，承继假说 5 – 10 的逻辑分析思路，如果关系客户过度负债对企业研发创新具有重要的抑制或刺激效应，则这种效应可能会依赖于企业对关系客户的依赖程度。

基于假说 5－10a，随着企业的关系客户依赖度上升，企业与关系客户间交易强度越高，不仅意味着企业资产的关系专有程度越高，关系客户过度负债引发的企业关系专有资产价值贬损越为严重，同时表明企业新增关系专有资产的投资风险越高，越为抑制企业进行关系专有资产投入的动机与能力，表现为随着企业的关系客户依赖度上升，关系客户过度负债对企业研发创新的抑制效应更为显著。基于假说 5－10b，随着企业的关系客户依赖度上升，关系客户过度负债不仅影响其履行契约的能力，且极易引发关系客户的财务危机，进而给企业未来销售收入与发展前景带来的不确定性越高，越能激发企业研发创新的动力，通过研发创新摆脱这种被动局面，以获得更多的增长机会，表现为随着企业的关系客户依赖度上升，关系客户过度负债对企业研发创新的刺激效应更为显著。据此，提出以下假说：

假说 5－11a：随着企业对关系客户依赖度的上升，关系客户过度负债对企业研发创新的抑制效应更为显著。

假说 5－11b：随着企业对关系客户依赖度的上升，关系客户过度负债对企业研发创新的刺激效应更为显著。

二、研究设计

（一）数据来源与样本选取

本研究的总样本是以 2008～2017 年沪深股市非金融类 A 股上市公司，通过手工收集与整理，获得其中 4937 个详细披露其前 5 大客户（即关系客户）名称信息的公司年度样本。基于关系客户名称信息，利用企查查、天眼查和水滴信用等网站查找这些关系客户企业的全称及其上市属性，并依据关系客户企业或者其母公司属于上市公司，判定该关系客户为上市关系客户，进而获取上市关系客户证券代码以及相关财务数据。接下来，借鉴科拉伊等（2016）和奥利韦拉等（2017）、彭旋等（2018）、王勇（2019）等处理方法，将供应商企业与下游各个核心上市关系客户一一配对，获得 1796 个供应商上市公司与 2716 个下游关系客户的配对，具体年度—行业分布如表 5－25 所示。

表 5－25　　　　供应商企业—关系客户配对样本年度—行业分布

行业	2008 年	2009 年	2010 年	2011 年	2012 年	2013 年	2014 年	2015 年	2016 年	2017 年
A									3	4
B			1	4	5	3	3	22	31	24

续表

行业	2008 年	2009 年	2010 年	2011 年	2012 年	2013 年	2014 年	2015 年	2016 年	2017 年
C	1	7	112	229	295	454	451	179	214	303
D	3		1	2	4	5	5	7	6	20
E					4	7	7	15	18	17
F			1	1		1	2	7	5	8
I			1	2	6	13	12	10	37	34
K			6	4				2		5
L						1	3		3	3
M						2	1	3	7	11
N					4	3	3	5	9	11
R					2			1	4	4
S				1	1			2	3	3

（二）模型设计与变量计量

基于上述假说，测试变量中的被解释变量和解释变量分别为供应商企业的研发创新（ERD_{it}）和关系客户过度负债（$Coloan_{it-1}$）。其中，对于关系客户过度负债（$Coloan_{it-1}$），借鉴陆正飞等（2015）、王红建等（2018）以及李志生等（2018）研究设计，采用下述模型（5-7）来估测关系客户企业目标负债水平：

$$Cloan_{it} = \alpha_0 + \alpha_1 Cfixass_{it-1} + \alpha_2 Clnsize_{it-1} + \alpha_3 CSOE_{it-1} + \alpha_4 Cassgrow_{it-1}$$
$$+ \alpha_5 Ctopone_{it-1} + \alpha_6 Croa_{it-1} + \alpha_7 Cmedloan_{it-1} + \varepsilon_{it} \qquad (5-7)$$

其中，$Cloan_{it}$ 采用关系客户有息负债水平计量，即（短期借款 + 1 年内到期长期借款 + 长期借款）/同期总资产；$Cfixass_{it-1}$ 为固定资产占比，即固定资产/同期总资产；$Clnsize_{it-1}$ 表示关系客户资产规模，通过对总资产规模求对数得出；$CSOE_{it-1}$ 表示关系客户国有控股属性，国有则赋值为 1，否则为 0；$Cassgrow_{it-1}$ 表示关系客户总资产增长率；$Ctopone_{it-1}$ 表示关系客户第一大股东持股比例；$Croa_{it-1}$ 表示关系客户资产收益率；$Cmedloan_{it-1}$ 则代表关系客户所在行业有息负债水平的中位数。计算关系客户实际资本结构（$Cloan_{it}$）减去目标资本结构（基于模型（5-7）得到的目标有息负债水平），即 ε_{it} 项，当 ε_{it} 大于 0 时，$Coloan_{it-1}$ 赋值为 1，表明关系客户存在过度负债；当 ε_{it} 小于 0 时，$Coloan_{it-1}$ 赋值为 0，表明关系客户不存在过度负债。

基于上述测试变量设计，假说 5 – 10 的检验模型具体如公式（5 – 8）所示：

$$ERD_{it} = \beta_0 + \beta_1 Coloan_{it-1} + \beta_2 Sup_{spe}contr_{it-1} + \beta_3 Cus_{spe}contr_{it-1}$$
$$+ \sum Industry + \sum Year + \varepsilon_i \qquad (5-8)$$

如果实证结果支持假说 5 – 10a，则 β_1 显著为负；如果实证结果支持假说 5 – 10b，则 β_2 显著为正。基于公式（5 – 8），引入企业的关系客户依赖度变量 $Csaledep_{it-1}$ 及其 $Cloan_{it-1}$ 与 $Csaledep_{it-1}$ 交乘项，建立下述模型（5 – 9）进行假说 5 – 11 的检验：

$$ERD_{it} = \beta_0 + \beta_1 Coloan_{it-1} + \beta_2 Csaledep_{it-1} + \beta_3 Coloan_{it-1} \times Csaledep_{it-1}$$
$$+ \beta_4 Sup_{spe}contr_{it-1} + \beta_5 Cus_{spe}contr_{it-1}$$
$$+ \sum Industry + \sum Year + \varepsilon_i \qquad (5-9)$$

借鉴金姆等（2015）和王勇（2019）相关研究设计，模型（5 – 8）和模型（5 – 9）还加入供应商企业特征因素（$Sup_{spe}contr_{it-1}$）和关系客户特征因素（$Cus_{spe}contr_{it-1}$）的控制变量。其中，供应商企业特征因素包括供应商政府补助（$Sgovsub_{it-1}$）、供应商资本结构（$Slev_{it-1}$）、供应商营业收入增长率（$Sgrowth_{it-1}$）、供应商盈利能力（$Sroe_{it-1}$）、供应商现金持有量（$Scash_{it-1}$）、供应商经营性净现金流（$Srocf_{t-1}$）、供应商销售费用比率（$Ssaleexp_{it-1}$）、供应商关联方销售占比（$Srelsale_{it-1}$）、供应商企业多元化程度（$Shhisale_{it-1}$）、供应商成立年限（$Sage_{it-1}$）、供应商商业信用（$Sreceiv_{it-1}$）、供应商经营风险（$Sprofitrisk_{it-1}$）、供应商资产规模（$Slnasset_{it-1}$）、供应商企业第 1 大股东持股（$Stopone_{it-1}$）、供应商国有产权性质（SOE_{it-1}）；关系客户特征因素包括关系客户目标资本结构（$Coptloan_{it-1}$）、关系客户营业收入增长率（$Cgrowth_{it-1}$）、关系客户盈利能力（$Croe_{it-1}$）、关系客户资产规模（$Clnasset_{it-1}$）。相关变量的具体定义如表 5 – 26 所示。

表 5 – 26　　　　　　　　　　变量符号、名称与定义

类型	变量代码	变量名称	变量定义
被解释变量	ERD_{it}	供应商研发创新 1	第 t 年度企业研发费用/同期营业收入
	TRD_{it}	供应商研发创新 2	第 t 年度（企业研发费用 + 无形资产和开发支出的变化额）/同期营业收入
解释变量	$Coloan_{it-1}$	关系客户过度负债水平 1	第 t – 1 年度关系客户过度负债水平哑变量
	$Colev_{it-1}$	关系客户过度负债水平 2	基于过度负债模型（5 – 7），以总负债/总资产作为企业负债水平计量指标（即模型（5 – 7）的被解释变量）

续表

类型	变量代码	变量名称	变量定义
调节 变量	$Ssaledep1_{it-1}$	关系客户依赖度1	当关系客户销售收入占比高于0.100时赋值为1，表明高客户依赖度；否则赋值0
	$Ssaledep2_{it-1}$	关系客户依赖度2	当关系客户销售收入占比高于均值0.078时赋值为1，表明高客户依赖度；否则赋值0
控制 变量	$Sgovsub_{it-1}$	供应商政府补助	第t-1年度非经常损益中的政府补助/同期营业收入
	$Slev_{it-1}$	供应商资本结构	第t-1年度总负债/同期总资产
	$Sgrowth_{it-1}$	供应商营业收入增长率	第t-1年度（当前营业收入-前期营业收入）/前期营业收入
	$Sroe_{it-1}$	供应商盈利能力	第t-1年度净资产收益率
	$Scash_{it-1}$	供应商现金持有量	第t-1年度现金及其等价物总额/同期总资产
	$Srocf_{it-1}$	供应商经营性净现金流	第t-1年度经营性净现金流量/当期总资产
	$Ssaleexp_{it-1}$	供应商销售费用比率	第t-1年度销售费用/同期营业收入
	$Srelsale_{it-1}$	供应商关联方销售占比	第t-1年度向关联方销售额占营业收入比率
	$Shhisale_{it-1}$	供应商企业多元化程度	第t-1年度企业前5个行业营业收入占比的赫芬达尔指数
	$Sage_{it-1}$	供应商成立年限	ln（企业成立至当期年数+1）
	$Sreceiv_{it-1}$	供应商商业信用	企业（应收票据+应收账款-预收账款）/同期总资产
	$Sprofitrisk_{it-1}$	供应商经营风险	企业过去5年内企业扣除非经常损益后的净利润标准差
	$Slnasset_{it-1}$	供应商资产规模	ln（企业企业当期总资产）
	$Stopone_{it-1}$	供应商企业第1大股东持股	企业第1大股东持股数量/总股本
	$SSOE_{it-1}$	供应商国有产权性质	国有控股企业赋值为1，否则为0
	$Sdebtfin_{it-1}$	供应商债务融入资金	第t-1年度（银行信贷融入现金流+公司债融入现金流）/同期总资产
	$Coptloan_{it-1}$	关系客户目标资本结构	基于模型（5-7）确定的关系客户目标资本结构
	$Cgrowth_{it-1}$	关系客户营业收入增长率	第t-1年度关系客户营业收入增长率，（当前营业收入-前期营业收入）/前期营业收入
	$Croe_{it-1}$	关系客户盈利能力	第t-1年度关系客户盈利能力，客户净资产收益率
	$Clnasset_{it-1}$	关系客户资产规模	ln（企业关系客户当期总资产）

（三）描述性统计

表5－27列示了模型（5－7）相关变量1% Winsorize后的描述性统计结果。其中，供应商企业研发创新（ERD_{it}）和TRD_{it}均值分别为0.037和0.052，与现有研究的统计水平基本一致。同时，样本中35.3%的关系客户存在过度负债行为。另外，反映供应商企业对关系客户依赖程度的销售占比均值为7.8%，总体上表明企业对关系客户的依赖较为严重。

表5－27　　　　　　　　　　　　描述性统计表

变量	N	mean	p50	sd	min	max
ERD_{it}	2716	0.037	0.032	0.035	0.000	0.226
TRD_{it}	2716	0.052	0.036	0.064	−0.039	0.410
$Csaleratio_{it-1}$	2716	0.078	0.047	0.098	0.000	0.985
$Coloan_{it-1}$	2716	0.353	0.000	0.478	0.000	1.000
$Sgovsub_{it-1}$	2716	0.012	0.006	0.018	0.000	0.105
$Slev_{it-1}$	2716	0.426	0.415	0.211	0.051	1.033
$Sgrowth_{it-1}$	2716	0.132	0.096	0.316	−0.600	2.395
$Sroe_{it-1}$	2716	0.063	0.066	0.117	−0.497	0.635
$Scash_{it-1}$	2716	0.178	0.135	0.140	0.007	0.743
$Srocf_{it-1}$	2716	0.033	0.034	0.064	−0.206	0.356
$Ssaleexp_{it-1}$	2716	0.075	0.045	0.088	0.001	0.429
$Srelsale_{it-1}$	2716	0.046	0.000	0.106	0.000	0.511
$Shhisale_{it-1}$	2716	0.746	0.878	0.287	0.000	1.080
$Sage_{it-1}$	2716	2.732	2.773	0.304	1.609	3.611
$Sreceiv_{it-1}$	2716	0.159	0.150	0.121	−0.310	0.513
$Sprofitrisk_{it-1}$	2716	0.030	0.023	0.024	0.002	0.116
$Slnasset_{it-1}$	2716	21.882	21.715	1.226	18.878	26.528
$Stopone_{it-1}$	2716	0.351	0.329	0.150	0.085	0.800
$SSOE_{it-1}$	2716	0.392	0.000	0.488	0.000	1.000
$Coptloan_{it-1}$	2716	0.209	0.187	0.128	0.022	0.652
$Cgrowth_{it-1}$	2716	0.109	0.101	0.246	−0.600	2.395

变量	N	mean	p50	sd	min	max
$Croe_{it-1}$	2716	0.092	0.092	0.118	-0.497	0.635
$Clnasset_{it-1}$	2716	24.210	24.238	1.735	19.519	26.528

通过计算上述变量间的 Pearson 相关系数，供应商企业的研发创新（ERD_{it}）和客户过度负债（$Coloan_{it-1}$）相关系数分别为 0.039，5% 水平下显著为正，表明供应商企业的研发创新与关系客户过度负债间具有正相关关系，初步支持假说 5-10b，未支持假说 5-10a。另外，$Coloan_{it-1}$ 与供应商企业截面特征变量间的相关系数最高为 -0.084（与 $Srocf_{it-1}$ 变量），与关系客户自身特征相关系数最高为 -0.213（与 $Croe_{it-1}$ 变量），表明模型中的多重共线性程度相对较轻。

三、回归结果分析

（一）假说 5-10 检验

表 5-28 列示了假说 5-10 的多元回归检验结果。列（1）列示了以 ERD_{it} 作为被解释变量，仅控制供应商企业特征因素后的多元回归结果。结果显示，$Coloan_{it-1}$ 回归系数 1% 水平下显著为正，支持假说 5-10b，不支持假说 5-10a，表明关系客户过度负债刺激了供应商企业进行更多的研发创新。列（2）则同时控制供应商与关系客户特征控制变量后进行多元回归检验，$Coloan_{it-1}$ 回归系数依然在 1% 水平下显著为正，继续支持假说 5-10b。这表明关系客户过度负债可能引发企业面临较多的不确定性，进而刺激供应商企业进行更多的研发创新加以应对，支持了战略增长期权理论。

表 5-28   **假说 5-10 多元回归结果**

变量	（1）ERD_{it}	（2）ERD_{it}
$Coloan_{it-1}$	0.004 *** (3.29)	0.005 *** (3.76)
$Sgovsub_{it-1}$	0.593 *** (9.68)	0.594 *** (9.70)

续表

变量	（1）ERD_{it}	（2）ERD_{it}
$Slev_{it-1}$	-0.032^{***} （-7.82）	-0.032^{***} （-7.72）
$Sgrowth_{it-1}$	0.004 （1.64）	0.004 （1.52）
$Sroe_{it-1}$	-0.002 （-0.35）	-0.003 （-0.49）
$Srocf_{it-1}$	0.003 （0.32）	0.002 （0.22）
$Scash_{it-1}$	0.028^{***} （4.39）	0.028^{***} （4.42）
$Ssaleexp_{it-1}$	0.019^{**} （2.51）	0.019^{**} （2.52）
$Sage_{it-1}$	-0.010^{***} （-4.55）	-0.010^{***} （-4.52）
$Srelsale_{it-1}$	0.001 （0.23）	0.001 （0.20）
$Shhisale_{it-1}$	-0.002 （-1.13）	-0.002 （-1.10）
$Sreceiv_{it-1}$	0.036^{***} （6.90）	0.035^{***} （6.82）
$Sprofitrisk_{it-1}$	0.053^{*} （1.91）	0.056^{**} （1.99）
$Slnasset_{it-1}$	-0.000 （-0.13）	-0.000 （-0.08）
$Stopone_{it-1}$	0.002 （0.48）	0.002 （0.46）
SOE_{it-1}	-0.001 （-0.86）	-0.001 （-0.78）
$Coptloan_{it-1}$		-0.006 （-1.28）

续表

变量	(1) ERD_{it}	(2) ERD_{it}
$Cgrowth_{it-1}$		0.000 (0.06)
$Croe_{it-1}$		0.005 (0.95)
$Clnasset_{it-1}$		0.000 (0.77)
_cons	0.001 (0.06)	−0.005 (−0.25)
Ind & Year	YES	YES
$Adj-R^2$	0.371	0.371
N	2716	2716

注: 括号内为 t 值, *** 、 ** 、 * 分别表示在 1% 、5% 和 10% 水平上显著, 所有回归系数的标准误在企业层面上进行了 Cluster 处理。

(二) 假说 5 – 11 检验

基于假说 5 – 10b 的证实, 假说 5 – 11b 的多元回归检验结果具体如表 5 – 29 所示。Panel A 以供应商企业对关系客户销售收入占比 10% 为标准, 引入企业的客户依赖度变量 $Csaledep1_{it-1}$ (具体定义见表 5 – 26)。基于模型 (5 – 9), 列 (1) 显示交乘组 $Coloan_{it-1}$ 和 $Coloan_{it-1} \times Csaledep1_{it-1}$ 的回归系数 5% 水平下显著为正, 支持假说 5 – 11b。列 (2) 与列 (3) 基于模型 (5 – 8) 采用分组回归实证检验, 结果显著高依赖度组中 $Coloan_{it-1}$ 回归系数为 0.010, 统计上显著高于低依赖度组中 $Coloan_{it-1}$ 回归系数, 继续支持假说 5 – 11b。Panel A 以供应商企业对关系客户销售收入占比均值 (0.078) 为标准, 引入企业的关系客户依赖度变量 $Csaledep2_{it-1}$ (具体定义见表 5 – 26) 重新进行假说 5 – 11b 的实证检验, 回归结果保持一致, 依然支持假说 5 – 11b。综上表明, 相比低关系客户依赖企业, 关系客户过度负债引发高关系客户依赖企业的不确定性更高, 这种情形下, 高关系客户依赖的供应商具有更强烈的动机进行更多的研发创新, 表现为关系客户过度负债对高关系客户依赖企业研发创新的刺激效应更为显著。

表 5 - 29　　　　　　　　　　假说 5 - 11 多元回归结果

变量	Panel A			Panel B		
	交乘组 (1)	低依赖度组 (2)	高依赖度组 (3)	交乘组 (4)	低依赖度组 (5)	高依赖度组 (6)
$Coloan_{it-1}$	0.003 ** (2.07)	0.003 ** (2.28)	0.010 *** (2.98)	0.003 ** (2.18)	0.003 ** (2.28)	0.008 *** (2.66)
$Coloan_{it-1} \times$ $Csaledep1_{it-1}$	0.009 ** (2.55)					
$Csaledep1_{it-1}$	-0.004 ** (-2.43)					
$Coloan_{it-1} \times$ $Csaledep2_{it-1}$				0.006 ** (1.99)		
$Csaledep2_{it-1}$				-0.003 * (-1.78)		
$Sgovsub_{it-1}$	0.595 *** (9.77)	0.541 *** (8.48)	0.717 *** (5.09)	0.593 *** (9.73)	0.541 *** (8.13)	0.676 *** (5.72)
$Slev_{it-1}$	-0.032 *** (-7.81)	-0.029 *** (-6.51)	-0.049 *** (-5.15)	-0.032 *** (-7.80)	-0.031 *** (-6.41)	-0.039 *** (-4.91)
$Sgrowth_{it-1}$	0.004 (1.61)	0.002 (0.89)	0.007 (1.32)	0.004 (1.62)	0.002 (0.64)	0.008 * (1.91)
$Sroe_{it-1}$	-0.003 (-0.48)	-0.003 (-0.50)	0.003 (0.21)	-0.003 (-0.46)	-0.006 (-0.88)	0.003 (0.30)
$Srocf_{it-1}$	0.003 (0.32)	0.006 (0.57)	0.002 (0.10)	0.003 (0.27)	-0.004 (-0.36)	0.022 (1.17)
$Scash_{it-1}$	0.028 *** (4.41)	0.037 *** (5.34)	0.001 (0.05)	0.028 *** (4.40)	0.036 *** (5.19)	0.015 (1.18)
$Ssaleexp_{it-1}$	0.018 ** (2.40)	0.011 (1.55)	0.070 ** (2.22)	0.018 ** (2.38)	0.010 (1.42)	0.064 ** (2.21)
$Sage_{it-1}$	-0.010 *** (-4.41)	-0.010 *** (-3.77)	-0.010 ** (-2.07)	-0.010 *** (-4.40)	-0.008 *** (-2.97)	-0.014 *** (-3.54)

续表

变量	Panel A			Panel B		
	交乘组 (1)	低依赖度组 (2)	高依赖度组 (3)	交乘组 (4)	低依赖度组 (5)	高依赖度组 (6)
$Srelsale_{it-1}$	0.001 (0.26)	0.004 (0.71)	0.003 (0.23)	0.001 (0.27)	0.005 (0.93)	0.002 (0.20)
$Shhisale_{it-1}$	-0.002 (-1.08)	-0.003 (-1.29)	0.000 (0.07)	-0.002 (-1.09)	-0.003 (-1.22)	-0.001 (-0.23)
$Sreceiv_{it-1}$	0.036 *** (6.82)	0.032 *** (5.86)	0.057 *** (3.97)	0.036 *** (6.82)	0.030 *** (5.16)	0.062 *** (5.33)
$Sprofitrisk_{it-1}$	0.054 * (1.96)	-0.002 (-0.08)	0.246 *** (3.58)	0.054 * (1.95)	-0.005 (-0.16)	0.182 *** (3.26)
$Slnasset_{it-1}$	-0.000 (-0.28)	-0.001 (-1.02)	0.002 (1.22)	-0.000 (-0.25)	-0.001 (-0.88)	0.001 (0.46)
$Stopone_{it-1}$	0.002 (0.52)	0.002 (0.45)	0.007 (0.65)	0.002 (0.51)	0.001 (0.21)	0.007 (0.79)
SOE_{it-1}	-0.001 (-0.64)	-0.001 (-0.86)	-0.001 (-0.44)	-0.001 (-0.71)	-0.001 (-0.45)	-0.002 (-0.85)
$cusSgrowth_{it-1}$	-0.000 (-0.14)	-0.001 (-0.28)	0.002 (0.35)	-0.000 (-0.10)	-0.000 (-0.04)	-0.001 (-0.22)
$cusSroe_{it-1}$	0.008 (1.42)	0.010 * (1.80)	-0.001 (-0.06)	0.008 (1.45)	0.011 * (1.85)	-0.001 (-0.09)
$cusSlnasset_{it-1}$	0.000 (0.62)	0.000 (0.85)	-0.000 (-0.45)	0.000 (0.65)	0.000 (1.14)	-0.001 (-0.81)
_cons	-0.002 (-0.11)	0.020 (1.13)	0.018 (0.35)	-0.002 (-0.13)	0.009 (0.51)	0.022 (0.64)
Ind & Year	YES	YES	YES	YES	YES	YES
adj. R-sq	0.373	0.373	0.398	0.372	0.372	0.392
N	2716.000	2172.000	544.000	2716.000	1989.000	727.000

注：括号内为 t 值，***、**、* 分别表示在 1%、5% 和 10% 水平下显著，所有回归系数的标准误在企业层面上进行了 Cluster 处理。

（三）稳健性分析

1. 内生性检验

上述检验中，即使采用滞后一期解释变量 $Coloan_{it-1}$ 进行多元回归分析，仍然可能存在着一定内生关系。对此，本书采用滞后 2 期的客户过度负债 $Coloan_{it-2}$ 作为解释变量进行假说 5-10 和假说 5-11 检验，弱化内生性问题，具体结果见表 5-30 中 Panel A 所示。列（1）显示假说 5-10 的实证检验结果，$Coloan_{it-2}$ 回归系数依然 5% 水平下显著为正，继续支持假说 5-10b；列（2）显示假说 5-11 的实证检验结果，交乘项回归系数依然 5% 水平下显著为正，继续支持假说 5-11b。另外，为了弱化或消除遗漏的不随时间变化的企业或行业层面因素所带来的内生性问题，采用面板数据回归的固定效应模型进行假说 5-10 的检验，具体如 Panel B 所示。无论是仅控制供应商企业特征因素（列（3）所示），还是同时控制供应商企业与关系客户特征因素（列（4）所示），$Coloan_{it-1}$ 回归系数统计上基本显著为正，继续支持假说 5-10b。

表 5-30　　　　　　　　内生性问题稳健性检验分析结果

变量	ERD_{it}			
	Panel A　滞后 2 期的解释变量		Panel B　采用固定效应模型	
	（1）假说 5-10	（2）假说 5-11	（3）假说 5-10	（4）假说 5-10
$Coloan_{it-2}$	0.003 ** （1.99）	0.001 （1.06）		
$Coloan_{it-2} \times$ $Csaledep1_{it-1}$		0.007 ** （2.03）		
$Csaledep1_{it-1}$		-0.003 ** （-2.00）		
$Coloan_{it-1}$			0.003 *** （2.79）	0.002 （1.48）
$Sgovsub_{it-1}$	0.608 *** （9.38）	0.605 *** （9.37）	-0.044 （-0.81）	-0.047 （-0.86）
$Slev_{it-1}$	-0.032 *** （-7.71）	-0.032 *** （-7.70）	-0.016 （-1.29）	-0.015 （-1.18）

变量	ERD_{it}			
	Panel A 滞后 2 期的解释变量		Panel B 采用固定效应模型	
	（1）假说 5 - 10	（2）假说 5 - 11	（3）假说 5 - 10	（4）假说 5 - 10
$Sgrowth_{it-1}$	0.004 (1.64)	0.004 * (1.71)	- 0.006 * (- 1.94)	- 0.006 * (- 1.93)
$Sroe_{it-1}$	- 0.003 (- 0.56)	- 0.004 (- 0.59)	0.006 (0.79)	0.007 (0.86)
$Srocf_{it-1}$	- 0.005 (- 0.52)	- 0.004 (- 0.43)	0.005 (0.48)	0.007 (0.62)
$Scash_{it-1}$	0.028 *** (4.18)	0.028 *** (4.15)	0.025 ** (2.33)	0.025 ** (2.32)
$Ssaleexp_{it-1}$	0.024 *** (3.13)	0.023 *** (2.97)	- 0.000 (- 0.01)	- 0.005 (- 0.14)
$Sage_{it-1}$	- 0.009 *** (- 3.87)	- 0.009 *** (- 3.87)	- 0.017 (- 0.78)	- 0.019 (- 0.88)
$Srelsale_{it-1}$	0.002 (0.35)	0.002 (0.40)	0.009 (0.63)	0.010 (0.69)
$Shhisale_{it-1}$	- 0.003 (- 1.26)	- 0.003 (- 1.27)	0.003 (0.70)	0.003 (0.71)
$Sreceiv_{it-1}$	0.036 *** (6.58)	0.036 *** (6.56)	0.046 *** (3.24)	0.047 *** (3.34)
$Sprofitrisk_{it-1}$	0.045 (1.61)	0.046 * (1.66)	- 0.178 *** (- 3.34)	- 0.171 *** (- 3.25)
$Slnasset_{it-1}$	0.000 (0.14)	0.000 (0.06)	- 0.001 (- 0.26)	- 0.001 (- 0.28)
$Stopone_{it-1}$	0.003 (0.74)	0.003 (0.67)	0.012 (0.98)	0.012 (0.96)
SOE_{it-1}	- 0.001 (- 0.47)	- 0.001 (- 0.39)	0.011 (1.15)	0.012 (1.28)

续表

变量	ERD_{it}			
	Panel A　滞后 2 期的解释变量		Panel B　采用固定效应模型	
	（1）假说 5 - 10	（2）假说 5 - 11	（3）假说 5 - 10	（4）假说 5 - 10
$Coptloan_{it-1}$	- 0. 007 （ - 1. 42）	- 0. 008 （ - 1. 47）		- 0. 023 （ - 1. 32）
$cusSgrowth_{it-1}$	0. 000 （0. 07）	- 0. 000 （ - 0. 00）		- 0. 001 （ - 0. 42）
$cusSroe_{it-1}$	0. 005 （0. 97）	0. 006 （1. 00）		- 0. 003 （ - 0. 38）
$cusSlnasset_{it-1}$	0. 000 （0. 59）	0. 000 （0. 60）		0. 005 * （1. 79）
_cons	- 0. 016 （ - 0. 69）	- 0. 014 （ - 0. 62）	0. 084 （0. 83）	- 0. 024 （ - 0. 25）
Ind & Year	YES	YES	YES	YES
adj. R - sq	0. 385	0. 386	0. 127	0. 133
N	2545	2545	2716	2716

注：括号内为 t 值，***、**、* 分别表示在 1%、5% 和 10% 水平下显著，所有回归系数的标准误在企业层面上进行了 Cluster 处理。

2. 关系客户过度负债水平替代变量

上述假设检验中，过度负债的计量基于关系客户的有息负债水平。为确保结论的稳健，基于关系客户全部负债水平来计量关系客户的过度负债水平（$Colev_{it-1}$），即总负债/总资产，重新进行假说 5 - 10 和假说 5 - 11 的检验。假说 5 - 10 的实证结果具体如表 5 - 31 列（1）所示，$Colev_{it-1}$ 回归系数依然 1% 水平下显著为正，继续支持假说 5 - 10b，结果保持一致。列（2）回归结果表示，$Colev_{it-1}$ 回归系数为正，并且 $Csaledep1_{it-1} \times Colev_{it-1}$ 回归系数 1% 水平下显著为正，继续支持假说 5 - 11b。列（3）与列（4）列示了假说 5 - 11 的分组回归结果，高依赖度组 $Colev_{it-1}$ 回归系数 1% 水平下显著为正，而低依赖度组中 $Colev_{it-1}$ 回归系数则不显著，依然支持假说 5 - 11b。

表5 – 31 关系客户过度负债水平替代变量的稳健性检验

变量	ERD_{it}			
	假说5 – 10	假说5 – 11		
	（1）	（2）交乘组	（3）低依赖度组	（4）高依赖度组
$Colev_{it-1}$	0. 003 *** （2. 80）	0. 001 （1. 20）	0. 002 （1. 37）	0. 010 *** （3. 26）
$Csaledep1_{it-1}$		− 0. 005 *** （− 2. 58）		
$Csaledep1_{it-1} \times$ $Colev_{it-1}$		0. 009 *** （2. 96）		
$Sgovsub_{it-1}$	0. 595 *** （9. 69）	0. 595 *** （9. 72）	0. 545 *** （8. 55）	0. 706 *** （4. 94）
$Slev_{it-1}$	− 0. 032 *** （− 7. 69）	− 0. 031 *** （− 7. 67）	− 0. 029 *** （− 6. 38）	− 0. 052 *** （− 5. 12）
$Sgrowth_{it-1}$	0. 004 （1. 53）	0. 004 （1. 54）	0. 002 （0. 87）	0. 007 （1. 34）
$Sroe_{it-1}$	− 0. 003 （− 0. 45）	− 0. 003 （− 0. 46）	− 0. 004 （− 0. 56）	0. 002 （0. 14）
$Srocf_{it-1}$	0. 000 （0. 01）	− 0. 000 （− 0. 04）	0. 006 （0. 54）	− 0. 004 （− 0. 18）
$Scash_{it-1}$	0. 028 *** （4. 35）	0. 029 *** （4. 45）	0. 036 *** （5. 25）	0. 001 （0. 06）
$Ssaleexp_{it-1}$	0. 019 ** （2. 57）	0. 019 ** （2. 49）	0. 011 （1. 53）	0. 071 ** （2. 27）
$Sage_{it-1}$	− 0. 010 *** （− 4. 54）	− 0. 010 *** （− 4. 40）	− 0. 010 *** （− 3. 86）	− 0. 008 * （− 1. 74）
$Srelsale_{it-1}$	0. 002 （0. 36）	0. 002 （0. 37）	0. 004 （0. 76）	0. 004 （0. 33）
$Shhisale_{it-1}$	− 0. 002 （− 1. 23）	− 0. 002 （− 1. 23）	− 0. 003 （− 1. 42）	− 0. 000 （− 0. 08）

续表

变量	ERD$_{it}$			
	假说 5 - 10	假说 5 - 11		
	（1）	（2）交乘组	（3）低依赖度组	（4）高依赖度组
$Sreceiv_{it-1}$	0.034 ***	0.035 ***	0.031 ***	0.053 ***
	（6.58）	（6.59）	（5.65）	（3.66）
$Sprofitrisk_{it-1}$	0.054 *	0.055 **	− 0.004	0.248 ***
	（1.93）	（1.98）	（− 0.12）	（3.59）
$Slnasset_{it-1}$	− 0.000	− 0.000	− 0.001	0.002
	（− 0.11）	（− 0.14）	（− 0.95）	（1.32）
$Stopone_{it-1}$	0.002	0.002	0.002	0.007
	（0.53）	（0.59）	（0.46）	（0.71）
SOE_{it-1}	− 0.001	− 0.001	− 0.001	− 0.002
	（− 0.81）	（− 0.72）	（− 0.85）	（− 0.56）
$cusSgrowth_{it-1}$	− 0.001	− 0.001	− 0.007	0.014
	（− 0.31）	（− 0.39）	（− 1.38）	（1.03）
$cusSroe_{it-1}$	0.006	0.006	− 0.001	− 0.001
	（1.10）	（1.21）	（− 0.33）	（− 0.09）
$cusSlnasset_{it-1}$	0.000	0.000	0.006	0.008
	（0.82）	（0.92）	（1.11）	（0.43）
$cusoptlev_{it-1}$	− 0.002	− 0.002	0.000	− 0.000
	（− 0.51）	（− 0.51）	（0.81）	（− 0.15）
_cons	− 0.006	− 0.006	0.018	− 0.035
	（− 0.32）	（− 0.29）	（1.04）	（− 0.82）
Ind & Year	YES	YES	YES	YES
adj. R - sq	0.370	0.372	0.372	0.397
N	2716	2716	2172	544

注：括号内为 t 值，*** 、** 、* 分别表示在 1%、5% 和 10% 水平下显著，所有回归系数的标准误在企业层面上进行了 Cluster 处理。

3. 企业研发创新替代变量

上述假说检验中，企业研发创新（ERD_{it}）计量仅能捕捉企业费用化研发创新强度，未考虑资本化研发创新。为此，以（企业研发费用 + 无形资产和开发支出的变化额）/同期营业收入进行企业研发创新（TRD_{it}）的计量，重新进行假说 5 – 10 和假说 5 – 11 的检验。回归结果基本一致，继续支持假说 5 – 10b（如表 5 – 32 列（1）所示）与假说 5 – 11b，如表 5 – 32 列（2）的交乘项回归结果和列（3）~（4）的分组回归列示。

表 5 – 32   企业研发创新替代变量的稳健性检验

变量	TRD_{it}（1）	TRD_{it}（2）	TRD_{it}（3）	TRD_{it}（4）
	假说 5 – 10	假说 5 – 11		
		交乘组	低依赖度组	高依赖度组
$Coloan_{it-1}$	0. 005 * (1. 93)	0. 003 (1. 09)	0. 004 (1. 21)	0. 011 * (1. 71)
$Coloan_{it-1} \times$ $Csaledep1_{it-1}$		0. 011 (1. 52)		
$Csaledep1_{it-1}$		– 0. 005 (– 1. 50)		
$Sgovsub_{it-1}$	0. 752 *** (6. 28)	0. 755 *** (6. 32)	0. 638 *** (5. 36)	1. 058 *** (3. 44)
$Slev_{it-1}$	– 0. 044 *** (– 5. 10)	– 0. 044 *** (– 5. 08)	– 0. 042 *** (– 4. 35)	– 0. 060 *** (– 2. 83)
$Sgrowth_{it-1}$	0. 003 (0. 50)	0. 003 (0. 53)	0. 002 (0. 35)	0. 004 (0. 39)
$Sroe_{it-1}$	0. 030 *** (2. 60)	0. 030 ** (2. 57)	0. 018 (1. 45)	0. 073 *** (2. 61)
$Srocf_{it-1}$	0. 005 (0. 24)	0. 007 (0. 29)	0. 008 (0. 29)	– 0. 009 (– 0. 18)
$Scash_{it-1}$	0. 045 *** (3. 27)	0. 045 *** (3. 28)	0. 055 *** (3. 65)	0. 011 (0. 33)
$Ssaleexp_{it-1}$	0. 023 (1. 27)	0. 022 (1. 19)	0. 020 (1. 06)	0. 047 (0. 78)
$Sage_{it-1}$	– 0. 023 *** (– 4. 61)	– 0. 023 *** (– 4. 60)	– 0. 022 *** (– 3. 81)	– 0. 027 *** (– 2. 67)

续表

变量	TRD_{it}（1）	TRD_{it}（2）	TRD_{it}（3）	TRD_{it}（4）
	假说 5 – 10	假说 5 – 11		
		交乘组	低依赖度组	高依赖度组
$Srelsale_{it-1}$	– 0. 003 （ – 0. 30）	– 0. 003 （ – 0. 25）	– 0. 010 （ – 0. 85）	0. 008 （0. 35）
$Shhisale_{it-1}$	– 0. 003 （ – 0. 73）	– 0. 003 （ – 0. 71）	– 0. 005 （ – 0. 99）	0. 005 （0. 50）
$Sreceiv_{it-1}$	0. 033 *** （3. 45）	0. 034 *** （3. 45）	0. 032 *** （2. 99）	0. 041 （1. 58）
$Sprofitrisk_{it-1}$	0. 129 ** （2. 05）	0. 129 ** （2. 06）	0. 062 （0. 91）	0. 328 ** （2. 17）
$Slnasset_{it-1}$	– 0. 001 （ – 0. 36）	– 0. 001 （ – 0. 44）	– 0. 001 （ – 0. 90）	0. 003 （0. 99）
$Stopone_{it-1}$	– 0. 013 （ – 1. 52）	– 0. 013 （ – 1. 49）	– 0. 006 （ – 0. 63）	– 0. 035 （ – 1. 59）
SOE_{it-1}	– 0. 004 （ – 1. 37）	– 0. 004 （ – 1. 29）	– 0. 005 * （ – 1. 72）	– 0. 000 （ – 0. 06）
$Coptloan_{it-1}$	– 0. 003 （ – 0. 26）	– 0. 004 （ – 0. 36）	– 0. 009 （ – 0. 75）	0. 015 （0. 66）
$cusSgrowth_{it-1}$	0. 010 （1. 55）	0. 009 （1. 50）	0. 009 （1. 33）	0. 012 （0. 82）
$cusSroe_{it-1}$	0. 008 （0. 66）	0. 008 （0. 68）	0. 005 （0. 39）	0. 015 （0. 47）
$cusSlnasset_{it-1}$	0. 000 （0. 26）	0. 000 （0. 26）	0. 000 （0. 49）	– 0. 001 （ – 0. 36）
_cons	0. 065 （1. 10）	0. 069 （1. 16）	0. 098 * （1. 68）	– 0. 027 （ – 0. 31）
Ind & Year	YES	YES	YES	YES
adj. R – sq	0. 212	0. 213	0. 204	0. 245
N	2716	2716	2172	544

　　注：括号内为 t 值，*** 、** 、* 分别表示在 1% 、5% 和 10% 水平下显著，所有回归系数的标准误在企业层面上进行了 Cluster 处理。

四、基于企业截面特征的进一步分析

（一）基于企业销售收入风险的进一步分析

关系客户负债水平过高可能引发其财务危机，进而对企业产生显著的负向溢出效应（赫茨尔等，2008；王勇，2019）。关系客户过度负债对供应商企业的这种外溢核心渠道便是影响供应商企业的未来销售收入。即关系客户过度负债会影响其继续履行现行采购合同的能力，同时其潜在的破产未来给企业未来的销售收入带来极大的不确定性（潘迪特等，2011）。面对这种不确定性，供应商企业往往会主动采取积极的战略，进行更多的研发创新（黎文武等，2017）。为此，承继上述分析逻辑及其实证结果，研发创新作为企业业绩增长的源泉，其应该有助于弱化关系客户过度负债引发的企业销售收入不确定性。鉴于此，建立下述回归模型（5-10），对上述理论逻辑进行相应的实证检验：

$$Smsalerisk_{it} = \lambda_0 + \lambda_1 Coloan_{it-1} + \lambda_2 ERD_{it-1} + \lambda_3 Coloan_{it-1} \times ERD_{it-1}$$
$$+ \lambda_4 Supplier_{specific} controls_{it-1} + \lambda_5 Customer_{specific} controls_{it} - 1$$
$$+ \lambda_6 \sum Industry + \lambda_7 \sum Year + \varepsilon_i \quad (5-10)$$

其中，被解释变量 $Smsalerisk_{it}$，即企业销售收入不确定性（第 t 年度至第 $t-4$ 年度 5 年内企业营业收入标准差/1,000,000,000），解释变量为滞后 1 期的 $Coloan_{it-1}$ 及其与 ERD_{it-1} 交乘项。控制变量中，$Sgrosmar_{it-1}$ 表示企业主营业务收入毛利率，反映供应商市场竞争地位，其他相关控制变量的定义具体见表 5-26 所示。根据上述逻辑，可以预期：$Coloan_{it-1}$ 显著正向影响 $Smsalerisk_{it}$，$Coloan_{it-1}$ 与 ERD_{it-1} 交乘项显著负向影响 $Smsalerisk_{it}$。

表 5-33 列示了 Panel A 模型（5-10）的多元回归结果。列（1）仅考察 $Coloan_{it-1}$ 对 $Smsalerisk_{it}$ 的影响，5% 水平内显著为正，证实了关系客户过度负债增加了供应商销售收入风险。列（2）加入 $Coloan_{it-1}$ 与 ERD_{it-1} 交乘项，$Coloan_{it-1}$ 回归系数依然显著为正，且交乘项 10% 水平下显著为负，显示企业增加研发创新有助于弱化关系客户过度负债引发的企业销售收入风险。Panel B 以企业总营业收入来计量其销售收入风险（第 t 年度至第 $t-4$ 年度 5 年内企业总营业收入标准差/1,000,000,000），回归结果完全一致。综上表明，关系客户过度负债之所以能够刺激供应商企业增加研发创新，主要源自研发创新有助于弱化关系客户过度负债对企业销售收入风险的影响。

表 5 - 33　　　　　　　　　基于企业销售收入不确定性的回归检验结果

变量	Panel A　Smsalerisk$_{it}$		Panel B　Stsalerisk$_{it}$	
	（1）	（2）	（3）	（4）
Coloan$_{it-1}$	0.021** (1.99)	0.032** (2.16)	0.021** (2.00)	0.032** (2.17)
Coloan$_{it-1}$ × wratiordexp$_{it-1}$		-0.202* (-1.84)		-0.203* (-1.84)
wratiordexp$_{it-1}$		-0.001 (-0.02)		-0.000 (-0.01)
Slev$_{it-1}$	-0.023 (-0.70)	-0.024 (-0.75)	-0.023 (-0.71)	-0.024 (-0.75)
Sgrowth$_{it-1}$	0.022 (1.30)	0.024 (1.38)	0.023 (1.33)	0.024 (1.41)
Sroe$_{it-1}$	-0.050 (-0.70)	-0.057 (-0.78)	-0.051 (-0.71)	-0.057 (-0.79)
Srocf$_{it-1}$	0.081 (0.99)	0.076 (0.92)	0.084 (1.02)	0.079 (0.96)
Scash$_{it-1}$	0.064** (2.04)	0.068** (2.14)	0.065** (2.06)	0.068** (2.17)
Ssaleexp$_{it-1}$	0.134** (2.29)	0.125** (2.13)	0.134** (2.29)	0.125** (2.13)
Sage$_{it-1}$	0.012 (0.89)	0.010 (0.76)	0.012 (0.91)	0.010 (0.77)
Shhisale$_{it-1}$	0.007 (0.50)	0.007 (0.48)	0.007 (0.48)	0.007 (0.46)
Slnasset$_{it-1}$	0.140*** (16.39)	0.140*** (16.37)	0.140*** (16.41)	0.140*** (16.39)
SOE$_{it-1}$	-0.001 (-0.09)	-0.001 (-0.17)	-0.001 (-0.07)	-0.001 (-0.15)
Coptloan$_{it-1}$	-0.058* (-1.70)	-0.058* (-1.69)	-0.057* (-1.70)	-0.057* (-1.68)

续表

变量	Panel A $Smsalerisk_{it}$		Panel B $Stsalerisk_{it}$	
	（1）	（2）	（3）	（4）
$Cgrowth_{it-1}$	-0.005 (-0.29)	-0.005 (-0.26)	-0.005 (-0.28)	-0.005 (-0.25)
$Croe_{it-1}$	-0.008 (-0.20)	-0.007 (-0.18)	-0.008 (-0.20)	-0.007 (-0.19)
$Clnasset_{it-1}$	0.006^{**} (2.47)	0.006^{**} (2.54)	0.006^{**} (2.45)	0.006^{**} (2.53)
$Sgrosmar_{it-1}$	-0.213^{***} (-4.50)	-0.200^{***} (-4.20)	-0.214^{***} (-4.52)	-0.201^{***} (-4.22)
_cons	-2.979^{***} (-15.07)	-2.984^{***} (-15.08)	-2.983^{***} (-15.09)	-2.988^{***} (-15.09)
Ind & Year	YES	YES	YES	YES
adj. R - sq	0.394	0.394	0.394	0.395
N	2716	2716	2716	2716

注：括号内为 t 值，***、**、* 分别表示在 1%、5% 和 10% 水平下显著，所有回归系数的标准误在企业层面上进行了 Cluster 处理。

（二）基于研发资金来源的进一步分析

关系客户过度负债会影响其履约能力与意愿，推迟甚至无法偿还货款（Files et al.，2018），增加供应商企业的应收账款风险，甚至引发供应商企业的现金流困难。同时，关系客户过度负债增加企业的销售收入风险，供应商对关系客户的销售收入可能会出现断崖式下跌，降低企业未来现金流的创造能力（Pandit et al.，2011）。为此，关系客户过度负债会增加供应商企业的融资成本（王勇，2019），弱化企业融资能力。而企业研发创新属于高风险投入，需要持续的财务资源支持。那么，企业是否还具有进行研发创新的能力呢？即企业又是依靠何种融资方式为企业研发创新提供支持？已有文献表明，由于研发活动的高风险以及长期性等特征，其会导致严重的信息不对称和高代理成本（Holmstrom，1989）。因此，研发活动通常导致企业难以获得外部资金，使得内部资金成为研发活动的主要来源（Czarnitzki et al.，2011；Hall，2002）。为此，本书通过将企业资金来源分为债务融资（$Sdebtfin_{it-1}$，即（银行信贷融入现金流 + 公司债融入现金流）/

同期总资产），内部现金（$Scash_{it-1}$）以及政府支持（$Sgovsub_{it-1}$），建立下述回归模型（5-11）进行相应的实证检验：

$$ERD_{it} = \beta_0 + \beta_1 Coloan_{it-1} + \beta_2 Coloan_{it-1} \times Sdebtfin_{it-1} + \beta_3 Coloan_{it-1} \times Scash_{it-1}$$
$$+ \beta_4 Coloan_{it-1} \times Sgovsub_{it-1} + \beta_5 Supplier_{specific} controls_{it-1}$$
$$+ \beta_6 Customer_{specific} controls_{it} - 1 + \beta_7 \sum Industry + \beta_8 \sum Year + \varepsilon_i$$

$$(5-11)$$

表5-34列示了模型（5-11）的多元回归结果。列（1）至列（3）分别考察企业债务融资（$Sdebtfin_{it-1}$），内部现金（$Scash_{it-1}$）以及政府支持（$Sgovsub_{it-1}$）对企业面临关系客户过度负债时的研发创新的支持力度。结果显示，$Coloan_{it-1}$与上述三者交乘项中，债务融资（$Sdebtfin_{it-1}$）与政府支持（$Sgovsub_{it-1}$）相关交乘项不显著，而内部现金（$Scash_{it-1}$）相关交乘项显著为正。列（4）将上述三者交乘项同时纳入模型进行检验，回归结果完全一致。

表5-34　　　　　　　　研发资金来源分析的回归检验结果

变量	(1) ERD_{it}	(2) ERD_{it}	(3) ERD_{it}	(4) ERD_{it}
$Coloan_{it-1}$	0.006 *** (3.05)	-0.000 (-0.04)	0.004 ** (2.57)	-0.001 (-0.20)
$Coloan_{it-1} \times$ $Sdebtfin_{it-1}$	-0.005 (-0.96)			0.001 (0.21)
$Coloan_{it-1} \times$ $rcashfina_{it-1}$		0.024 ** (2.22)		0.024 ** (2.09)
$Coloan_{it-1} \times$ $Sgovsub_{it-1}$			0.053 (0.43)	0.021 (0.17)
$Sgovsub_{it-1}$	0.593 *** (9.63)	0.589 *** (9.64)	0.573 *** (7.99)	0.581 *** (8.05)
$Slev_{it-1}$	-0.031 *** (-7.37)	-0.031 *** (-7.68)	-0.031 *** (-7.61)	-0.031 *** (-7.49)
$Sgrowth_{it-1}$	0.004 (1.53)	0.004 (1.55)	0.004 (1.53)	0.004 (1.55)
$Sroe_{it-1}$	-0.003 (-0.53)	-0.003 (-0.55)	-0.003 (-0.47)	-0.003 (-0.52)

续表

变量	(1) ERD_{it}	(2) ERD_{it}	(3) ERD_{it}	(4) ERD_{it}
$Srocf_{it-1}$	0.002 (0.22)	0.003 (0.30)	0.002 (0.19)	0.003 (0.29)
$Scash_{it-1}$	0.028*** (4.40)	0.020*** (3.03)	0.028*** (4.43)	0.020*** (2.96)
$Ssaleexp_{it-1}$	0.019** (2.49)	0.020*** (2.60)	0.019** (2.53)	0.020*** (2.60)
$Sage_{it-1}$	-0.010*** (-4.46)	-0.010*** (-4.51)	-0.010*** (-4.53)	-0.010*** (-4.51)
$Srelsale_{it-1}$	0.001 (0.23)	0.002 (0.28)	0.001 (0.20)	0.002 (0.28)
$Shhisale_{it-1}$	-0.002 (-1.11)	-0.002 (-1.04)	-0.002 (-1.10)	-0.002 (-1.04)
$Sreceiv_{it-1}$	0.036*** (6.84)	0.036*** (6.87)	0.035*** (6.79)	0.036*** (6.82)
$Sprofitrisk_{it-1}$	0.055** (1.97)	0.053* (1.89)	0.056** (1.98)	0.053* (1.89)
$Slnasset_{it-1}$	-0.000 (-0.04)	-0.000 (-0.06)	-0.000 (-0.08)	-0.000 (-0.07)
$Stopone_{it-1}$	0.002 (0.51)	0.002 (0.40)	0.002 (0.47)	0.002 (0.39)
SOE_{it-1}	-0.001 (-0.85)	-0.001 (-0.67)	-0.001 (-0.77)	-0.001 (-0.65)
$Coptloan_{it-1}$	-0.006 (-1.28)	-0.006 (-1.33)	-0.006 (-1.27)	-0.006 (-1.32)
$Cgrowth_{it-1}$	0.000 (0.09)	0.000 (0.08)	0.000 (0.05)	0.000 (0.07)
$Croe_{it-1}$	0.005 (0.94)	0.005 (0.93)	0.005 (0.95)	0.005 (0.93)

续表

变量	(1) ERD_{it}	(2) ERD_{it}	(3) ERD_{it}	(4) ERD_{it}
$Clnasset_{it-1}$	0.000 (0.77)	0.000 (0.73)	0.000 (0.77)	0.000 (0.73)
_cons	-0.006 (-0.29)	-0.003 (-0.14)	-0.005 (-0.24)	-0.003 (-0.13)
Ind & Year	YES	YES	YES	YES
adj. R - sq	0.371	0.374	0.371	0.373
N	2716	2716	2716	2716

注：括号内为 t 值，***、**、*分别表示在1%、5%和10%水平下显著，所有回归系数的标准误在企业层面上进行了 Cluster 处理；列（2）与列（4）中，$Coloan_{it-1}$ 回归系数为负（接近0）表明，如果企业内部资金缺乏，不能为其研发投入提供资金支持，企业即使有动机增加研发投入，但丧失增加研发投入的能力。

综上，本章考察了关系客户的研发创新活动、金融化水平、诉讼风险与过度负债等异质性理财行为特征对企业研发创新的影响，研究发现：

（1）企业与关系客户在频繁的交易过程中，不仅通过信息交流与传递来获取决策有用信息，降低研发决策风险，从而引发研发创新投入同伴效应，同时，为了保持竞争优势、维持竞争地位，企业会模仿关系客户研发行为，进而使得上下游企业研发创新投入存在显著的同伴效应，即关系客户研发创新投入强度越高，企业研发创新投入强度也越高。

（2）关系客户金融资产投资规模对企业研发创新投入具有显著的正向促进效应，且随着企业的关系客户依赖度与商业信用规模的增加而呈现递减的趋势，进而表明企业认为关系客户金融化行为是出于预防储备的"蓄水池"动机，有助于降低企业所感知的关系客户经营风险。基于中国制度环境的进一步分析显示，关系客户金融化行为对企业研发创新投入的促进效应还要受到关系客户国有产权性质与所在地区市场化程度的干预，即相比国有关系客户与所在地区市场化程度高的关系客户，非国有关系客户与所在地区市场化程度低的关系客户金融化行为对企业研发创新投入的促进效应更为显著，揭示了关系客户金融化行为对企业研发创新投入的影响还依赖于外部特定的制度环境。

（3）关系客户诉讼风险不仅影响其自身，而且会波及供应链中的上下游企业，表现为关系客户诉讼风险对企业研发创新投入具有显著的正向影响。这可能是由于研发创新投入可弱化企业对关系客户的依赖程度，以减轻关系客户诉讼风险对其造成的潜在不利影响。关系客户遭遇诉讼会激发企业进行研发创新投入，且这一正向影响在高依赖度关系客户、国有关系客户以及同地关系客户中表现得更为显著。上述结果在一系列稳健性检验后均不变。

（4）关系客户过度负债对供应商企业研发投入具有显著的正向影响，且这一影响在高关系客户依赖度企业中表现得更为显著，支持战略增长期权理论。关系客户过度负债之所以刺激企业研发投入，源自其增加了企业销售收入风险，而研发投入有助于弱化关系客户过度负债对企业未来销售收入波动所造成的不利影响。由于研发活动的高风险性及关系客户过度负债造成企业融资能力的弱化，关系客户过度负债对企业增加研发投入的刺激效应主要依赖于内部现金的资源支持。

第六章

关系客户异质性特征与企业研发创新投入：会计行为与治理特征视角

第一节 关系客户盈余管理与企业研发创新投入

一、理论分析与假说提出

（一）关系客户盈余管理与企业研发

随着我国市场态势由卖方市场转为多样化的买方市场，供应链中上游供应商对下游客户的依赖远高于后者对前者的依赖，供应链权力向下转移到客户手中，客户对企业的影响愈发重要（史金艳等，2018）。客户，尤其是企业的关系客户，作为企业重要的关系专有资产投入与销售实现的对象，其财务、经营状况直接关系到企业的正常运营。关系客户和企业之间密切的经济关联及关系客户盈余信息较低的获取成本使得理性的企业有强烈的动机关注关系客户的盈余信息，以此改变自身对未来不确定性的认知（王雄元等，2017），应对潜在风险。

由于供应商与关系客户是长期的合作关系，供应商通过日常交易行为可以及时准确地了解到关系客户可能遇到的经营问题与经营风险，在提供商业信用的同时，也可以快速地获得关系客户信息（董红晔等，2014）。融资比较优势理论同样指出，相比于其他利益相关者，企业更具有信息优势，更容易识别出关系客户的财务状况（Peterson et al.，1997），因此，面对关系客户盈余管理行为，企业有能力识别关系客户的这种行为。但是，即便如此，由于关系客户盈余管理动机的内在性与多样化，供应商很难识别关系客户盈余管理的动机所在，这意味着关系客户盈余管理行为依然增加双方信息不对称性程度，使得供应商面临更为严重的信息不确定性。一旦关系客户盈余管理属于机会主义行为，随着关系客户操控性应计利润的反转，关系客户后续业绩发生"变脸"（Teoh et al.，1998；李明等，2018），这会给供应商带来众多不利的影响。首先，关系客户经营业绩一旦下滑，则意味着关系客户对供应商产品或服务将出现下降，增加了供应商的经营风险。其次，关系客户可能会拖欠供应商的货款，以避免自身现金流的断裂。更有可能的是，关系客户凭借买方地方以及供应商对其的依赖，通过降低采购价格、延长商业信用等方式将自身的经营困境转嫁给供应商（田志龙等，2016）。

面对关系客户盈余管理可能传递的增量信息，供应商可能会据此调整自身的投资策略（殷枫等，2017），但同时，为预防关系客户盈余管理这一潜在的机会主义行为，供应商会考虑采取措施加以防范，其中最为有效的便是研发创新投入。路易斯等（2004）指出，研发创新投入可被视为降低企业对关系客户过度依赖的重要措施。首先，企业可以通过研发创新投入，进入新的市场，满足潜在关系客户的需求，扩大企业的客户基础（王勇等，2016），进而弱化其对关系客户的过度依赖；其次，企业的研发创新活动越强，就越能够创造性地利用企业专用性资产，增强产品实现难度，这样不仅可以使得竞争者难以模仿，更使关系客户难以寻求替代者（田志龙等，2016），随之提升的转移成本导致关系客户对企业的依赖性更强，这样就降低了专用性资产遭受机会主义的风险；最后，随着企业研发投资的增加，企业议价能力的提高使得其对关系客户的单方依赖转向其与关系客户间的相互依赖，以此保证供应商契约的执行免受关系客户盈余管理这种机会主义行为的侵害。鉴于此，提出以下假说：

假说6-1：关系客户盈余管理程度对企业研发创新投入具有显著的正向影响。

（二）基于关系特征的异质性分析

关系客户作为企业销售收入与价值实现的源泉，其经营行为的外溢效应主要取决于企业对其依赖程度（科拉伊等，2016；卡佩罗等，2017）。在面对关系客户盈余管理行为时，随着供应商对关系客户依赖程度的上升，关系客户盈余管理对其潜在的影响越为不利，供应商进行研发创新投入弱化关系客户依赖的动机越为强烈。

同样，供应商与关系客户的交易关系波动性越高，其面临风险也越高（史金艳等，2018）。一方面，关系客户的丧失不仅会导致企业关系专用性投资的价值贬损，而且会给企业带来高额的转换成本和现金流风险，甚至引发供应商的财务困境（Banergee et al.，2008）。另一方面，企业为维持"关系"的成本和费用已经发生，但"关系"所产生的未来"准租"的实现依然存在较大不确定，这使得企业的成本和收益无法配比（林钟高等，2014），客户关系波动性越高，企业未来收益实现的概率越低。鉴于关系不稳定客户给其带来的经营与财务风险更大，一旦其观察到关系客户盈余管理行为时，供应商更倾向加大研发创新投入，增加关系客户的转移成本，提升自身议价能力，实现自我保护。综上，提出以下假说：

假说6-2：相比低关系依赖度的企业，关系客户盈余管理程度对高关系依赖度的企业研发创新投入的正向影响更为显著。

假说6-3：相比关系稳定的企业，关系客户盈余管理程度对关系不稳定企业研发创新投入的正向影响更为显著。

（三）基于关系客户产权属性的异质性分析

在中国转型经济背景下，国有企业由于先天的资源与市场地位优势，其议价能力更高。同时，国有企业不仅以股东价值最大化为自身的唯一目标，同时还兼顾一定的社会目标。如果国有企业经营处于长期亏损状态，那么其很难持续确保社会目标的实现。为此，国有企业不得不努力创造利润，在确保自身生存发展的同时，努力履行所承担的社会目标（戴天顺，1998）。鉴于此，当供应商的核心客户为国有客户时，国有客户更倾向将其面临的经济压力转移给上游的企业，以确保经济目标与社会目标的同时实现。最为熟知的便是一汽凭借较高市场地位与议价能力强压大众和丰田零部件供应商降价20%，而技术较为先进的核心零配件供应商却躲过了被压价的命运。因此，面对国有客户盈余管理行为时，供应商的预防心理更为突出，其研发创新投入的动机更强。相比之下，非国有客户的市场垄断地位较弱，可替代性较强，供应商与其地位更为对称，议价能力较强，其出于预防动机的研发创新投入相对较弱。基于上述分析，提出以下假说：

假说6-4：相比非国有客户，国有客户盈余管理对企业研发创新投入的正向影响更为显著。

（四）基于关系客户地理距离特征的异质性分析

地理距离影响供应商与关系客户间信息传递的数量、质量、成本以及不对称程度（吉利等，2019）。企业与关系客户地理距离较近，·方面有助于降低经济主体间的信息不对称程度，提高信息沟通效率（Ghoul et al.，2013；唐斯圆等，2019），弱化对关系客户盈余信息的依赖，双方间关系中情感因素分量较重，可以促进企业与关系客户间的相互了解与信任；另一方面，可以降低交易成本，如信息搜集成本与重新谈判成本（宛晴等，2019）。相比，当关系客户地理位置与供应商相距较远时，关系客户"软"信息的远距离传播会带来严重的损耗。当关系客户"软"信息难以获取时，企业会选择更多地依赖"硬"信息，以期弥补在"软"信息上的不足（钱雪松等，2017）。此时，关系客户的盈余管理行为降低了会计信息质量，远距离企业同时面临着"软"信息不足和"硬"信息的质量难以依赖的境地。因此，面对远地理距离关系客户的盈余管理时，企业更倾向于增加研发创新投入，以防止远地理距离客户机会主义行为所带来的风险。基于此，提出以下假说：

假说6-5：相比近地理距离的关系客户，远地理距离关系客户的盈余管理对企业研发创新投入的正向影响更为显著。

二、研究设计

（一）数据来源与样本选取

本书以沪深A股中详细披露其前5大客户信息的非金融类上市公司为研究样本，样本数据的收集期间为2007～2018年，考虑到研发创新投入的连续性与时滞性，被解释变量样本收集期间为2007～2018年，对应解释变量和所有控制变量滞后1期，即2007～2017年相应数据。然后，基于客户名称，利用企查查、天眼查等网站，确定核心客户的全称及其上市属性，进行上市公司与其上市客户之间的一一匹配，进而形成实证研究的总样本。为了确保结论的稳健性，本书对所有连续性变量均进行了（1%，99%）Winsorize 缩尾处理，以消除极端值对研究结论的影响，同时剔除ST及财务数据缺失公司，最终获得4070个有效匹配样本。基于上述有效样本，供应商与其配对客户的行业分布表如表6-1所示。相关研究数据均来自国泰安数据库，运用 Stata 15.0 软件对数据进行整理及完成实证分析。

表6-1　　　　　　　　　　样本年度行业分布

行业	2009 年	2010 年	2011 年	2012 年	2013 年	2014 年	2015 年	2016 年	2017 年	2018 年	合计
A	0	0	0	0	0	0	0	3	3	1	7
B	2	7	8	3	6	5	29	39	32	16	147
C	33	298	415	429	531	468	198	211	317	228	3128

续表

行业	2009 年	2010 年	2011 年	2012 年	2013 年	2014 年	2015 年	2016 年	2017 年	2018 年	合计
D	0	2	8	7	5	6	22	20	60	25	155
E	2	4	4	11	9	7	17	14	20	7	95
F	0	1	3	7	3	3	14	10	14	12	67
G	0	0	5	0	2	2	25	15	21	18	88
I	0	3	7	12	21	23	11	39	35	13	164
K	0	3	6	2	1	2	8	0	10	9	41
L	0	2	1	2	5	6	3	2	2	8	31
M	0	0	0	0	4	1	10	10	15	11	51
N	0	3	6	9	8	3	5	11	11	5	61
R	0	0	0	5	1	0	4	10	6	9	35
合计	37	323	463	487	596	526	346	384	546	362	4070

（二）测试变量定义

被解释变量：借鉴马克里等（Makri et al.，2006）、杨晔等（2015）的方法，以企业研发创新投入占营业收入之比计算研发创新投入强度（$RD1_{it}$），同时借鉴李姝等（2018）的做法，以企业研发创新投入占总资产之比（$RD2_{it}$）进行稳健性检验。为了获取尽可能多的研究样本，借鉴阿吉翁等（2013）的处理方法，对所有研发创新投入的缺失值取 0 处理。

解释变量：借鉴陆建桥（1999）的研究设计，通过 Jones 模型计算得到的可操纵性应计作为盈余管理的计量指标，并使用可操纵性应计的绝对值来衡量企业的盈余管理程度，记为 $|CDA1_{it-1}|$。为了确保研究结果的稳健性，借鉴拉曼等（2008）的研究设计，后面采用德肖等（Dechow et al.，1995）修正后的 Jones 模型进行稳健性检验，并将盈余管理程度记为 $|CDA2_{it-1}|$。

控制变量：为了减少其他因素对研发创新投入的影响，这里加入三类控制变量。第一类是反映企业特征的控制变量，包括企业自身的盈余管理（$|SDA1_{it-1}|$、$|SDA2_{it-1}|$）、盈利能力（Roe_{it-1}）、资产负债率（Lev_{it-1}）、现金持有量（$Cash_{it-1}$）、商业信用供给（$Receiv_{it-1}$）、管理费用（Adm_{it-1}）、成长能力（TQ_{it-1}）、员工受教育水平（$Labedu_{it-1}$），第一大股东持股比例（$Top1_{it-1}$）与企业规模（$\ln asset_{it-1}$）；第二类是关系特征的控制变量，包括客户销售占比的赫芬达尔指数（HHI_{it-1}）；第三类是客户特征的控制变量，包括客户成立年限（$Clnage_{it-1}$）、客户净资产报

酬率（$CRoe_{it-1}$）、客户资产负债率（$CLev_{it-1}$）、客户企业规模（$Clnasset_{it-1}$）。同时控制年度效应和行业效应。相关变量的具体定义如表6-2所示。

表6-2　　　　　　　　　　　　　变量符号、名称与定义

变量类型	变量代码	变量名称	变量定义
被解释变量	$RD1_{it}$	研发创新投入指标	研发创新投入/营业收入
解释变量	$\lvert CDA1_{it-1} \rvert$	客户盈余管理指标1	根据Johns模型计算客户盈余管理程度指标
	$\lvert CDA2_{it-1} \rvert$	客户盈余管理指标2	根据修正后的Johns模型计算客户盈余管理程度指标
	$Stable_{it-1}$	关系稳定性指标	客户当年为企业的前五大客户之一同时上一年也是企业的前五大客户之一，赋值为1；客户当年为企业的前五大客户之一但是上一年不是企业的前五大客户之一，赋值为0
	$Mcusdep_{it-1}$	关系依赖度指标	向前5名客户累计销售额占年度主营业务收入的比例
控制变量	$\lvert SDA1_{it-1} \rvert$	盈余管理指标1	根据Johns模型计算企业盈余管理程度指标
	$\lvert SDA2_{it-1} \rvert$	盈余管理指标2	根据修正后的Johns模型计算企业盈余管理程度指标
	Roe_{it-1}	盈利能力	净资产收益率
	Lev_{it-1}	资产负债率	总负债/总资产
	$Cash_{it-1}$	现金持有	（现金＋可交易性金融资产）/总资产
	$Receiv_{it-1}$	商业信用	（应收票据＋应收账款－预收账款）/营业收入
	Adm_{it-1}	管理费用	管理费用/营业收入
	TQ_{it-1}	成长能力	（每股价格×流通股股份＋每股净资产×非流通股股份＋负债账面价值）/总资产
	$Labedu_{it-1}$	员工受教育水平	本科及以上学历人数/员工总数
	$Top1_{it-1}$	第一大股东持股比例	企业第1大股东持股数量/总股本
	HHI_{it-1}	赫芬达尔指数	前五大客户销售占比的平方和
	$lnasset_{it-1}$	企业规模	ln（企业期初总资产）
	$Clnage_{it-1}$	客户企业年龄	ln（当期－客户上市年份＋1）
	$CRoe_{it-1}$	客户净资产报酬率	客户净资产收益率
	$CLev_{it-1}$	客户资产负债率	客户总负债/总资产
	$Clnasset_{it-1}$	客户企业规模	ln（客户期初总资产）
	$Year$	年度效应	虚拟变量，控制年份固定效应
	$Industry$	行业效应	虚拟变量，根据证监会（2012）大类科目进行分类

（三）模型设计

本书研究关系客户盈余管理对企业研发创新投入的影响，借鉴前人研究设计，构建具体模型如模型（6-1）所示：

$$RD1_{it}（或 RD2_{it}）= \beta_0 + \beta_1 | CDA1_{it-1} |（或 | CDA2_{it-1} |）+ \beta_{2-16}Control_{it-1}$$
$$+ \sum Year + \sum Industry + \varepsilon \qquad (6-1)$$

三、实证结果与分析

（一）描述性统计与分析

表6-3列示了相关变量的描述性统计。样本企业研发创新投入 $RD1_{it}$ 的均值为0.0333，说明我国上市企业的营业收入中仅有极小部分投入研发，总体而言研发创新投入水平偏低，标准差为0.0344，表明不同企业研发创新投入水平差距较大。关系客户盈余管理 $| CDA1_{it-1} |$ 与 $| CDA2_{it-1} |$ 的均值分别为0.0501与0.0518，标准差分别为0.0497与0.0521，表明我国上市企业盈余管理程度较高，且不同企业之间的盈余管理程度差别较大。

表6-3   描述性统计

变量	N	mean	p50	sd	min	max
$RD1_{it}$	4070	0.0333	0.0295	0.0344	0	0.217
$\| CDA1_{it-1} \|$	4070	0.0501	0.0357	0.0497	0.000728	0.328
$\| CDA2_{it-1} \|$	4070	0.0518	0.0372	0.0521	0.000772	0.348
$\| SDA1_{it-1} \|$	4070	0.0578	0.0393	0.0608	0.000728	0.328
$\| SDA2_{it-1} \|$	4070	0.0617	0.0400	0.0657	0.000772	0.348
Roe_{it-1}	4070	0.0710	0.0742	0.118	-0.578	0.626
Lev_{t-1}	4070	0.411	0.399	0.212	0.0533	0.984
$Cash_{it-1}$	4070	0.190	0.139	0.155	0.00732	0.695
$Receiv_{it-1}$	4070	0.288	0.258	0.281	-1.065	1.092
Adm_{it-1}	4070	0.100	0.0841	0.0782	0.00977	0.593
TQ_{it-1}	4070	2.095	1.609	1.430	0.906	9.833

续表

变量	N	mean	p50	sd	min	max
$Labedu_{it-1}$	4070	0.203	0.155	0.185	0	0.872
$Top1_{it-1}$	4070	0.361	0.337	0.151	0.0894	0.800
HHI_{it-1}	4070	0.0574	0.0191	0.0918	0	0.499
$lnasset_{it-1}$	4070	21.86	21.67	1.235	18.68	25.72
$Clnage_{it-1}$	4070	2.795	2.944	0.437	0	3.332
$CRoe_{it-1}$	4070	0.108	0.104	0.122	-0.578	0.626
$CLev_{it-1}$	4070	0.570	0.586	0.172	0.0533	0.984
$Clnasset_{it-1}$	4070	23.76	23.81	1.641	19.08	25.72

(二) 相关性分析

通过计算 Pearson 相关系数发现，关系客户盈余管理程度（$|CDA1_{it-1}|$、$|CDA2_{it-1}|$）与企业研发创新投入水平（$RD1_{it}$）经济意义上为正，但统计上未显著，未与假说 6 – 1 完全一致，但相关性分析仅说明了两个变量之间的相关关系，尚未考虑控制变量的影响，还需在控制相关变量的情况下进行多元回归分析（限于篇幅未予报告）。另外，关系客户盈余管理程度（$|CDA1_{it-1}|$、$|CDA2_{it-1}|$）与企业截面特征变量之间的相关系数最高不超过 0.069，与其自身截面特征间的相关系数最高不超过 – 0.193，表明模型多重共线性问题较轻，以 VIF 检验多重共线性的值都不大于 5，再次证明了多重共线性不会影响回归结果。

(三) 多元回归实证检验

1. 假说 6 – 1 的实证结果分析

为检验关系客户盈余管理程度对企业研发创新投入水平的影响，本书利用模型 (6 – 1) 进行 OLS 回归，假说 6 – 1 的回归结果如表 6 – 4 所示。列 (1) 与列 (3) 列示了以 $RD1_{it}$ 作为被解释变量，仅控制企业截面特征后的多元回归结果。结果显示，$|CDA1_{it-1}|$ 与 $|CDA2_{it-1}|$ 的回归系数分别为 0.024 与 0.020，均在 1%水平内显著为正。列 (2) 与列 (4) 进一步加入客户截面特征控制变量后进行多元回归检验，$|CDA1_{it-1}|$ 与 $|CDA2_{it-1}|$ 的回归系数分别为 0.021 与 0.018，均在 5%水平内显著为正，表明关系客户盈余管理程度越高，企业研发创新投入水平越高，假说 6 – 1 得以验证。

表 6 - 4 假说 6 - 1 多元回归检验结果

变量	Dep var: $RD1_{it}$			
	(1)	(2)	(3)	(4)
$\left| CDA1_{it-1} \right|$	0.024 *** (2.78)	0.021 ** (2.40)		
$\left| SDA1_{it-1} \right|$	-0.025 *** (-3.49)	-0.024 *** (-3.46)		
$\left| CDA2_{it-1} \right|$			0.020 ** (2.46)	0.018 ** (2.19)
$\left| SDA2_{it-1} \right|$			-0.029 *** (-4.34)	-0.029 *** (-4.32)
Roe_{it-1}	0.017 *** (3.73)	0.017 *** (3.52)	0.017 *** (3.59)	0.016 *** (3.37)
Lev_{it-1}	-0.022 *** (-6.69)	-0.022 *** (-6.66)	-0.022 *** (-6.71)	-0.022 *** (-6.69)
$Cash_{it-1}$	0.016 *** (4.01)	0.016 *** (4.02)	0.016 *** (4.03)	0.016 *** (4.04)
$Receiv_{it-1}$	0.022 *** (10.46)	0.023 *** (10.66)	0.022 *** (10.53)	0.023 *** (10.75)
Adm_{it-1}	0.151 *** (10.77)	0.151 *** (10.76)	0.151 *** (10.82)	0.152 *** (10.82)
TQ_{it-1}	-0.002 *** (-4.69)	-0.002 *** (-4.70)	-0.002 *** (-4.72)	-0.002 *** (-4.72)
$Labedu_{it-1}$	0.049 *** (15.02)	0.049 *** (14.99)	0.049 *** (15.08)	0.049 *** (15.05)
$Top1_{it-1}$	0.003 (1.20)	0.003 (1.25)	0.003 (1.15)	0.003 (1.20)
HHI_{it-1}	-0.007 (-1.32)	-0.006 (-1.21)	-0.006 (-1.22)	-0.006 (-1.11)
$lnasset_{it-1}$	0.000 (0.41)	0.000 (0.63)	0.000 (0.39)	0.000 (0.63)

续表

变量	Dep var：$RD1_{it}$			
	（1）	（2）	（3）	（4）
$Clnage_{it-1}$		-0.000 （-0.19）		-0.000 （-0.25）
$CRoe_{it-1}$		0.007^{**} （2.08）		0.007^{**} （2.28）
$CLev_{it-1}$		-0.001 （-0.36）		-0.001 （-0.34）
$Clnasset_{it-1}$		-0.000 （-0.78）		-0.000 （-0.80）
$\_cons$	-0.022^{*} （-1.74）	-0.019 （-1.38）	-0.021^{*} （-1.68）	-0.018 （-1.34）
Industry	控制	控制	控制	控制
Year	控制	控制	控制	控制
N	4070.000	4070.000	4070.000	4070.000
adj. $R-sq$	0.493	0.493	0.494	0.494

注：表中括号内为 t 值，***、** 和 * 分别表示在1%、5%及10%水平下显著。

2. 假说 6 - 2 和假说 6 - 3 的实证结果分析

为检验关系客户盈余管理对企业研发创新投入的影响是否受到客户关系依赖度的调节。本书立足模型（6 - 1），基于企业向客户销售百分比的中位数，将样本划分为高客户关系依赖度组和低客户关系依赖度组，分组进行 OLS 回归。具体结果如表 6 - 5 中列（1）~ 列（4）所示。列（1）与列（3）显示，以 $RD1_{it}$ 作为被解释变量，高客户关系依赖度组中 $|CDA1_{it-1}|$ 与 $|CDA2_{it-1}|$ 的回归系数分别为 0.025 与 0.023，均在 10% 水平下显著为正；相比，列（2）与列（4）显示，低客户关系依赖度组中 $|CDA1_{it-1}|$ 与 $|CDA2_{it-1}|$ 的回归系数分别为 0.014 与 0.011，虽然为正，但统计上不显著。结果表明，相比低客户关系依赖度的企业，关系客户盈余管理程度越高，对高客户关系依赖度的企业研发创新投入的正向影响越显著，假说 6 - 2 得以验证。

表 6 - 5　　　　　　　　假说 6 - 2 与假说 6 - 3 多元回归检验结果

变量	Dep var：$RD1_{it}$							
	假说 6 - 2				假说 6 - 3			
	(1) 高客户关系依赖度	(2) 低客户关系依赖度	(3) 高客户关系依赖度	(4) 低客户关系依赖度	(5) 客户关系稳定	(6) 客户关系不稳定	(7) 客户关系稳定	(8) 客户关系不稳定
$\mid CDA1_{it-1} \mid$	0.025 * (1.81)	0.014 (1.45)			- 0.008 (- 0.63)	0.032 *** (2.99)		
$\mid SDA1_{it-1} \mid$	- 0.031 *** (- 3.11)	- 0.013 (- 1.42)			- 0.043 *** (- 3.35)	- 0.018 ** (- 2.22)		
$\mid CDA2_{it-1} \mid$			0.023 * (1.68)	0.011 (1.19)			- 0.003 (- 0.27)	0.028 *** (2.61)
$\mid SDA2_{it-1} \mid$			- 0.033 *** (- 3.60)	- 0.020 ** (- 2.27)			- 0.039 *** (- 3.14)	- 0.026 *** (- 3.38)
Roe_{it-1}	0.014 ** (1.96)	0.022 *** (4.36)	0.013 * (1.80)	0.021 *** (4.37)	0.010 * (1.82)	0.019 *** (2.98)	0.009 (1.53)	0.019 *** (2.93)
Lev_{it-1}	- 0.023 *** (- 4.64)	- 0.018 *** (- 4.62)	- 0.023 *** (- 4.69)	- 0.018 *** (- 4.64)	- 0.023 *** (- 4.98)	- 0.021 *** (- 4.88)	- 0.024 *** (- 5.05)	- 0.021 *** (- 4.89)
$Cash_{it-1}$	0.008 (1.31)	0.025 *** (4.87)	0.008 (1.32)	0.025 *** (4.89)	0.007 (1.09)	0.020 *** (3.92)	0.007 (1.06)	0.020 *** (3.99)
$Receiv_{it-1}$	0.021 *** (6.93)	0.023 *** (8.31)	0.021 *** (7.00)	0.024 *** (8.37)	0.024 *** (7.26)	0.022 *** (8.33)	0.025 *** (7.33)	0.022 *** (8.40)
Adm_{it-1}	0.133 *** (7.55)	0.195 *** (10.10)	0.134 *** (7.60)	0.195 *** (10.16)	0.135 *** (6.83)	0.162 *** (8.68)	0.135 *** (6.83)	0.162 *** (8.72)
TQ_{it-1}	- 0.003 *** (- 4.06)	- 0.001 ** (- 2.32)	- 0.003 *** (- 4.05)	- 0.001 ** (- 2.38)	- 0.002 ** (- 2.47)	- 0.002 *** (- 3.53)	- 0.002 ** (- 2.44)	- 0.002 *** (- 3.57)
$Labedu_{it-1}$	0.058 *** (11.58)	0.039 *** (9.70)	0.058 *** (11.61)	0.039 *** (9.75)	0.046 *** (8.35)	0.048 *** (11.99)	0.046 *** (8.35)	0.049 *** (12.01)
$Top1_{it-1}$	0.004 (1.12)	0.002 (0.57)	0.004 (1.06)	0.002 (0.57)	0.006 (1.41)	0.003 (0.73)	0.006 (1.43)	0.002 (0.68)

续表

变量	Dep var：$RD1_{it}$							
	假说 6 - 2				假说 6 - 3			
	（1）高客户关系依赖度	（2）低客户关系依赖度	（3）高客户关系依赖度	（4）低客户关系依赖度	（5）客户关系稳定	（6）客户关系不稳定	（7）客户关系稳定	（8）客户关系不稳定
HHI_{it-1}	− 0. 012 （− 1. 62）	0. 006 （0. 88）	− 0. 011 （− 1. 57）	0. 007 （0. 95）	− 0. 008 （− 1. 10）	− 0. 004 （− 0. 56）	− 0. 008 （− 1. 08）	− 0. 003 （− 0. 46）
$lnasset_{it-1}$	− 0. 001 （− 1. 41）	0. 002 *** （2. 76）	− 0. 001 （− 1. 36）	0. 002 *** （2. 73）	0. 001 （0. 85）	0. 000 （0. 51）	0. 001 （0. 96）	0. 000 （0. 47）
$Clnage_{it-1}$	− 0. 000 （− 0. 17）	− 0. 000 （− 0. 26）	− 0. 000 （− 0. 21）	− 0. 000 （− 0. 31）	0. 001 （0. 92）	− 0. 001 （− 0. 67）	0. 001 （0. 94）	− 0. 001 （− 0. 73）
$CRoe_{it-1}$	0. 008 * （1. 68）	0. 007 （1. 53）	0. 009 * （1. 90）	0. 007 （1. 60）	0. 011 ** （2. 22）	0. 004 （1. 00）	0. 011 ** （2. 17）	0. 005 （1. 24）
$CLev_{it-1}$	− 0. 003 （− 0. 53）	0. 001 （0. 33）	− 0. 002 （− 0. 52）	0. 001 （0. 34）	0. 003 （0. 67）	− 0. 003 （− 0. 97）	0. 003 （0. 64）	− 0. 003 （− 0. 91）
$Clnasset_{it-1}$	− 0. 000 （− 0. 08）	− 0. 000 （− 0. 82）	− 0. 000 （− 0. 07）	− 0. 000 （− 0. 89）	− 0. 000 （− 0. 61）	− 0. 000 （− 0. 23）	− 0. 000 （− 0. 52）	− 0. 000 （− 0. 31）
_cons	0. 008 （0. 35）	− 0. 052 *** （− 2. 94）	0. 008 （0. 35）	− 0. 051 *** （− 2. 85）	− 0. 030 （− 1. 20）	− 0. 020 （− 1. 19）	− 0. 033 （− 1. 31）	− 0. 018 （− 1. 07）
Industry	控制	控制	控制	控制	控制	控制	控制	控制
Year	控制	控制	控制	控制	控制	控制	控制	控制
N	2049. 000	2016. 000	2049. 000	2016. 000	1374. 000	2696. 000	1374. 000	2696. 000
adj. R - sq	0. 463	0. 541	0. 463	0. 542	0. 468	0. 506	0. 468	0. 507

注：表中括号内为 t 值，***、** 和 * 分别表示在 1%、5% 及 10% 水平下显著。

为检验关系客户盈余管理对企业研发创新投入的影响是否受到客户关系稳定性的调节。本书立足模型（6 - 1），将样本划分为客户关系稳定性组和客户关系不稳定性组，即若客户当年为企业的前五大客户之一同时上一年也是企业的前五大客户之一，定义为客户关系稳定性组；若客户当年为企业的前五大客户之一但是上一年不是企业的前五大客户之一，定义为客户关系不稳定性组，分组进行 OLS 回归。具体结果如表 6 - 5 中列（5）~列（8）所示。列（5）与列（7）显示，以 $RD1_{it}$ 作为被解释变量，客户关系稳定性组中 | $CDA1_{it-1}$ | 与 | $CDA2_{it-1}$ | 的

回归系数分别为 - 0.008 与 - 0.003，统计上均不显著；相比列（6）与列（8）显示，客户关系不稳定性组中 $|CDA1_{it-1}|$ 与 $|CDA2_{it-1}|$ 的回归系数分别为 0.032 与 0.028，均在 1% 水平下显著为正。结果表明，相比客户关系稳定的企业，关系客户盈余管理程度越高，对客户关系不稳定企业研发创新投入的正向影响越显著，假说 6 - 3 得以验证。

3. 假说 6 - 4 的实证结果分析

为检验关系客户盈余管理对企业研发创新投入的影响是否受到客户产权属性的调节。同样立足模型（6 - 1），根据客户产权属性，将样本划分为非国有客户组与国有客户组，分组进行 OLS 回归。结果如表 6 - 6 所示。列（1）与列（3）显示，以 $RD1_{it}$ 作为被解释变量，国有客户组中 $|DA1_{it-1}|$ 与 $|DA2_{it-1}|$ 的回归系数分别为 0.024 与 0.022，均在 5% 水平下显著为正；而列（2）与列（4）显示，非国有客户组中 $|DA1_{it-1}|$ 与 $|DA2_{it-1}|$ 的回归系数均为正，但统计上均不显著。结果表明，相比非国有客户，国有客户盈余管理对企业研发创新投入的正向影响更显著，假说 6 - 4 得以验证。

表 6 - 6　　　　　　　　　　　假说 6 - 4 多元回归检验结果

变量	Dep var: $RD1_{it}$			
	（1）国有客户	（2）非国有客户	（3）国有客户	（4）非国有客户
$\left\|CDA1_{it-1}\right\|$	0.024 ** (2.32)	0.017 (1.11)		
$\left\|SDA1_{it-1}\right\|$	- 0.024 *** (- 2.60)	- 0.025 ** (- 2.18)		
$\left\|CDA2_{it-1}\right\|$			0.022 ** (2.16)	0.016 (1.09)
$\left\|SDA2_{it-1}\right\|$			- 0.027 *** (- 3.22)	- 0.031 *** (- 2.65)
Roe_{it-1}	0.013 ** (2.38)	0.031 *** (2.73)	0.012 ** (2.21)	0.031 *** (2.73)
Lev_{it-1}	- 0.020 *** (- 5.19)	- 0.027 *** (- 4.19)	- 0.020 *** (- 5.25)	- 0.027 *** (- 4.17)
$Cash_{it-1}$	0.016 *** (3.44)	0.019 ** (2.31)	0.016 *** (3.45)	0.019 ** (2.31)

续表

变量	Dep var: $RD1_{it}$			
	(1) 国有客户	(2) 非国有客户	(3) 国有客户	(4) 非国有客户
$Receiv_{it-1}$	0.022 *** (9.76)	0.027 *** (5.52)	0.023 *** (9.83)	0.027 *** (5.55)
Adm_{it-1}	0.147 *** (8.03)	0.157 *** (7.00)	0.148 *** (8.10)	0.157 *** (7.02)
TQ_{it-1}	−0.002 *** (−3.19)	−0.003 *** (−3.85)	−0.002 *** (−3.20)	−0.003 *** (−3.89)
$Labedu_{it-1}$	0.047 *** (12.48)	0.054 *** (8.07)	0.047 *** (12.54)	0.054 *** (8.08)
$Top1_{it-1}$	0.002 (0.63)	0.008 (1.28)	0.002 (0.58)	0.007 (1.25)
HHI_{it-1}	−0.011 ** (−2.46)	0.003 (0.22)	−0.011 ** (−2.39)	0.004 (0.31)
$lnasset_{it-1}$	0.001 (0.94)	0.000 (0.02)	0.001 (0.98)	−0.000 (−0.03)
$Clnage_{it-1}$	0.002 * (1.67)	−0.003 (−1.55)	0.002 (1.64)	−0.003 (−1.58)
$CRoe_{it-1}$	0.010 ** (2.51)	−0.003 (−0.55)	0.010 *** (2.63)	−0.003 (−0.45)
$CLev_{it-1}$	0.001 (0.22)	−0.005 (−0.88)	0.001 (0.22)	−0.005 (−0.89)
$Clnasset_{it-1}$	−0.000 (−0.59)	0.001 * (1.69)	−0.000 (−0.58)	0.001 * (1.68)
_cons	−0.025 (−1.40)	−0.035 (−1.21)	−0.025 (−1.38)	−0.035 (−1.19)
Industry	控制	控制	控制	控制
Year	控制	控制	控制	控制
N	2961.000	1108.000	2961.000	1108.000
adj. $R-sq$	0.486	0.519	0.487	0.520

注：表中括号内为 t 值，***、** 和 * 分别表示在1%、5%及10%水平下显著。

4. 假说 6 - 5 的实证结果分析

为检验关系客户盈余管理对企业研发创新投入的影响是否受到客户与企业地理距离的调节，立足模型（6 - 1），收集企业及客户注册地信息，当企业与其客户注册地所处同一省份时，将该样本定义为近距离组，否则为远距离组，分组进行 OLS 回归。结果如表 6 - 7 所示。列（1）与列（3）显示，以 $RD1_{it}$ 作为被解释变量，远距离组中 $|DA1_{it-1}|$ 与 $|DA2_{it-1}|$ 的回归系数分别为 0.023 与 0.018，分别在 5% 与 10% 水平下显著为正；而列（2）与列（4）显示，近距离组中 $|DA1_{it-1}|$ 与 $|DA2_{it-1}|$ 的回归系数分别为 - 0.008 与 0.003，统计上均不显著。结果表明，相比客户距离较近的企业，关系客户盈余管理对客户距离较远的企业研发创新投入的正向影响更为显著，假说 6 - 5 得以验证。

表 6 - 7　　　　　　　　　　假说 6 - 5 多元回归检验结果

变量	Dep var：$RD1_{it}$			
	（1） 远距离客户	（2） 近距离客户	（3） 远距离客户	（4） 近距离客户
$\left|CDA1_{it-1}\right|$	0.023 ** (2.27)	- 0.008 (- 0.48)		
$\left|SDA1_{it-1}\right|$	- 0.027 *** (- 3.28)	- 0.001 (- 0.04)		
$\left|CDA2_{it-1}\right|$			0.018 * (1.83)	0.003 (0.20)
$\left|SDA2_{it-1}\right|$			- 0.030 *** (- 3.89)	- 0.013 (- 0.94)
Roe_{it-1}	0.018 *** (3.29)	0.011 (1.14)	0.017 *** (3.14)	0.011 (1.18)
Lev_{it-1}	- 0.022 *** (- 5.77)	- 0.021 *** (- 3.08)	- 0.022 *** (- 5.81)	- 0.021 *** (- 3.09)
$Cash_{it-1}$	0.015 *** (3.15)	0.026 *** (3.29)	0.014 *** (3.14)	0.026 *** (3.28)
$Receiv_{it-1}$	0.021 *** (8.91)	0.029 *** (6.28)	0.021 *** (8.95)	0.029 *** (6.37)

续表

变量	Dep var: $RD1_{it}$			
	(1) 远距离客户	(2) 近距离客户	(3) 远距离客户	(4) 近距离客户
Adm_{it-1}	0.151 *** (9.62)	0.157 *** (4.95)	0.152 *** (9.69)	0.157 *** (4.92)
TQ_{it-1}	-0.002 *** (-3.87)	-0.002 ** (-2.24)	-0.002 *** (-3.92)	-0.002 ** (-2.26)
$Labedu_{it-1}$	0.047 *** (12.70)	0.051 *** (7.35)	0.047 *** (12.76)	0.051 *** (7.37)
$Top1_{it-1}$	0.003 (0.86)	0.003 (0.55)	0.002 (0.82)	0.003 (0.55)
HHI_{it-1}	-0.004 (-0.75)	-0.017 ** (-2.04)	-0.004 (-0.65)	-0.016 * (-1.94)
$lnasset_{it-1}$	0.000 (0.15)	0.002 * (1.67)	0.000 (0.14)	0.002 (1.62)
$Clnage_{it-1}$	0.001 (0.53)	-0.004 * (-1.95)	0.001 (0.51)	-0.004 * (-1.94)
$CRoe_{it-1}$	0.007 ** (1.97)	0.004 (0.45)	0.008 ** (2.16)	0.004 (0.43)
$CLev_{it-1}$	-0.004 (-1.30)	0.006 (0.91)	-0.004 (-1.28)	0.005 (0.85)
$Clnasset_{it-1}$	-0.001 ** (-2.18)	0.001 (1.07)	-0.001 ** (-2.24)	0.001 (1.19)
_cons	-0.011 (-0.62)	-0.055 ** (-2.43)	-0.010 (-0.55)	-0.055 ** (-2.45)
Industry	控制	控制	控制	控制
Year	控制	控制	控制	控制
N	3127.000	943.000	3127.000	943.000
adj. R-sq	0.489	0.529	0.489	0.529

注：表中括号内为 t 值，***、** 和 * 分别表示在 1%、5% 及 10% 水平下显著。

四、稳健性检验

（一）稳健性检验 1：内生性检验

关系客户盈余管理与企业研发创新投入之间可能存在着双向因果的内生性问题。本书采用 2SLS 来解决可能存在的内生性问题。以滞后两期和滞后三期的关系客户盈余管理程度指标作为关系客户盈余管理程度的工具变量。表 6 - 8、表 6 - 9 列示了假说 6 - 1 至假说 6 - 5 第二阶段的回归结果，说明排除内生性后，前文的结论仍然成立。

表 6 - 8　　　　　　　　假说 6 - 1 至假说 6 - 3 内生性检验回归结果

| 变量 | $Dep\ var$：$RD1_{it}$ | | | | |
| | 假说 6 - 1 | 假说 6 - 2 | | 假说 6 - 3 | |
	（1）	（2）高客户关系依赖度	（3）低客户关系依赖度	（4）客户关系稳定	（5）客户关系不稳定
$\lvert CDA1_{it-1} \rvert$	0.082 ** (1.97)	0.136 * (1.88)	0.040 (0.92)	0.050 (0.91)	0.095 * (1.77)
$\lvert SDA1_{it-1} \rvert$	− 0.026 *** (− 3.36)	− 0.040 *** (− 3.48)	− 0.009 (− 0.85)	− 0.052 *** (− 3.74)	− 0.016 * (− 1.79)
Roe_{it-1}	0.013 *** (2.69)	0.013 * (1.71)	0.018 *** (3.65)	0.010 * (1.79)	0.016 ** (2.24)
Lev_{it-1}	− 0.025 *** (− 7.11)	− 0.027 *** (− 5.12)	− 0.020 *** (− 4.77)	− 0.024 *** (− 5.17)	− 0.025 *** (− 5.29)
$Cash_{it-1}$	0.014 *** (3.24)	0.007 (1.12)	0.022 *** (3.91)	0.006 (1.01)	0.017 *** (2.98)
$Receiv_{it-1}$	0.023 *** (10.27)	0.022 *** (6.89)	0.023 *** (7.77)	0.025 *** (7.45)	0.022 *** (7.71)
Adm_{it-1}	0.153 *** (10.68)	0.137 *** (7.71)	0.197 *** (9.92)	0.136 *** (6.92)	0.164 *** (8.59)

续表

变量	假说 6 – 1	假说 6 – 2		假说 6 – 3	
	(1)	(2) 高客户关系 依赖度	(3) 低客户关系 依赖度	(4) 客户关系 稳定	(5) 客户关系 不稳定
TQ_{it-1}	-0.002^{***} (-4.13)	-0.002^{***} (-3.44)	-0.001^{**} (-2.14)	-0.001^{**} (-2.18)	-0.002^{***} (-3.16)
$Labedu_{it-1}$	0.054^{***} (15.48)	0.061^{***} (11.49)	0.044^{***} (9.92)	0.046^{***} (8.44)	0.056^{***} (12.80)
$Top1_{it-1}$	0.004 (1.40)	0.005 (1.14)	0.003 (0.71)	0.006 (1.46)	0.003 (0.81)
HHI_{it-1}	-0.009^{*} (-1.65)	-0.013^{*} (-1.68)	0.002 (0.27)	-0.007 (-1.05)	-0.008 (-1.13)
$lnasset_{it-1}$	0.001 (1.15)	-0.000 (-0.53)	0.002^{***} (2.61)	0.001 (0.85)	0.001 (1.16)
$Clnage_{it-1}$	0.000 (0.39)	0.000 (0.15)	0.001 (0.60)	0.001 (0.96)	-0.000 (-0.10)
$CRoe_{it-1}$	0.005 (1.36)	0.006 (0.89)	0.006 (1.22)	0.008 (1.54)	0.003 (0.62)
$CLev_{it-1}$	-0.003 (-0.82)	-0.005 (-0.95)	-0.000 (-0.01)	0.003 (0.59)	-0.006 (-1.45)
$Clnasset_{it-1}$	0.000 (0.21)	0.001 (0.93)	-0.000 (-0.31)	-0.000 (-0.13)	0.000 (0.57)
_cons	-0.014 (-0.83)	-0.010 (-0.33)	-0.040^{**} (-2.00)	-0.005 (-0.21)	-0.024 (-1.06)
Industry	控制	控制	控制	控制	控制
Year	控制	控制	控制	控制	控制
N	3644	1836	1808	1337	2307
adj. R – sq	0.493	0.449	0.543	0.458	0.508

Dep var: $RD1_{it}$

注: 表中括号内为 t 值, ***、** 和 * 分别表示在 1%、5% 及 10% 水平下显著。

表 6 - 9 假说 6 - 4 至假说 6 - 5 内生性检验回归结果

变量	Dep var：$RD1_{it}$			
	假说 6 - 4		假说 6 - 5	
	（1）国有客户	（2）非国有客户	（3）远距离客户	（4）近距离客户
$\left| CDA1_{it-1} \right|$	0.146 ** (2.55)	0.004 (0.06)	0.093 ** (2.02)	0.026 (0.25)
$\left| SDA1_{it-1} \right|$	-0.025 ** (-2.46)	-0.026 ** (-2.02)	-0.025 *** (-2.71)	-0.006 (-0.16)
Roe_{it-1}	0.009 (1.61)	0.032 ** (2.56)	0.016 *** (2.66)	0.004 (0.42)
Lev_{it-1}	-0.023 *** (-5.59)	-0.031 *** (-4.39)	-0.024 *** (-5.99)	-0.028 *** (-3.78)
$Cash_{it-1}$	0.013 *** (2.59)	0.016 * (1.79)	0.013 *** (2.66)	0.022 ** (2.42)
$Receiv_{it-1}$	0.023 *** (9.21)	0.027 *** (5.59)	0.022 *** (8.76)	0.028 *** (5.95)
Adm_{it-1}	0.153 *** (8.09)	0.156 *** (7.00)	0.153 *** (9.56)	0.157 *** (5.03)
TQ_{it-1}	-0.002 *** (-2.78)	-0.003 *** (-3.43)	-0.002 *** (-3.10)	-0.003 ** (-2.46)
$Labedu_{it-1}$	0.051 *** (12.90)	0.063 *** (8.38)	0.051 *** (12.94)	0.059 *** (7.85)
$Top1_{it-1}$	0.002 (0.71)	0.011 * (1.69)	0.003 (0.88)	0.005 (0.79)
HHI_{it-1}	-0.011 ** (-2.31)	-0.002 (-0.15)	-0.008 (-1.27)	-0.015 * (-1.74)
$lnasset_{it-1}$	0.001 (1.54)	0.000 (0.33)	0.000 (0.77)	0.002 * (1.81)
$Clnage_{it-1}$	0.003 * (1.92)	-0.002 (-1.26)	0.002 (1.21)	-0.004 * (-1.95)

变量	Dep var：$RD1_{it}$			
	假说 6 - 4		假说 6 - 5	
	(1) 国有客户	(2) 非国有客户	(3) 远距离客户	(4) 近距离客户
$CRoe_{it-1}$	0.010 ** (2.18)	- 0.005 (- 0.48)	0.006 (1.32)	0.007 (0.67)
$CLev_{it-1}$	- 0.000 (- 0.09)	- 0.005 (- 0.78)	- 0.006 (- 1.55)	0.006 (0.93)
$Clnasset_{it-1}$	0.000 (0.45)	0.001 (1.13)	- 0.000 (- 0.55)	0.001 (0.53)
_cons	- 0.034 (- 1.48)	- 0.025 (- 0.76)	- 0.014 (- 0.59)	- 0.032 (- 1.21)
Industry	控制	控制	控制	控制
Year	控制	控制	控制	控制
N	2674	969	2799	845
adj. $R-sq$	0.469	0.524	0.484	0.544

注：表中括号内为 t 值，***、** 和 * 分别表示在 1%、5% 及 10% 水平下显著。

（二）稳健性检验 2：样本自选择偏差

考虑数据可得性，本研究基于上市公司与其核心上市客户的匹配，考察关系客户盈余管理对企业研发创新投入的影响，这种匹配可能会存在一定的样本自选择问题，即关系客户盈余管理与供应商研发创新投入间的关系并非存在于双方的供应链关系中。倾向得分匹配法是纠正样本自选择偏差的重要方法，为此，借鉴彭旋等（2018）的研究设计，采用倾向得分匹配模型进行稳健性检验，以弱化样本自选择偏差对回归结果的影响。具体而言，以上市公司（供应商 A 或客户 B）是否存在实质供应链关系的哑变量作为被解释变量，对于供应商 A，以供应商特征指标为解释变量（同年度），按照一对一近邻匹配得到供应商 a；对于客户 B，以客户特征指标为解释变量匹配得到客户 b（同年度）。将供应商 a 和客户 b 进行匹配，进而构成控制组样本，二者之间的供应链关系是一种非实质的供应商/客户关系，即虚拟的供应链关系。对应控制组，存在实质供应链关系的供应商 A

和客户 B 匹配样本则构成了处理组，最终获得 2323 个控制组样本与处理组样本。如果关系客户盈余管理与供应商研发创新投入关系仅存在于处理组中，而在模拟供应链关系所形成的控制组中不显著，则表明关系客户盈余管理对供应商研发创新投入的影响确实是基于两者间的供应链关系所带来，而非统计意义上的关系。相应的检验结果如表 6-10 Panel A 所示。结果显示，存在实质供应链关系的处理组中，二者间回归系数显著，但对于有非实质供应链关系的控制组，回归结果并不显著，该结果表明关系客户盈余管理对企业研发创新投入的影响确实是基于供应链关系，本书研究结果具有稳健性。

表 6-10　　　　　　　　PSM 检验结果与不同盈余管理方向的回归结果

变量	Dep var：$RD1_{it}$			
	Panel A		Panel B	
	处理组即样本组 (1)	控制组即对照组 (2)	正向（$CDA1_{it-1}>0$）(1)	负向（$CDA1_{it-1}<0$）(2)
$\left|CDA1_{it-1}\right|$	0.032 *** (2.96)	−0.009 (−0.76)		
$\left|SDA1_{it-1}\right|$	−0.028 *** (−3.21)	−0.025 ** (−2.38)		
$CDA1_{it-1}$			0.031 ** (2.03)	−0.006 (−0.52)
$SDA1_{it-1}$			0.001 (0.07)	−0.014 ** (−1.96)
Roe_{it-1}	0.021 *** (3.29)	0.031 *** (5.35)	0.014 ** (2.15)	0.018 *** (3.03)
Lev_{it-1}	−0.017 *** (−4.00)	−0.025 *** (−5.78)	−0.019 *** (−4.01)	−0.023 *** (−5.52)
$Cash_{it-1}$	0.017 *** (3.05)	0.026 *** (4.85)	0.018 *** (2.93)	0.014 *** (2.59)
$Receiv_{it-1}$	0.025 *** (7.79)	0.020 *** (7.05)	0.021 *** (6.09)	0.025 *** (9.34)
Adm_{it-1}	0.180 *** (9.08)	0.213 *** (10.80)	0.117 *** (5.69)	0.173 *** (9.42)

续表

变量	Dep var: $RD1_{it}$			
	Panel A		Panel B	
	处理组即样本组 (1)	控制组即对照组 (2)	正向 ($CDA1_{it-1}>0$) (1)	负向 ($CDA1_{it-1}<0$) (2)
TQ_{it-1}	−0.002 *** (−3.11)	−0.001 * (−1.71)	−0.002 *** (−3.19)	−0.002 *** (−3.40)
$Labedu_{it-1}$	0.052 *** (11.55)	0.049 *** (10.83)	0.047 *** (9.45)	0.050 *** (11.77)
$Top1_{it-1}$	0.003 (0.90)	−0.004 (−1.03)	0.002 (0.37)	0.003 (0.98)
HHI_{it-1}	−0.011 (−0.97)	0.011 (1.51)	−0.005 (−0.62)	−0.009 (−1.47)
$lnasset_{it-1}$	0.000 (0.41)	0.001 ** (2.28)	−0.000 (−0.45)	0.001 (1.18)
$Clnage_{it-1}$	0.001 (0.56)	0.005 *** (4.19)	−0.001 (−0.98)	0.001 (0.72)
$CRoe_{it-1}$	0.007 (1.50)	0.003 (0.63)	0.011 ** (2.03)	0.005 (1.27)
$CLev_{it-1}$	−0.003 (−0.71)	−0.006 * (−1.81)	−0.004 (−0.83)	−0.001 (−0.18)
$Clnasset_{it-1}$	−0.000 (−0.77)	0.000 (0.22)	0.000 (0.21)	−0.000 (−1.13)
_cons	−0.018 (−0.93)	−0.051 *** (−2.70)	−0.011 (−0.48)	−0.023 (−1.36)
Industry	控制	控制	控制	控制
Year	控制	控制	控制	控制
N	2323	2323	1699	2371
adj. R-sq	0.509	0.554	0.449	0.527

注：表中括号内为 t 值，***、** 和 * 分别表示在 1%、5% 及 10% 水平下显著。

（三）稳健性检验 3：竞争性解释

关系专有资产理论认为，研究开发投入是关系专有资产的重要组成部分（Raman et al.，2008；Dou et al.，2013；李丹蒙等，2017）。因此，关系客户盈余管理可以被用作一种增加利润的机会主义方式（Healy et al.，1999），关系客户利用应计项目增加利润，影响企业对关系专有资产投资收益与风险的感知，促使企业进行关系专有资产投资。基于此，关系客户盈余管理对供应商研发创新投入的正向影响可能并非供应商的主动预防行为，而是被动的误导行为。

承继供应商的"主动预防"理论分析，当核心客户进行正向盈余管理时，供应商可能意识到这属于虚增利润行为，这意味着关系客户未来的经营业绩会发生反转。为防止核心客户利用买方市场及供应商对其的依赖性，转嫁其业绩压力，供应商会增加研发创新投入，以弱化对该关系客户的依赖性，提升自身议价能力。但是，当核心客户进行负向盈余管理时，供应商认为这种行为属于相对稳健的财务报告行为，其对供应商的不利影响相对有限，进而弱化了供应商出于预防动机的研发创新投入。鉴于此，关系客户盈余管理的方向对企业研发创新投入的影响显著性具有不对称性。然而，承继关系客户盈余管理的"误导"理论分析，则关系客户盈余管理方向（正向与负向）对供应商研发创新投入的影响显著性具有对称性，即关系客户正向盈余管理会提升供应商关系专有资产投资的收益感知，进而引导企业进行更多的研发创新投入，反之，关系客户负向盈余管理则会显著抑制企业研发创新投入。

基于上述分析，为考察关系客户不同盈余管理方向对于企业研发创新投入的影响，本书按照盈余管理指标 $CDA1_{it-1}$ 的符号进行分组回归，若 $CDA1_{it-1}$ 符号为正，表明关系客户进行正向的盈余管理，记为 $CDA1_{it-1}$（>0）；反之，则为负向盈余管理，记为 $CDA1_{it-1}$（<0），回归结果如表 6-10 Panel B 所示。列（1）显示，以 $RD1_{it}$ 作为被解释变量，$CDA1_{it-1}$（>0）的回归系数为 0.031，在 5% 水平上显著，而列（2）显示，$CDA1_{it-1}$（<0）的回归结果不显著。结果表明，相比于负向盈余管理，关系客户正向盈余管理对企业研发创新投入的影响更显著，即供应商会"主动预防"客户盈余管理行为。

（四）其他稳健性分析

其一，更换企业研发创新投入指标。为进一步增强研究结果的稳健性，本书以研发创新投入/总资产衡量研发创新投入（记为 $RD2_{it}$），再次对假说 6-1 至假说 6-5 进行检验，如表 6-11 所示，回归结果基本保持稳定。

表 6-11　　　　　　　　　假说 6-1 至假说 6-5 稳健性（1）检验结果

变量	更换被解释变量 Dep var：$RD2_{it}$								
	假说 6-1	假说 6-2		假说 6-3		假说 6-4		假说 6-5	
	(1)	(2) 高客户关系依赖度	(3) 低客户关系依赖度	(4) 客户关系稳定	(5) 客户关系不稳定	(6) 国有客户	(7) 非国有客户	(8) 远距离客户	(9) 近距离客户
$\lvert CDA1_{it-1}\rvert$	0.010** (2.21)	0.011 (1.62)	0.009 (1.51)	-0.004 (-0.51)	0.015*** (2.86)	0.015*** (2.69)	0.005 (0.64)	0.013** (2.37)	0.003 (0.26)
$\lvert SDA1_{it-1}\rvert$	-0.013*** (-3.90)	-0.016*** (-3.55)	-0.009* (-1.68)	-0.007 (-0.96)	-0.014*** (-3.71)	-0.012*** (-3.10)	-0.013** (-2.15)	-0.013*** (-3.39)	-0.010 (-1.13)
Roe_{it-1}	0.015*** (7.65)	0.012*** (4.30)	0.019*** (7.25)	0.015*** (4.88)	0.015*** (5.90)	0.015*** (6.76)	0.018*** (3.59)	0.016*** (7.02)	0.018*** (3.93)
Lev_{it-1}	0.001 (0.50)	0.002 (1.01)	-0.001 (-0.30)	-0.001 (-0.39)	0.002 (0.95)	-0.000 (-0.15)	0.004 (1.27)	0.001 (0.41)	0.002 (0.53)
$Cash_{it-1}$	-0.001 (-0.87)	-0.003 (-1.25)	0.000 (0.13)	-0.008*** (-2.82)	0.002 (1.02)	-0.004* (-1.76)	0.005 (1.57)	-0.002 (-0.98)	0.001 (0.23)
$Receiv_{it-1}$	0.002*** (2.86)	0.003** (2.11)	0.002* (1.76)	0.003* (1.85)	0.002** (2.46)	0.002** (2.34)	0.004** (2.55)	0.003*** (2.98)	0.001 (0.54)
Adm_{it-1}	0.009** (2.22)	0.006 (1.09)	0.017*** (2.97)	0.008 (1.12)	0.009* (1.85)	0.009* (1.69)	0.008 (1.11)	0.006 (1.45)	0.026** (2.47)
TQ_{it-1}	-0.000* (-1.65)	-0.001** (-2.40)	-0.000 (-0.02)	-0.000 (-1.63)	-0.000 (-0.56)	-0.000 (-1.65)	-0.000 (-0.90)	-0.000* (-1.77)	0.000 (0.00)
$Labedu_{it-1}$	0.021*** (13.29)	0.021*** (9.84)	0.021*** (8.89)	0.019*** (6.39)	0.022*** (11.32)	0.021*** (10.83)	0.023*** (7.89)	0.019*** (10.03)	0.027*** (8.65)
$Top1_{it-1}$	0.006*** (3.83)	0.006*** (2.88)	0.005** (2.47)	0.009*** (3.16)	0.004** (2.38)	0.007*** (3.95)	0.002 (0.72)	0.004** (2.56)	0.010*** (2.83)
HHI_{it-1}	-0.007*** (-3.93)	-0.010*** (-3.80)	-0.002 (-0.78)	-0.009*** (-2.69)	-0.006*** (-2.81)	-0.005** (-2.55)	-0.017*** (-3.65)	-0.008*** (-3.76)	-0.008* (-1.77)
$lnasset_{it-1}$	-0.002*** (-6.40)	-0.002*** (-6.22)	-0.001*** (-2.58)	-0.001** (-2.49)	-0.002*** (-6.26)	-0.001*** (-4.50)	-0.003*** (-4.86)	-0.002*** (-6.24)	-0.001** (-2.15)
$Clnage_{it-1}$	0.001** (2.46)	0.001* (1.93)	0.001 (1.62)	0.002** (2.31)	0.001 (1.38)	0.003*** (4.38)	-0.001 (-0.74)	0.002*** (2.96)	-0.001 (-1.01)

续表

变量	假说 6-1	假说 6-2		假说 6-3		假说 6-4		假说 6-5	
		(2) 高客户关系依赖度	(3) 低客户关系依赖度	(4) 客户关系稳定	(5) 客户关系不稳定	(6) 国有客户	(7) 非国有客户	(8) 远距离客户	(9) 近距离客户
	(1)								
$CRoe_{it-1}$	0.007*** (4.05)	0.006*** (2.66)	0.007*** (3.01)	0.008*** (2.69)	0.005*** (2.69)	0.009*** (4.42)	-0.001 (-0.18)	0.009*** (4.74)	-0.002 (-0.48)
$CLev_{it-1}$	-0.001 (-0.49)	-0.002 (-1.07)	0.001 (0.44)	0.002 (0.64)	-0.002 (-1.20)	-0.000 (-0.12)	-0.004 (-1.40)	-0.002 (-0.98)	0.001 (0.40)
$Clnasset_{it-1}$	0.000 (0.88)	0.000 (1.08)	0.000 (0.23)	0.000 (0.66)	0.000 (0.58)	0.000 (0.25)	0.002*** (4.49)	-0.000 (-0.81)	0.001*** (3.15)
_cons	0.012* (1.82)	0.024** (2.44)	-0.003 (-0.31)	0.006 (0.50)	0.019*** (2.60)	0.004 (0.51)	0.004 (0.26)	0.020** (2.56)	-0.018 (-1.44)
Industry	控制	控制	控制	控制	控制	控制	控制	控制	控制
Year	控制	控制	控制	控制	控制	控制	控制	控制	控制
N	4070	2049	2016	1374	2696	2961	1108	3127	943
adj. R-sq	0.264	0.251	0.279	0.202	0.299	0.267	0.274	0.255	0.310

表头：更换被解释变量 Dep var：$RD2_{it}$

注：表中括号内为 t 值，***、** 和 * 分别表示在 1%、5% 及 10% 水平下显著。

其二，控制关系客户与企业是否同一行业。同行业的利润通常具有可预期性，关系客户盈余管理对企业研发创新投入的影响可能受到关系客户与企业是否同一行业的影响，本书借鉴彭旋等（2018）的做法，控制关系客户与企业是否同一行业（$Csind_{it-1}$），回归结果如表 6-12 所示，与前文结论基本一致。

表 6-12　　　　假说 6-1 至假说 6-5 稳健性（2）检验结果

变量	假说 6-1	假说 6-2		假说 6-3		假说 6-4		假说 6-5	
		(2) 高客户关系依赖度	(3) 低客户关系依赖度	(4) 客户关系稳定	(5) 客户关系不稳定	(6) 国有客户	(7) 非国有客户	(8) 远距离客户	(9) 近距离客户
	(1)								
$|CDA1_{it-1}|$	0.021** (2.43)	0.025* (1.81)	0.014 (1.49)	-0.007 (-0.58)	0.032*** (2.99)	0.024** (2.32)	0.019 (1.23)	0.024** (2.30)	-0.008 (-0.47)

表头：控制关系客户与企业是否同一行业 Dep var：$RD1_{it}$

续表

| 变量 | 控制关系客户与企业是否同一行业 Dep var：RD1$_{it}$ | | | | | | | | |
| | 假说 6 - 1 | 假说 6 - 2 | | 假说 6 - 3 | | 假说 6 - 4 | | 假说 6 - 5 | |
	(1)	(2) 高客户关系依赖度	(3) 低客户关系依赖度	(4) 客户关系稳定	(5) 客户关系不稳定	(6) 国有客户	(7) 非国有客户	(8) 远距离客户	(9) 近距离客户
$\|SDA1_{it-1}\|$	- 0.025 *** (- 3.50)	- 0.031 *** (- 3.12)	- 0.014 (- 1.45)	- 0.044 *** (- 3.36)	- 0.018 ** (- 2.24)	- 0.024 *** (- 2.58)	- 0.027 ** (- 2.33)	- 0.027 *** (- 3.32)	- 0.001 (- 0.04)
$Csind_{it-1}$	0.002 * (1.76)	0.002 * (1.65)	0.001 (1.11)	0.001 (0.44)	0.002 * (1.79)	0.001 (0.74)	0.003 (1.56)	0.002 * (1.66)	0.002 (1.22)
Roe_{it-1}	0.016 *** (3.46)	0.013 * (1.90)	0.021 *** (4.35)	0.010 * (1.80)	0.019 *** (2.94)	0.012 ** (2.34)	0.031 *** (2.76)	0.018 *** (3.23)	0.010 (1.07)
Lev_{it-1}	- 0.022 *** (- 6.73)	- 0.023 *** (- 4.67)	- 0.018 *** (- 4.67)	- 0.023 *** (- 5.06)	- 0.021 *** (- 4.92)	- 0.020 *** (- 5.23)	- 0.028 *** (- 4.29)	- 0.022 *** (- 5.83)	- 0.021 *** (- 3.16)
$Cash_{it-1}$	0.016 *** (4.06)	0.008 (1.35)	0.026 *** (4.92)	0.007 (1.09)	0.020 *** (3.95)	0.016 *** (3.45)	0.019 ** (2.31)	0.015 *** (3.19)	0.026 *** (3.30)
$Receiv_{it-1}$	0.023 *** (10.69)	0.021 *** (6.93)	0.024 *** (8.38)	0.024 *** (7.25)	0.022 *** (8.36)	0.023 *** (9.78)	0.026 *** (5.43)	0.021 *** (8.93)	0.029 *** (6.31)
Adm_{it-1}	0.151 *** (10.72)	0.133 *** (7.48)	0.195 *** (10.12)	0.134 *** (6.83)	0.162 *** (8.65)	0.147 *** (8.01)	0.156 *** (6.94)	0.151 *** (9.58)	0.157 *** (4.93)
TQ_{it-1}	- 0.002 *** (- 4.51)	- 0.003 *** (- 3.87)	- 0.001 ** (- 2.24)	- 0.001 ** (- 2.33)	- 0.002 *** (- 3.42)	- 0.002 *** (- 3.10)	- 0.003 *** (- 3.63)	- 0.002 *** (- 3.67)	- 0.002 ** (- 2.16)
$Labedu_{it-1}$	0.049 *** (15.03)	0.059 *** (11.73)	0.039 *** (9.67)	0.046 *** (8.34)	0.049 *** (12.05)	0.047 *** (12.52)	0.054 *** (8.05)	0.047 *** (12.80)	0.051 *** (7.36)
$Top1_{it-1}$	0.003 (1.21)	0.004 (1.05)	0.002 (0.58)	0.006 (1.39)	0.002 (0.70)	0.002 (0.61)	0.008 (1.29)	0.002 (0.83)	0.003 (0.56)
HHI_{it-1}	- 0.007 (- 1.34)	- 0.012 * (- 1.72)	0.006 (0.79)	- 0.008 (- 1.16)	- 0.005 (- 0.66)	- 0.012 ** (- 2.53)	0.002 (0.13)	- 0.005 (- 0.86)	- 0.019 ** (- 2.23)
$lnasset_{it-1}$	0.000 (0.74)	- 0.001 (- 1.38)	0.002 *** (2.85)	0.001 (0.88)	0.000 (0.59)	0.001 (0.99)	0.000 (0.10)	0.000 (0.34)	0.002 (1.60)
$Clnage_{it-1}$	- 0.000 (- 0.37)	- 0.000 (- 0.27)	- 0.000 (- 0.43)	0.001 (0.79)	- 0.001 (- 0.79)	0.002 (1.50)	- 0.003 (- 1.64)	0.000 (0.34)	- 0.004 ** (- 2.03)

续表

变量	控制关系客户与企业是否同一行业 Dep var: $RD1_{it}$								
	假说6-1	假说6-2		假说6-3		假说6-4		假说6-5	
	(1)	(2) 高客户关系依赖度	(3) 低客户关系依赖度	(4) 客户关系稳定	(5) 客户关系不稳定	(6) 国有客户	(7) 非国有客户	(8) 远距离客户	(9) 近距离客户
$CRoe_{it-1}$	0.007 ** (2.05)	0.008 (1.61)	0.007 (1.52)	0.011 ** (2.15)	0.004 (1.03)	0.010 ** (2.53)	− 0.004 (− 0.58)	0.007 * (1.89)	0.005 (0.54)
$CLev_{it-1}$	− 0.000 (− 0.17)	− 0.002 (− 0.44)	0.002 (0.48)	0.003 (0.74)	− 0.003 (− 0.79)	0.001 (0.27)	− 0.002 (− 0.33)	− 0.004 (− 1.14)	0.006 (1.05)
$Clnasset_{it-1}$	− 0.000 (− 0.56)	0.000 (0.14)	− 0.000 (− 0.69)	− 0.000 (− 0.51)	− 0.000 (− 0.03)	− 0.000 (− 0.49)	0.001 (1.42)	− 0.001 * (− 1.94)	0.001 (1.10)
_cons	− 0.021 (− 1.52)	0.005 (0.21)	− 0.054 *** (− 3.03)	− 0.031 (− 1.21)	− 0.023 (− 1.34)	− 0.027 (− 1.45)	− 0.034 (− 1.16)	− 0.014 (− 0.78)	− 0.055 ** (− 2.45)
Industry	控制	控制	控制	控制	控制	控制	控制	控制	控制
Year	控制	控制	控制	控制	控制	控制	控制	控制	控制
N	4070	2049	2016	1374	2696	2961	1108	3127	943
adj. R − sq	0.494	0.463	0.541	0.468	0.506	0.486	0.519	0.489	0.529

注：表中括号内为 t 值，*** 、** 和 * 分别表示在1%、5%及10%水平下显著。

第二节　关系客户股权集中度特征
与企业研发创新投入

在中国现行制度环境下，上市公司普遍存在着一股独大的现象，公司治理问题普遍表现为控股股东与中小股东间的代理问题（Berle et al.，1932），控股股东代理问题引发上市公司危机事件时有发生，近期为人熟知的便是乐视网（300104）[①]。乐视网支付危机事件直接影响到整个手机产业链的稳定性，引发了

---

　　① 作为乐视网（300104）的大股东，贾跃亭一方面通过其控制的乐视体系内关联企业，以关联交易方式形成上市公司高额的应收账款，另一方面一直未履行其借款承诺进而引发上市公司现金流短缺，使得上市公司面临着严重的债务违约与诉讼风险，经营业务上面临着极大的不确定性。乐视网大股东的这种代理行为使得上市公司的企业面临着严重的损失。其中，毅昌科技（002420）2017 年不仅计提坏账准备金额2.07 亿元，还计提了存货跌价准备4296.5 万元。

华为向其供应商询问乐视欠款的这一举动。可见，控股股东代理问题不仅侵害内部中小股东的利益，同时还使得供应商等外部利益相关者遭受损失，更有甚者影响整个产业链。在产业链中，供应链上下游企业作为各自契约集合中的缔约者，其投入的专用资产具有价值性、稀缺性、不可模仿性等特征，对提升整个供应链的运行效率与价值增值，促进基于全产业链的整体创新与协同发展具有重要的意义。但是，资产专有属性程度越高，则资产的可转移性越低，交易主体所承担的沉没成本越高。一旦契约终止或离开其特定交易关系，专有资产价值将会遭受巨大的贬损（威廉姆森，1979）。由于双方交易契约的不完备性，一方供应链专用资产的投入更易面临另一方机会主义行为的侵害，包括一方控股股东代理问题引发的机会主义行为。本书尝试考察关系客户控股股东代理问题对供应商关系专用资产投入的影响，推进对控股股东代理问题影响产业链协同发展的理解，同时为治理交易主体控股股东机会主义行为提供理论与经验证据。股权结构决定着公司内部权力归属，是企业层面治理问题的逻辑起点。在股权分散情形下，公司所有权与经营权分离引发了股东与管理层之间的第一重代理问题；而在股权高度集中时，大股东的存在会抑制管理层的第一重代理问题，却导致大股东与中小股东之间的第二重代理问题。针对中国上市公司普遍存在的股权较为集中现象，本书的问题便具化为：关系客户股权高度集中究竟会对供应商的关系专有资产投入产生怎样的影响？

一、理论分析与假说提出

股权集中度反映了公司股权结构，决定着公司内部权力归属，进而影响公司第一类代理问题（即股东与管理层间的代理问题）与第二类代理问题（大股东与中小股东间的代理问题），从而影响供应商感知的关系专有资产投资风险。一方面，高股权集中度意味着公司存在着持股比率较高的大股东。大股东由于持有更高的股份比例，其更有意愿与能力去监督与干预管理层，进而抑制股东与管理层之间的代理问题，抑制管理层的机会主义行为（Fan et al.，2002），有利于公司绩效与价值的提升，即股权集中带来的"监督效应"（王化成等，2015）。但另一方面，高股权集中度下，大股东的存在虽然抑制了第一类代理问题，但同时会引发大股东与中小股东间的第二类代理问题。随着上市公司股权集中度的上升，大股东可能会为了自身的私利，利用高持股比例赋予的手中控制权以及资源支配权，通过关联方交易、集团内并购等方式对上市公司进行"掏空"（Johnson et al.，2000），造成上市公司经营业绩低下，即股权集中的"掏空效应"（王化成等，2015）。但需注意的是，随着股权集中度的上升（尤其当大股东持股比例超过50%），大股东对上市公司的"掏空效应"会被弱化，逐步转为"利益趋同效应"，表现为股权集中度对公司经营业绩的正向影响，进而使得股权集中度与上市公司绩效与价值间呈现"U"形关系，即股权集中的"利益趋同效应"。简言之，随着股权集中度上升，"掏空效应"与"利益趋同效应"均可能存在。

综上，基于股权集中度上升引发的"监督效应"与"利益趋同效应"，客户股权集中度会有助于提升公司经营业绩与价值，降低供应商关系专有资产投资感知的风险，进而使得供应商增加关系专有资产投入；基于股权集中度上升引发的"掏空效应"，关系客户股权集中度会损害公司经营业绩与价值，提高供应商关系专有资产投资感知的风险，使得供应商减少关系专有资产投入。为此，提出以下假说：

假说6-6a：基于股权集中带来的"监督效应"与"利益趋同效应"，关系客户股权集中度与供应商关系专有资产投资呈现正相关关系；

假说6-6b：基于股权集中引发的"掏空效应"，关系客户股权集中度与供应商关系专有资产投资呈现负相关关系。

二、研究设计

（一）数据来源与样本选取

首先，以2008~2017年沪深股市非金融类A股上市公司为总样本，手工收集了披露前5大客户销售占比的9658个公司年度样本，其中，4937个公司年度样本详细披露其前5大客户名称信息。其次，利用企查查、天眼查和水滴信用等网站查找前5大客户企业的全称及其上市属性。当客户企业属于上市公司，或者其母公司属于上市公司时，便确定该公司为上市公司，并获取公司上市代码。最后，通过Wind数据库，获得上市客户股权结构数据，进行供应商与客户之间的数据配对。借鉴赫茨尔等（2008）、科拉伊等（2016）和奥利韦拉（Oliveira，2017）、彭旋等（2018）的处理方式，将供应商与各核心上市公司客户一一配对，初步获得3792个供应商上市公司与4937个上市公司客户的配对。基于该配对，进一步剔除相关财务数据缺失值样本，最后获得2248个供应商上市公司与3671个上市公司客户的配对，即最终样本量为3671个。

（二）模型设计

借鉴现有研究，构建了下述模型（6-2）进行竞争性假说的实证检验：

$$RSI_{it} = \beta_0 + \beta_1 Cshaherf_{it-1}(或\ CTop1_{it-1}) + \beta_{2-19} Controls$$
$$+ \sum Industry + \sum Year + \varepsilon_i \tag{6-2}$$

（三）变量计量

关系专有资产投入水平的操作性计量——RSI_{it}。研发密集型行业中，企业往往更需要专有的原料投入，这意味着其供应商需要进行一定的交易专有资产投入。同时，研发活动通常需要上下游企业间紧密合作，这要求双方企业必须进行一定关系专有资产投入。另外，研发活动契约具有不完整性，一方研发创新投入可能会超越契约拟定的范围空间使另一方受益，进而引发双方间的交易摩擦。这些表明，企业研发创新投入强度可以捕捉上下游企业的关系专有资产投入水平（Kale et al.，2007，2015；Raman et al.，2008；Minnick et al.，2017）。因此，本书以费用化研发创新投入强度（标识为 RSI_{it}）进行关系专有资产投入水平的计量①。

对于客户股权集中度，以客户前5大股东持股比例的赫芬达尔指数（记为 $Cshaherf_{it-1}$）与第1大股东持股比例（$CTop1_{it-1}$）进行计量。

为了控制供应商与客户基本面特征的影响，模型中还加入相应的控制变量。其中，供应商基本面特征变量包括 Lev_{it-1}（供应商资本结构，总负债/同期总资产）、$Salegrow_{it-1}$（供应商营业收入增长率，当期营业收入相比上期的变化率）、Roe_{it-1}（供应商获利能力，当期净资产收益率）、$Cash_{it-1}$（供应商现金持有量，（现金+可交易性金融资产）/同期总资产）、OCF_{it-1}（供应商经营性净现金流，经营性净现金流量/同期总资产）、MB_{it-1}（供应商权益市账比，期末净资产市值/同期净资产账面价值）、$Expsale_{it-1}$（供应商营销支出，销售费用/其同期营业收入）、$Rsubsidy_{it-1}$（供应商政府补贴，非经常损益中的政府补助与其同期营业收入之比）、$lnage_{it-1}$（供应商IPO年限，ln（IPO至当期年数+1））、$Herfsale_{it-1}$（供应商多元化经营程度，前5个行业营业收入占比的赫芬达尔指数）、$lnasset_{it-1}$（供应商公司资产规模，ln（当期总资产））、$Top1_{it-1}$（供应商第1大股东持股，第1大股东持股数量/总股本）、$Intrade_{it-1}$（供应商关联方销售收入占比，关联方销售收入金额与其同期营业收入之比）与 $State_{it-1}$（供应商国有产权性质，国有控股企业赋值为1，否则为0）；客户基本面特征变量（定义同上）包括 $CSalegrow_{it-1}$（客

---

① 现实中，供应商的关系专有资产投入是针对每一个特定客户，但局限于上市公司财务报告披露的数据，该研究无法区分供应商对于每个特定客户的关系专有资产投入水平，只能基于汇总的专有资产投入数据对供应商关系专有资产投入加以计量，这是本书的局限所在。当然，该问题在现有的主流文献中较为普遍（Kale et al.，2007，2015；Raman et al.，2008；Minnick et al.，2017）。

户营业收入增长率）、$CRoe_{it-1}$（客户获利能力）、$Clnasset_{it-1}$（客户公司资产规模）与 $CState_{it-1}$（客户国有产权性质）。

三、实证结果与分析

（一）描述性统计分析

表 6-13 列示了检验模型相关变量的描述性统计分析结果。结果显示，企业关系专有资产投入 RSI_{it} 为 0.037。同时，反映关系客户股权结构的计量指标股权集中度 $Cshaherf_{it-1}$ 与第一大股东持股比例 $CTop1_{it-1}$ 分别为 0.259 和 0.446，处于绝对控股（第一大股东持股比例 ≥ 0.500）的样本为 1427 个，总体上反映中国上市公司股权结构较为集中。相比，企业第一大股东持股比例 $Top1_{it-1}$ 均值为 0.354，显著低于其关系客户。另外，企业对关系客户的销售收入依赖程度变量 $Rsaledep_{it-1}$ 均值为 0.076，表明了关系客户对于企业的重要性。通过关系客户基本特征的描述性统计还可看出，相比企业，关系客户企业盈利水平更高，资产规模更大，更多属于国有控股企业，但销售收入增长率相对偏低。

表 6-13   描述性统计

变量	N	mean	p50	sd	min	max
RSI_{it}	3671	0.037	0.032	0.036	0.000	0.226
$Cshaherf_{it-1}$	3671	0.259	0.204	0.186	0.014	0.794
$CTop1_{it-1}$	3671	0.446	0.431	0.192	0.088	0.889
$Rsaledep_{it-1}$	3651	0.076	0.046	0.095	0.000	0.985
Lev_{it-1}	3671	0.409	0.397	0.215	0.051	1.033
$Salegrow_{it-1}$	3671	0.142	0.108	0.309	-0.612	2.395
Roe_{it-1}	3671	0.069	0.074	0.115	-0.501	0.635
$Cash_{it-1}$	3671	0.220	0.165	0.164	0.009	0.762
OCF_{it-1}	3671	0.032	0.033	0.065	-0.209	0.356
MB_{it-1}	3671	4.138	3.062	3.968	-1.707	30.582
$Expsale_{it-1}$	3671	0.077	0.045	0.091	0.001	0.429
$Govsub_{it-1}$	3671	0.012	0.006	0.019	0.000	0.105

续表

变量	N	mean	p50	sd	min	max
$lnage_{it-1}$	3671	1.764	1.946	0.956	0.000	3.219
$Herfsale_{it-1}$	3671	0.731	0.875	0.305	0.000	1.080
$lnasset_{it-1}$	3671	21.791	21.611	1.209	18.220	26.524
$Top1_{it-1}$	3671	0.354	0.333	0.150	0.088	0.875
$Intrade_{it-1}$	3671	0.046	0.000	0.107	0.000	0.511
$State_{it-1}$	3671	0.379	0.000	0.485	0.000	1.000
$CSalegrow_{it-1}$	3660	0.130	0.112	0.258	-0.612	2.395
$CRoe_{it-1}$	3665	0.107	0.103	0.120	-0.501	0.635
$Clnasset_{it-1}$	3671	23.828	23.710	1.857	18.220	26.524
$CState_{it-1}$	3545	0.745	1.000	0.436	0.000	1.000

注：$Rsaledep_{it-1}$ 样本减少是因为部分企业以汇总方式披露其核心客户信息。

表 6-14 列示了相关变量的 Pearson 相关系数。反映关系客户股权结构特征的股权集中度 $Cshaherf_{it-1}$ 与第一大股东持股比例 $CTop1_{it-1}$ 相关系数为 0.966，说明两者具有高度的一致性。同时，这两者与企业关系专有资产投入 RSI_{it} 相关系数分别为 -0.058 和 -0.053，且在 1% 水平下显著为正，表明未控制其他因素影响时，关系客户股权集中度与供应商下游企业关系专有资产投入存在负相关关系，符合假说 6-6b 的预期，即支持高股权集中的"掏空效应"预期。

（二）假说多元回归检验

假说 6-6 多元回归检验结果如表 6-15 所示。回归（1）以股权集中度 $Cshaherf_{it-1}$ 作为解释变量，仅控制了供应商截面特征，显示 $Cshaherf_{it-1}$ 回归系数为 -0.007，在 1% 水平下显著为负。回归（2）加入了反映客户基本面因素后，$Cshaherf_{it-1}$ 回归系数为 -0.012，更为显著。在回归（3）与回归（4）中，以第 1 大股东持股比例 $CTop1_{it-1}$ 作为解释变量进行敏感性分析，回归结果完全一致。综上，在控制供应商与客户基本面因素后，关系客户股权集中度与供应商关系专有资产之间呈现显著的负相关关系，表明高关系客户股权集中度会抑制供应商的关系专有资产投入，支持了假说 6-6b，即股权集中度的"掏空效应"假说。

表6-14　主要变量之间的 Pearson 相关系数

变量	RSI_{it}	$Cshaherf_{it-1}$	$CTop1_{it-1}$	Lev_{it-1}	$Salegrow_{it-1}$	Roe_{it-1}	$Cash_{it-1}$	OCF_{it-1}	MB_{it-1}	$Expsale_{it-1}$	$Rsubsidy_{it-1}$
$Cshaherf_{it-1}$	-0.058***										
$CTop1_{it-1}$	-0.053***	0.966***									
Lev_{it-1}	-0.407***	0.022	0.031								
$Salegrow_{it-1}$	0.018	-0.042	-0.040	-0.017							
Roe_{it-1}	0.070***	-0.034	-0.041	-0.240***	0.328***						
$Cash_{it-1}$	0.322***	-0.032	-0.037	-0.566***	0.055***	0.213***					
OCF_{it-1}	-0.002	-0.000	-0.011	-0.107***	0.010	0.251***	0.074***				
MB_{it-1}	0.119***	-0.037	-0.037	0.048***	0.075***	-0.069***	-0.002	-0.036			
$Expsale_{it-1}$	0.162***	-0.131***	-0.135***	-0.269***	0.017	0.101***	0.132***	0.105***	0.121***		
$Rsubsidy_{it-1}$	0.429***	-0.027	-0.035	-0.195***	-0.065***	-0.024	0.167***	-0.045***	0.128***	0.117***	
$Lnage_{it-1}$	-0.342***	-0.008	-0.004	0.557***	-0.128***	-0.268***	-0.558***	0.078***	0.028	-0.038	-0.146***

注：***、**、*分别表示在1%、5%和10%的水平下显著。

表 6 – 15   假说 6 – 6 多元回归结果

变量	Depent variable = RSI_{it}			
	回归（1）	回归（2）	回归（3）	回归（4）
$Cshaherf_{it-1}$	– 0. 007 *** （– 2. 75）	– 0. 012 *** （– 3. 66）		
$CTop1_{it-1}$			– 0. 005 ** （– 2. 23）	– 0. 008 *** （– 2. 68）
Lev_{it-1}	– 0. 029 *** （– 7. 58）	– 0. 030 *** （– 7. 61）	– 0. 029 *** （– 7. 55）	– 0. 030 *** （– 7. 54）
$Salegrow_{it-1}$	0. 002 （1. 20）	0. 002 （1. 07）	0. 002 （1. 21）	0. 002 （1. 07）
Roe_{it-1}	– 0. 000 （– 0. 01）	– 0. 001 （– 0. 24）	– 0. 000 （– 0. 01）	– 0. 001 （– 0. 22）
$Cash_{it-1}$	0. 019 *** （3. 70）	0. 018 *** （3. 46）	0. 019 *** （3. 72）	0. 018 *** （3. 48）
OCF_{it-1}	– 0. 003 （– 0. 33）	0. 003 （0. 35）	– 0. 003 （– 0. 36）	0. 002 （0. 29）
MB_{it-1}	0. 000 ** （2. 13）	0. 000 ** （2. 19）	0. 000 ** （2. 12）	0. 000 ** （2. 15）
$Expsale_{it-1}$	0. 020 *** （3. 05）	0. 022 *** （3. 34）	0. 020 *** （3. 09）	0. 022 *** （3. 35）
$Rsubsidy_{it-1}$	0. 600 *** （11. 49）	0. 604 *** （11. 40）	0. 599 *** （11. 47）	0. 602 *** （11. 36）
$lnage_{it-1}$	– 0. 006 *** （– 7. 43）	– 0. 006 *** （– 7. 22）	– 0. 006 *** （– 7. 41）	– 0. 006 *** （– 7. 23）
$Herfsale_{it-1}$	– 0. 004 ** （– 2. 25）	– 0. 004 ** （– 2. 52）	– 0. 004 ** （– 2. 22）	– 0. 004 ** （– 2. 46）
$lnasset_{it-1}$	– 0. 000 （– 0. 01）	0. 000 （0. 14）	– 0. 000 （– 0. 04）	0. 000 （0. 12）
$Top1_{it-1}$	– 0. 004 （– 1. 24）	– 0. 003 （– 0. 92）	– 0. 004 （– 1. 21）	– 0. 003 （– 0. 92）

续表

变量	Depent variable = RSI_{it}			
	回归（1）	回归（2）	回归（3）	回归（4）
$Intrade_{it-1}$	0.013 *** (2.71)	0.013 *** (2.75)	0.013 *** (2.66)	0.013 *** (2.66)
$State_{it-1}$	0.002 (1.39)	0.001 (0.89)	0.002 (1.37)	0.001 (0.86)
$CSalegrow_{it-1}$		0.001 (0.27)		0.001 (0.28)
$CRoe_{it-1}$		−0.003 (−0.56)		−0.002 (−0.51)
$Clnasset_{it-1}$		0.001 *** (2.88)		0.001 ** (2.29)
$CState_{it-1}$		−0.000 (−0.36)		−0.000 (−0.34)
_cons	−0.010 (−0.55)	−0.046 *** (−2.71)	−0.009 (−0.50)	−0.040 ** (−2.40)
年度/行业	控制	控制	控制	控制
N	3671	3539	3671	3539
adj. R − sq	0.386	0.385	0.386	0.384

注：表中括号内为 t 值，*** 、** 分别表示在 1%、5% 水平下显著。所有回归系数的标准误在企业层面上进行了 Cluster 处理。

（三）稳健性检验

1. 内生性检验（1）：工具变量

尽管多元回归模型中的解释变量采用滞后一期的设定，以弱化内生性对实证结论的影响，但为确保结论的稳健，借鉴已有研究（王化成等，2015），采用关系客户公司对应的同年度同行业与同年度同地区其他公司的股权集中度与第 1 大股东持股比例的均值，分别作为 $Cshaherf_{it-1}$ 和 $CTop1_{it-1}$ 的工具变量，进行内生性检验。由表 6 − 16 可知，在控制内生性问题后，$Cshaherf_{it-1}$ 和 $CTop1_{it-1}$ 的回归系数依然在 1% 水平下显著为负，继续支持假说 6 − 6b。另外，Cragg − Donald Wald F 统计值分别达到了 473.42 和 397.77，拒绝存在弱工具变量的假设，表明工具变量符合相关性要求；同时，Hansen J 均在 10% 水平内不显著，不能拒绝工具变量外生的原假设，表明工具变量符合外生性要求。

表 6 - 16　　　　　　　　　内生性检验（1）多元回归结果

变量	Panel A		Panel B	
	（1）$Cshaherf_{it}$	（2）RSI_{it}	（3）$CTop1_{it}$	（4）RSI_{it}
	$1^{st} stage$	$2^{st} stage$	$1^{st} stage$	$2^{st} stage$
$IndCshaherf_{it-1}$	1.278 *** (29.91)			
$ProvinCshaherf_{it-1}$	0.684 *** (7.81)			
$IndCTop1_{it-1}$			1.167 *** (28.80)	
$ProvinCTop1_{it-1}$			0.495 *** (5.44)	
$Cshaherf_{it-1}$		-0.022 *** (-3.17)		
$CTop1_{it-1}$				-0.029 *** (-4.07)
Lev_{it-1}	-0.045 *** (-2.69)	-0.031 *** (-7.81)	-0.036 * (-1.91)	-0.031 *** (-7.85)
$Salegrow_{it-1}$	0.004 (0.51)	0.002 (1.07)	0.005 (0.59)	0.002 (1.08)
Roe_{it-1}	-0.001 (-0.05)	-0.001 (-0.28)	-0.003 (-0.12)	-0.002 (-0.33)
$Cash_{it-1}$	-0.017 (-0.92)	0.018 *** (3.42)	-0.022 (-1.12)	0.017 *** (3.33)
OCF_{it-1}	0.028 (0.74)	0.004 (0.45)	0.007 (0.17)	0.004 (0.43)
MB_{it-1}	0.001 (0.74)	0.000 ** (2.26)	0.000 (0.00)	0.000 ** (2.25)

续表

变量	Panel A		Panel B	
	(1) $Cshaherf_{it}$	(2) RSI_{it}	(3) $CTop1_{it}$	(4) RSI_{it}
	$1^{st} stage$	$2^{st} stage$	$1^{st} stage$	$2^{st} stage$
$Expsale_{it-1}$	0.034 (1.47)	0.021 *** (3.24)	−0.005 (−0.19)	0.020 *** (3.07)
$Rsubsidy_{it-1}$	0.029 (0.23)	0.605 *** (11.55)	−0.017 (−0.12)	0.604 *** (11.55)
$lnage_{it-1}$	0.002 (0.60)	−0.006 *** (−7.25)	0.001 (0.28)	−0.006 *** (−7.24)
$Herfsale_{it-1}$	−0.021 *** (−2.85)	−0.005 *** (−2.68)	−0.017 ** (−2.15)	−0.005 *** (−2.75)
$lnasset_{it-1}$	−0.003 (−0.87)	0.000 (0.16)	−0.005 (−1.64)	0.000 (0.12)
$Top1_{it-1}$	0.050 *** (3.02)	−0.003 (−0.79)	0.071 *** (3.99)	−0.002 (−0.53)
$Intrade_{it-1}$	0.059 *** (2.60)	0.013 *** (2.75)	0.073 *** (3.04)	0.014 *** (2.91)
$State_{it-1}$	0.001 (0.11)	0.001 (0.92)	−0.005 (−0.68)	0.001 (0.87)
$CSalegrow_{it-1}$	0.009 (0.97)	0.001 (0.25)	0.013 (1.14)	0.001 (0.24)
$CRoe_{it-1}$	−0.055 ** (−2.44)	−0.003 (−0.70)	−0.048 * (−1.92)	−0.004 (−0.79)
$Clnasset_{it-1}$	0.031 *** (22.20)	0.002 *** (3.18)	0.022 *** (13.83)	0.002 *** (3.66)
$CState_{it-1}$	0.069 *** (14.00)	0.000 (0.27)	0.105 *** (17.63)	0.002 (1.34)
年度/行业	控制	控制	控制	控制
N	3539	3539	3539	3539

续表

变量	Panel A		Panel B	
	(1) $Cshaherf_{it}$	(2) RSI_{it}	(3) $CTop1_{it}$	(4) RSI_{it}
	$1^{st}\,stage$	$2^{st}\,stage$	$1^{st}\,stage$	$2^{st}\,stage$
$adj.\ R-sq$	0.488	0.275	0.438	0.267
$Cragg-Donald\ Wald\ F$（弱工具变量）	473.42 ***		397.77 ***	
$Hansen\ J$（p 值）		2.401 (0.121)		0.586 (0.444)

注：表中括号内为 t 值，***、** 和 * 分别表示在 1%、5% 及 10% 水平下显著。

2. 内生性检验（2）：基于倾向得分匹配法（PSM）的实证检验

关系客户股权集中度对供应商关系专有资产投入的影响可能是属于统计意义上的关系，而非由两者间交易关系所带来。为此，借鉴彭旋等（2018）的检验设计，采用倾向评分匹配法（PSM）进行检验。具体来说，依据匹配成功的供应商 S 与客户 C 形成的观测值样本，分别针对其中的供应商 S 和客户 C，以上市公司（供应商 S 或客户 C）是否存在匹配交易关系的哑变量作为被解释变量，以上市公司（供应商 S 或客户 C）的截面特征变量（即模型中的控制变量）以及年度与行业特征为解释变量，通过采用 PSM 进行 1∶1 近邻匹配，进而得到供应商 S（或客户 C）的匹配对象供应商 S*（或客户 C*），进而假定供应商 S* 与客户 C* 间存在模拟交易关系，并匹配形成控制组（对照组），而存在事实交易关系的供应商 S 与客户 C 匹配所形成的样本为处理组（观测组），最终获得 2915 个控制组样本与处理组样本。

如果关系客户股权集中度与供应商关系专有资产投入间的关系仅存在于处理组（观测组），而在模拟交易关系所形成的控制组（对照组）中不显著，则表明关系客户股权集中度对供应商关系专有资产的影响确实是基于两者间的交易关系所带来，而非统计意义上的关系。相应的实证回归结果如表 6 - 17 所示。无论是以 $Cshaherf_{it-1}$（Panel A）还是以 $CTop1_{it-1}$（Panel B）作为解释变量，以及是否加入客户截面特征变量，控制组（对照组）中的客户 $Cshaherf_{it-1}$（或 $CTop1_{it-1}$）回归系数均不显著（列（1）~（2）和列（5）~（6））。与此相比，处理组（观测组）中的 $Cshaherf_{it-1}$（或 $CTop1_{it-1}$）回归系数均显著为负（列（3）~（4）和列（7）~（8））。上述结果表明，关系客户股权集中度对供应商关系专有资产投入的影响并非统计意义上的相关，而是基于双方间的供应链关系。这种供应链关系会导致关系客户股权集中引发的控股股东代理问题，会对供应商产生不利的负向溢出效应，导致供应商降低关系专有资产的投入。

表 6 – 17　　　内生性检验（2）基于倾向得分匹配法（PSM）的多元回归结果

变量	Panel A				Panel B			
	控制组（对照组）		处理组（观测组）		控制组（对照组）		处理组（观测组）	
	(1)	(2)	(3)	(4)	(5)	(6)	(7)	(8)
$Cshaherf_{it-1}$	0.002 (0.53)	0.002 (0.48)	−0.007** (−2.21)	−0.012*** (−2.99)				
$CTop1_{it-1}$					0.001 (0.31)	0.001 (0.32)	−0.005* (−1.70)	−0.008** (−2.05)
Lev_{it-1}	−0.038*** (−9.28)	−0.038*** (−9.22)	−0.028*** (−6.47)	−0.028*** (−6.48)	−0.038*** (−9.28)	−0.038*** (−9.22)	−0.028*** (−6.43)	−0.028*** (−6.40)
$Salegrow_{it-1}$	−0.000 (−0.18)	−0.000 (−0.15)	0.003 (1.19)	0.003 (1.19)	−0.000 (−0.18)	−0.000 (−0.14)	0.003 (1.22)	0.003 (1.21)
Roe_{it-1}	−0.009 (−1.61)	−0.010 (−1.63)	−0.002 (−0.29)	−0.001 (−0.21)	−0.009 (−1.62)	−0.010 (−1.63)	−0.002 (−0.28)	−0.001 (−0.19)
$Cash_{it-1}$	0.024*** (4.70)	0.024*** (4.68)	0.017*** (2.93)	0.018*** (3.01)	0.024*** (4.70)	0.024*** (4.69)	0.017*** (2.95)	0.018*** (3.02)
OCF_{it-1}	−0.018* (−1.93)	−0.018* (−1.92)	−0.002 (−0.16)	−0.001 (−0.07)	−0.018* (−1.93)	−0.018* (−1.92)	−0.002 (−0.19)	−0.001 (−0.13)
MB_{it-1}	0.001*** (3.41)	0.001*** (3.38)	0.000* (1.69)	0.000* (1.77)	0.001*** (3.41)	0.001*** (3.38)	0.000* (1.67)	0.000* (1.72)
$Expsale_{it-1}$	0.043*** (4.65)	0.043*** (4.64)	0.024*** (3.21)	0.026*** (3.50)	0.043*** (4.66)	0.043*** (4.65)	0.025*** (3.26)	0.027*** (3.54)
$Rsubsidy_{it-1}$	0.670*** (11.02)	0.671*** (11.05)	0.611*** (10.68)	0.612*** (10.73)	0.670*** (11.02)	0.671*** (11.04)	0.611*** (10.67)	0.610*** (10.69)
$lnage_{it-1}$	−0.002** (−2.53)	−0.002*** (−2.58)	−0.008*** (−7.56)	−0.008*** (−7.40)	−0.002** (−2.52)	−0.002*** (−2.58)	−0.008*** (−7.55)	−0.008*** (−7.42)

续表

变量	Panel A				Panel B			
	控制组（对照组）		处理组（观测组）		控制组（对照组）		处理组（观测组）	
	(1)	(2)	(3)	(4)	(5)	(6)	(7)	(8)
$Herfsale_{it-1}$	0.001 (0.63)	0.001 (0.64)	−0.004* (−1.88)	−0.004* (−1.93)	0.001 (0.63)	0.001 (0.64)	−0.004* (−1.84)	−0.004* (−1.86)
$lnasset_{it-1}$	0.003*** (4.57)	0.003*** (4.61)	0.000 (0.43)	0.000 (0.33)	0.003*** (4.56)	0.003*** (4.61)	0.000 (0.40)	0.000 (0.30)
$Top1_{it-1}$	−0.014*** (−3.79)	−0.013*** (−3.72)	−0.007 (−1.59)	−0.006 (−1.42)	−0.014*** (−3.78)	−0.013*** (−3.72)	−0.007 (−1.59)	−0.006 (−1.46)
$Intrade_{it-1}$	−0.009* (−1.68)	−0.009* (−1.67)	0.014*** (2.61)	0.015*** (2.68)	−0.009* (−1.68)	−0.009* (−1.67)	0.014*** (2.62)	0.015*** (2.67)
$State_{it-1}$	−0.001 (−0.87)	−0.001 (−0.83)	0.002 (1.22)	0.002 (1.23)	−0.001 (−0.86)	−0.001 (−0.83)	0.002 (1.21)	0.002 (1.24)
$CSalegrow_{it-1}$		−0.003 (−1.53)		0.001 (0.53)		−0.003 (−1.53)		0.001 (0.56)
$CRoe_{it-1}$		0.004 (0.89)		−0.006 (−1.14)		0.004 (0.91)		−0.006 (−1.13)
$Clnasset_{it-1}$		0.000 (0.48)		0.001*** (2.82)		0.000 (0.53)		0.001** (2.29)
$CState_{it-1}$		−0.002 (−1.38)		−0.001 (−0.72)		−0.002 (−1.37)		−0.001 (−0.74)
_cons	−0.049*** (−2.81)	−0.053*** (−2.61)	−0.024 (−1.26)	−0.045** (−2.28)	−0.049*** (−2.81)	−0.054*** (−2.65)	−0.023 (−1.22)	−0.039** (−2.00)
年度/行业	控制	控制	控制	控制	控制	控制	控制	控制
N	2915	2915	2915	2915	2915	2915	2915	2915
adj. R−sq	0.383	0.383	0.382	0.383	0.383	0.383	0.382	0.382

注：表中括号内为 t 值，***、** 和 * 分别表示在 1%、5% 及 10% 水平下显著。

3. 关系专有资产投入替代变量

差异化产品或独特性产品往往意味着企业投入了较多的关系专有资产（Levy，

1985)，而这些产品销售时往往需要较多的营销广告费用（Titman et al.，1988；Hui et al.，2019）。为此，许等（Hui et al.，2019）和明尼克等（2017）以营销广告费用投入强度来捕捉企业关系专用资产投入水平。借鉴明尼克等（2017）研究设计，以企业销售费用除以同期总资产规模作为关系专有资产投入强度，进行稳健性检验，相应的回归结果如表 6 - 18 中 Panel A 所示。Panel B 列示了工具变量的 $2^{st}\ stage$ 回归检验，结果与前文结论完全一致。

表 6 - 18　　　　　　　　　　稳健性分析（3）多元回归结果

变量	Panel A			Panel B		
	(1)	(2)	(3)	(4)	(5) $2^{st}\ stage$	(6) $2^{st}\ stage$
$Cshaherf_{it-1}$	-0.007 *** (-3.40)	-0.007 ** (-2.26)			-0.020 *** (-3.46)	
$CTop1_{it-1}$			-0.007 *** (-3.19)	-0.007 ** (-2.05)		-0.023 *** (-3.93)
Lev_{it-1}	0.018 *** (4.19)	0.018 *** (4.16)	0.018 *** (4.21)	0.018 *** (4.18)	0.017 *** (3.91)	0.017 *** (3.91)
$Salegrow_{it-1}$	0.003 * (1.71)	0.003 (1.41)	0.003 * (1.71)	0.003 (1.41)	0.003 (1.41)	0.003 (1.42)
Roe_{it-1}	0.052 *** (8.49)	0.052 *** (8.19)	0.052 *** (8.48)	0.052 *** (8.19)	0.052 *** (8.18)	0.052 *** (8.12)
$Cash_{it-1}$	-0.009 ** (-2.20)	-0.009 ** (-1.99)	-0.009 ** (-2.20)	-0.009 ** (-2.00)	-0.009 ** (-2.11)	-0.009 ** (-2.16)
OCF_{it-1}	0.081 *** (8.28)	0.082 *** (8.02)	0.081 *** (8.27)	0.081 *** (8.01)	0.083 *** (8.16)	0.082 *** (8.14)
MB_{it-1}	0.001 *** (2.86)	0.001 *** (2.94)	0.001 *** (2.85)	0.001 *** (2.92)	0.001 *** (3.02)	0.001 *** (2.99)
$Expsale_{it-1}$	0.530 *** (40.37)	0.526 *** (38.95)	0.530 *** (40.37)	0.526 *** (38.95)	0.526 *** (39.16)	0.525 *** (39.13)
$Rsubsidy_{it-1}$	-0.348 *** (-9.52)	-0.357 *** (-9.33)	-0.349 *** (-9.54)	-0.357 *** (-9.35)	-0.355 *** (-9.30)	-0.356 *** (-9.30)
$lnage_{it-1}$	0.005 *** (6.49)	0.005 *** (6.02)	0.005 *** (6.49)	0.005 *** (6.01)	0.005 *** (6.06)	0.005 *** (6.03)

续表

变量	Panel A			Panel B		
	(1)	(2)	(3)	(4)	(5) $2^{st}stage$	(6) $2^{st}stage$
$Herfsale_{it-1}$	0.001 (0.69)	0.002 (0.99)	0.001 (0.70)	0.002 (1.01)	0.001 (0.78)	0.001 (0.75)
$lnasset_{it-1}$	-0.001** (-2.11)	-0.001* (-1.70)	-0.001** (-2.12)	-0.001* (-1.71)	-0.001* (-1.68)	-0.001* (-1.71)
$Top1_{it-1}$	0.004 (1.34)	0.005 (1.39)	0.005 (1.40)	0.005 (1.42)	0.005 (1.57)	0.006* (1.74)
$Intrade_{it-1}$	-0.012*** (-3.47)	-0.011*** (-3.11)	-0.011*** (-3.39)	-0.011*** (-3.08)	-0.010*** (-2.99)	-0.010*** (-2.82)
$State_{it-1}$	0.001 (0.66)	0.001 (0.67)	0.001 (0.66)	0.001 (0.65)	0.001 (0.70)	0.001 (0.66)
$CSalegrow_{it-1}$		0.002 (1.15)		0.002 (1.16)	0.002 (1.13)	0.002 (1.14)
$CRoe_{it-1}$		-0.000 (-0.05)		-0.000 (-0.04)	-0.001 (-0.20)	-0.001 (-0.23)
$Clnasset_{it-1}$		-0.000 (-0.12)		-0.000 (-0.38)	0.001 (1.36)	0.001 (1.33)
$CState_{it-1}$		-0.001 (-0.83)		-0.001 (-0.68)	-0.000 (-0.12)	0.001 (0.56)
_cons	0.011 (0.79)	0.009 (0.52)	0.013 (0.89)	0.012 (0.72)	—	—
年度/行业	控制	控制	控制	控制	控制	控制
N	3670	3538	3670	3538	3538	3538
adj. R-sq	0.736	0.733	0.736	0.733	0.722	0.721

注：表中括号内为 t 值，***、** 和 * 分别表示在 1%、5% 及 10% 水平下显著。

4. 基于客户依赖度的稳健性分析

关系客户作为企业销售收入与价值实现的源泉，其经营行为的外溢效应（Spillover effect）主要取决于企业对其依赖程度（Hertzel et al.，2008；Pandit et al.，2011；Kolay et al.，2016；Campello et al.，2017；Johnson et al.，2018）。企业的关系客户依赖度越高，越会关注关系客户的风险与发展前景。关系客户股权集中引发的大股东代理问题对其价值与财务风险的不利影响，更易被其企业关注与感知，进而促使企业减少关系专有资产投入。反之，当企业对关系客户依赖程度下降时，企业对关系客户股权集中引发的不良经济后果关注与感知程度会下降，这种情形下关系客户股权集中对其关系专有资产投入决策的影响有限。另外，关系专有资产投入往往会给双方带来"准租金"收益（Klein，2000）。当企业对其关系客户依赖程度越高时，意味着其议价能力更弱。关系客户可能会依靠其较强的议价能力，对企业进行"敲竹杠"，以抽取更高份额关系专有资产带来的"准租金"。关系客户的这种机会主义行为会抑制企业进行关系专有资产投入的动机，进而强化关系客户股权集中对企业关系专有资产投入的负向影响。综上，承继 H6-6b 的实证研究结论，本书预期：相比低客户依赖度的企业，关系客户股权集中对高客户依赖度企业关系专有资产投入的负向影响更为显著。

借鉴现有研究，以关系客户销售占比反映企业对关系客户的依赖程度（$Rsaledep_{it-1}$），按照其中位数 0.0458 将样本划分为高依赖度组（$HRsaledep$）与低依赖度组（$LRsaledep$），采用分组回归进行实证检验。由表 6-19 可以看出，无论是以 $Cshaherf_{it-1}$（Panel A）或 $CTop1_{it-1}$（Panel B）作为解释变量，其回归系数在高依赖组（$HRsaledep$）至少 5% 水平内显著为负，而低依赖度组（$LRsaledep$）中的回归系数基本不显著。即使列（3）与列（4）中，$Cshaherf_{it-1}$ 的回归系数均显著为负，但组间差异分析表明，高依赖度组（$HRsaledep$）依然显著小于低依赖度组（$LRsaledep$），与本书初步预期完全一致，进一步支持股权集中度引发的"掏空效应"假说。

表 6-19　　　　　　　基于客户依赖度特征的稳健性检验结果

变量	Panel A				Panel B			
	(1) $HRsaledep$	(2) $LRsaledep$	(3) $HRsaledep$	(4) $LRsaledep$	(5) $HRsaledep$	(6) $LRsaledep$	(7) $HRsaledep$	(8) $LRsaledep$
$Cshaherf_{it-1}$	-0.011*** (-3.01)	-0.003 (-0.95)	-0.016*** (-3.10)	-0.008** (-2.02)				
$CTop1_{it-1}$					-0.011*** (-2.77)	-0.001 (-0.41)	-0.013** (-2.57)	-0.004 (-1.15)

续表

变量	Panel A				Panel B			
	(1) $HRsaledep$	(2) $LRsaledep$	(3) $HRsaledep$	(4) $LRsaledep$	(5) $HRsaledep$	(6) $LRsaledep$	(7) $HRsaledep$	(8) $LRsaledep$
Lev_{it-1}	-0.029*** (-4.87)	-0.031*** (-6.15)	-0.030*** (-5.05)	-0.032*** (-5.99)	-0.029*** (-4.86)	-0.030*** (-6.12)	-0.030*** (-5.00)	-0.031*** (-5.93)
$Salegrow_{it-1}$	0.003 (1.05)	-0.001 (-0.20)	0.003 (0.99)	-0.001 (-0.35)	0.003 (1.05)	-0.001 (-0.19)	0.003 (1.00)	-0.001 (-0.35)
Roe_{it-1}	0.000 (0.00)	0.003 (0.50)	0.001 (0.10)	-0.001 (-0.11)	0.000 (0.02)	0.003 (0.51)	0.001 (0.12)	-0.001 (-0.09)
$Cash_{it-1}$	0.009 (1.23)	0.034*** (5.01)	0.007 (0.93)	0.035*** (4.98)	0.009 (1.23)	0.034*** (5.03)	0.007 (0.94)	0.035*** (5.00)
OCF_{it-1}	0.002 (0.16)	-0.012 (-1.12)	0.009 (0.69)	-0.009 (-0.76)	0.001 (0.11)	-0.012 (-1.11)	0.008 (0.61)	-0.008 (-0.75)
MB_{it-1}	0.000 (1.25)	0.001** (2.34)	0.000 (1.47)	0.001** (2.19)	0.000 (1.24)	0.001** (2.33)	0.000 (1.44)	0.001** (2.17)
$Expsale_{it-1}$	0.049*** (3.33)	0.002 (0.36)	0.053*** (3.62)	0.002 (0.28)	0.049*** (3.35)	0.003 (0.42)	0.053*** (3.62)	0.002 (0.31)
$Rsubsidy_{it-1}$	0.622*** (8.26)	0.543*** (8.38)	0.611*** (8.18)	0.564*** (8.26)	0.621*** (8.24)	0.543*** (8.37)	0.610*** (8.16)	0.563*** (8.22)
$lnage_{it-1}$	-0.009*** (-7.00)	-0.003*** (-2.90)	-0.009*** (-6.87)	-0.003*** (-2.66)	-0.009*** (-6.99)	-0.003*** (-2.87)	-0.009*** (-6.89)	-0.003*** (-2.64)
$Herfsale_{it-1}$	-0.007*** (-2.73)	-0.001 (-0.26)	-0.008*** (-2.98)	-0.001 (-0.43)	-0.007*** (-2.72)	-0.000 (-0.24)	-0.008*** (-2.93)	-0.001 (-0.40)
$lnasset_{it-1}$	0.000 (0.24)	-0.000 (-0.35)	0.000 (0.31)	-0.000 (-0.31)	0.000 (0.20)	-0.000 (-0.36)	0.000 (0.27)	-0.000 (-0.31)
$Top1_{it-1}$	-0.006 (-1.01)	-0.002 (-0.37)	-0.002 (-0.38)	-0.002 (-0.45)	-0.006 (-0.94)	-0.002 (-0.39)	-0.002 (-0.34)	-0.002 (-0.48)
$Intrade_{it-1}$	0.016** (2.44)	0.021*** (2.80)	0.017*** (2.62)	0.019** (2.49)	0.016** (2.50)	0.020*** (2.78)	0.017*** (2.64)	0.018** (2.47)

续表

变量	Panel A				Panel B			
	(1) HRsaledep	(2) LRsaledep	(3) HRsaledep	(4) LRsaledep	(5) HRsaledep	(6) LRsaledep	(7) HRsaledep	(8) LRsaledep
$State_{it-1}$	0.003 (1.39)	0.000 (0.28)	0.002 (1.05)	0.000 (0.04)	0.003 (1.39)	0.000 (0.24)	0.002 (1.04)	0.000 (0.00)
$CSalegrow_{it-1}$			-0.001 (-0.36)	0.003 (1.15)			-0.001 (-0.35)	0.003 (1.19)
$CRoe_{it-1}$			-0.008 (-1.12)	0.003 (0.46)			-0.008 (-1.12)	0.003 (0.51)
$Clnasset_{it-1}$			0.001** (2.19)	0.001* (1.94)			0.001* (1.81)	0.001 (1.51)
$CState_{it-1}$			-0.002 (-1.09)	0.001 (0.92)			-0.002 (-0.97)	0.001 (0.82)
_cons	-0.018 (-0.78)	-0.030 (-1.40)	-0.039 (-1.62)	-0.050** (-2.23)	-0.016 (-0.67)	-0.030 (-1.40)	-0.031 (-1.33)	-0.045** (-2.02)
年度/行业	控制	控制	控制	控制	控制	控制	控制	控制
N	1824	1825	1777	1740	1824	1825	1777	1740
adj. R-sq	0.376	0.411	0.375	0.411	0.375	0.411	0.374	0.410

注：表中括号内为 t 值，***、**和*分别表示在1%、5%及10%水平下显著。

5. 基于行业特征的稳健性分析

班纳吉等（2008）及伊兹科维茨（2015）指出，相比易耗品（non-durable goods）行业，耐用品（durable goods）行业企业往往需要投入更多的专有关系资产。因此，面临相同股权集中的关系客户，关系客户股权集中引发的大股东代理问题附加给耐用品企业的转移成本更高，关系专有资产的投资损失更大。与此相比，易耗品行业企业往往生产通用的原料产品，其需要投入的关系专有资产有限，即使关系客户股权集中引发的大股东代理问题导致企业发生财务危机，其转移成本偏低，关系客户股权集中对企业的关系专有资产投资的负向影响有限。因此，承继上述假说6-6b的研究发现，本书预期：相比低易耗品行业的企业，关系客户股权集中对耐用品行业企业关系专有资产投入的负向影响更为显著。

班纳吉等（2008）针对美国行业标准，将电子业与机械设备仪表业作为耐用品行业。结合证监会的最新行业分类标准，将 C34（通用设备制造业）、C35（专用设备制造业）、C36（汽车制造业）、C37（铁路、船舶、航空航天和其他运输设备制造业）、C38（电气机械及器材制造业）、C39（计算机、通信和其他电子设备制造业）、C40（仪器仪表制造业）、I63（电信、广播电视和卫星传输服务）、I64（互联网和相关服务）与 I65（软件和信息技术服务业）划分为耐用品行业，其他行业划为易耗品行业。

基于模型（6-2），将样本划分为耐用品子样本（$Endur$）和易耗品子样本（$NEndur$），采用分组进行回归检验，具体实证检验结果如表 6-20 所示。本书发现，无论是以 $Cshaherf_{it-1}$（Panel A）或 $CTop1_{it-1}$（Panel B）作为解释变量，耐用品子样本（$Endur$）的解释变量（$Cshaherf_{it-1}$ 或 $CTop1_{it-1}$）回归系数基本显著为负；相比，易耗品（$NEndur$）子样本的解释变量回归系数虽为负，但统计上均不显著。综上，实证检验结果与预期相一致。

表 6-20　　　　　　　　　　　基于行业特征的稳健性检验结果

变量	Panel A				Panel B			
	(1) $NEndur$	(2) $Endur$	(3) $NEndur$	(4) $Endur$	(5) $NEndur$	(6) $Endur$	(7) $NEndur$	(8) $Endur$
$Cshaherf_{it-1}$	-0.003 (-0.97)	-0.012*** (-3.34)	-0.006 (-1.61)	-0.009** (-2.01)				
$CTop1_{it-1}$					-0.001 (-0.46)	-0.010*** (-2.96)	-0.003 (-0.85)	-0.006 (-1.52)
Lev_{it-1}	-0.022*** (-4.19)	-0.042*** (-7.52)	-0.025*** (-4.57)	-0.042*** (-7.45)	-0.022*** (-4.17)	-0.042*** (-7.51)	-0.025*** (-4.52)	-0.041*** (-7.43)
$Salegrow_{it-1}$	0.001 (0.44)	0.006** (1.98)	-0.000 (-0.06)	0.006** (1.98)	0.001 (0.44)	0.006** (1.99)	-0.000 (-0.06)	0.006** (1.99)
Roe_{it-1}	0.002 (0.25)	-0.007 (-0.88)	-0.002 (-0.34)	-0.008 (-1.00)	0.002 (0.26)	-0.007 (-0.87)	-0.002 (-0.34)	-0.008 (-0.98)
$Cash_{it-1}$	0.021** (2.56)	0.008 (1.34)	0.020** (2.31)	0.007 (1.05)	0.021** (2.56)	0.009 (1.38)	0.020** (2.30)	0.007 (1.07)
OCF_{it-1}	0.028** (2.42)	-0.001 (-0.07)	0.035*** (2.93)	0.006 (0.50)	0.028** (2.41)	-0.001 (-0.09)	0.034*** (2.91)	0.005 (0.49)

续表

变量	Panel A				Panel B			
	(1) $NEndur$	(2) $Endur$	(3) $NEndur$	(4) $Endur$	(5) $NEndur$	(6) $Endur$	(7) $NEndur$	(8) $Endur$
MB_{it-1}	0.001 *** (3.29)	0.000 (0.75)	0.001 *** (3.46)	0.000 (0.68)	0.001 *** (3.28)	0.000 (0.75)	0.001 *** (3.46)	0.000 (0.66)
$Expsale_{it-1}$	0.020 *** (3.24)	0.160 *** (7.88)	0.019 *** (3.15)	0.159 *** (7.63)	0.021 *** (3.31)	0.159 *** (7.84)	0.020 *** (3.22)	0.159 *** (7.63)
$Rsubsidy_{it-1}$	0.458 *** (5.76)	0.556 *** (8.54)	0.428 *** (5.51)	0.567 *** (8.45)	0.457 *** (5.75)	0.556 *** (8.53)	0.426 *** (5.48)	0.567 *** (8.43)
$lnage_{it-1}$	-0.008 *** (-5.65)	-0.005 *** (-4.40)	-0.008 *** (-5.62)	-0.005 *** (-4.44)	-0.008 *** (-5.65)	-0.005 *** (-4.36)	-0.008 *** (-5.63)	-0.005 *** (-4.42)
$Herfsale_{it-1}$	-0.005 ** (-2.15)	-0.006 *** (-2.64)	-0.006 ** (-2.54)	-0.006 ** (-2.51)	-0.005 ** (-2.15)	-0.006 *** (-2.58)	-0.006 ** (-2.56)	-0.006 ** (-2.46)
$lnasset_{it-1}$	0.001 (1.19)	0.002 *** (2.77)	0.002 (1.57)	0.002 *** (2.84)	0.001 (1.19)	0.002 *** (2.72)	0.002 (1.59)	0.002 *** (2.80)
$Top1_{it-1}$	-0.024 *** (-4.50)	0.008 * (1.77)	-0.025 *** (-4.62)	0.009 * (1.92)	-0.023 *** (-4.48)	0.008 * (1.76)	-0.025 *** (-4.59)	0.009 * (1.87)
$Intrade_{it-1}$	0.003 (0.50)	0.009 (1.45)	0.003 (0.51)	0.009 (1.42)	0.003 (0.49)	0.009 (1.49)	0.003 (0.51)	0.009 (1.41)
$State_{it-1}$	-0.001 (-0.82)	0.003 * (1.77)	-0.001 (-0.95)	0.003 * (1.67)	-0.001 (-0.82)	0.003 * (1.76)	-0.001 (-0.97)	0.003 * (1.66)
$CSalegrow_{it-1}$			0.002 (0.77)	-0.000 (-0.05)			0.002 (0.80)	-0.000 (-0.05)
$CRoe_{it-1}$			0.012 * (1.94)	-0.005 (-0.86)			0.012 * (1.95)	-0.005 (-0.85)
$Clnasset_{it-1}$			0.000 (0.20)	0.000 (0.09)			-0.000 (-0.30)	-0.000 (-0.23)
$CState_{it-1}$			0.003 (1.60)	-0.004 ** (-2.00)			0.003 (1.53)	-0.004 * (-1.93)

续表

变量	Panel A				Panel B			
	（1） NEndur	（2） Endur	（3） NEndur	（4） Endur	（5） NEndur	（6） Endur	（7） NEndur	（8） Endur
_cons	-0.014 (-0.68)	-0.064*** (-3.99)	-0.025 (-1.08)	-0.026 (-1.20)	-0.014 (-0.67)	-0.061*** (-3.83)	-0.020 (-0.89)	-0.021 (-0.99)
年度/行业	控制	控制	控制	控制	控制	控制	控制	控制
N	1533	2138	1464	2075	1533	2138	1464	2075
adj. R-sq	0.383	0.422	0.385	0.423	0.383	0.421	0.384	0.422

注：表中括号内为 t 值，***、**和*分别表示在1%、5%及10%水平下显著。

6. 其他相关的稳健性分析

首先，供应商关系专有资产的投入往往是针对特定关系客户进行的，但样本中普遍存在着同年度同一供应商对应多个关系客户的情形。由于供应商针对特定关系客户的关系专用资产投入数据缺失，导致无法就特定关系客户的股权集中度对供应商针对该关系客户的关系专有资产投入水平进行实证检验，这可能会对回归结果产生影响。为此，借鉴奥利韦拉等（2017）和金姆等（2015）的研究设计，将同年度同一供应商的多个关系客户进行合并，即将关系客户集中度这一解释变量与反映上市客户截面特征的控制变量，基于供应商向各上市关系客户的销售占比进行加权平均，将样本转换成同年度供应商与关系客户一一对应的样本，重新进行主假设的回归检验。结果见表6-21中Panel A（列（1）~列（2））所示，检验结果继续支持假说6-6b。

表6-21 其他稳健性检验回归结果

变量	Panel A Depent variable = RSI_{it}		Panel B Depent variable = RSI_{it}		Panel C Depent variable = RSI_{it}		Panel D Depent variable = $TRSI_{it}$	
	（1）	（2）	（3）	（4）	（5）	（6）	（7）	（8）
$Cshaherf_{it-1}$	-0.033*** (-3.13)	-0.058*** (-2.90)	-0.006** (-2.16)	-0.008** (-2.15)	-0.013*** (-3.53)	-0.014*** (-3.01)	-0.010** (-2.09)	-0.013** (-1.96)
Lev_{it-1}	-0.031*** (-6.37)	-0.032*** (-6.57)	-0.031*** (-6.70)	-0.033*** (-6.82)	-0.041*** (-7.65)	-0.040*** (-7.45)	-0.037*** (-4.52)	-0.037*** (-4.44)

续表

变量	Panel A Depent variable = RSI_{it}		Panel B Depent variable = RSI_{it}		Panel C Depent variable = RSI_{it}		Panel D Depent variable = $TRSI_{it}$	
	(1)	(2)	(3)	(4)	(5)	(6)	(7)	(8)
$Salegrow_{it-1}$	0.002 (0.92)	0.001 (0.58)	0.001 (0.43)	0.001 (0.36)	0.003 (1.07)	0.003 (1.08)	0.002 (0.38)	0.000 (0.02)
Roe_{it-1}	−0.004 (−0.63)	−0.006 (−0.84)	0.002 (0.35)	0.000 (0.02)	−0.015* (−1.79)	−0.015* (−1.79)	0.031*** (3.29)	0.028*** (2.91)
$Cash_{it-1}$	0.017*** (2.72)	0.014** (2.25)	0.018*** (3.09)	0.017*** (2.78)	0.022*** (3.27)	0.021*** (3.05)	0.038*** (3.75)	0.036*** (3.42)
OCF_{it-1}	−0.010 (−0.99)	−0.001 (−0.13)	−0.006 (−0.56)	0.001 (0.11)	0.003 (0.26)	0.008 (0.63)	0.004 (0.21)	0.010 (0.54)
MB_{it-1}	0.000* (1.77)	0.000 (1.62)	0.000 (1.16)	0.000 (1.20)	0.000 (0.37)	0.000 (0.31)	0.000 (1.08)	0.000 (1.08)
$Expsale_{it-1}$	0.019** (2.22)	0.020** (2.23)	0.026*** (3.51)	0.027*** (3.59)	0.026*** (3.10)	0.029*** (3.39)	0.029* (1.80)	0.033** (2.00)
$Rsubsidy_{it-1}$	0.606*** (9.14)	0.613*** (9.14)	0.586*** (10.27)	0.590*** (10.18)	0.673*** (10.64)	0.684*** (10.50)	0.771*** (7.63)	0.750*** (7.44)
$lnage_{it-1}$	−0.006*** (−5.99)	−0.007*** (−6.12)	−0.006*** (−6.45)	−0.006*** (−6.31)	−0.006*** (−4.48)	−0.006*** (−4.29)	−0.011*** (−5.85)	−0.011*** (−5.99)
$Herfsale_{it-1}$	−0.003 (−1.32)	−0.004* (−1.68)	−0.005*** (−2.79)	−0.006*** (−2.90)	−0.002 (−0.88)	−0.002 (−0.99)	−0.008** (−2.19)	−0.008** (−2.29)
$lnasset_{it-1}$	0.000 (0.02)	0.000 (0.44)	−0.000 (−0.43)	−0.000 (−0.18)	0.001 (0.65)	0.001 (0.56)	−0.001 (−0.49)	−0.000 (−0.30)
$Top1_{it-1}$	−0.006 (−1.25)	−0.005 (−0.95)	−0.004 (−1.07)	−0.004 (−0.94)	−0.012** (−2.12)	−0.012** (−2.01)	−0.022*** (−2.97)	−0.021*** (−2.81)
$Intrade_{it-1}$	0.013** (2.18)	0.010 (1.64)	0.020*** (3.14)	0.019*** (2.90)	0.000 (.)	0.000 (.)	0.009 (1.03)	0.010 (1.07)
$State_{it-1}$	0.002 (1.34)	0.002 (1.22)	0.002 (1.37)	0.001 (0.86)	0.004** (2.26)	0.004** (2.03)	0.001 (0.50)	0.001 (0.29)

续表

变量	Panel A Depent variable = RSI_{it}		Panel B Depent variable = RSI_{it}		Panel C Depent variable = RSI_{it}		Panel D Depent variable = $TRSI_{it}$	
	(1)	(2)	(3)	(4)	(5)	(6)	(7)	(8)
$CSalegrow_{it-1}$		0.015 (0.96)		−0.000 (−0.03)		−0.002 (−0.45)		0.008 (1.62)
$CRoe_{it-1}$		−0.018 (−0.39)		−0.000 (−0.05)		−0.000 (−0.04)		−0.002 (−0.20)
$Clnasset_{it-1}$		0.001* (1.86)		0.000 (0.79)		0.001 (1.61)		0.001 (1.18)
$CState_{it-1}$		−0.019 (−1.30)		0.000 (0.24)		−0.002 (−1.22)		−0.002 (−0.57)
_cons	−0.019 (−0.91)	−0.025 (−1.20)	0.002 (0.11)	−0.022 (−1.07)	−0.023 (−0.84)	−0.034 (−1.12)	0.035 (0.67)	−0.006 (−0.12)
年度/行业	控制	控制	控制	控制	控制	控制	控制	控制
N	2248	2168	2695	2585	2119	2047	3671	3539
adj. R-sq	0.385	0.388	0.393	0.391	0.400	0.396	0.220	0.217

注：（1）Panel A 中的客户相关变量 $Cshaherf_{it-1}$、$CSalegrow_{it-1}$、$CRoe_{it-1}$、$Clnasset_{it-1}$ 与 $CState_{it-1}$ 是以加权平均后的数值带入模型进行回归检验；（2）同上，当加入客户截面特征变量时，由于缺失值的原因，样本量呈现一定的减少；（3）以 $CTop1_{it-1}$ 作为解释变量重新进行上述回归，检验结果相同；（4）表中括号内为 t 值，***、** 和 * 分别表示在1%、5%及10%水平下显著。

　　其次，基于此类行业分类标准进行样本分布统计发现，有976个样本中的供应商与关系客户属于同一行业。当供应商与关系客户同属一个行业时，相互间的关系可能同时存在竞争与合作的供应链关系。关系客户股权集中度与供应商关系专有资产投入间的关系可能由这些处于同一行业内的样本引发。例如，关系客户股权集中度引发的代理问题会弱化关系客户的竞争力，导致处于同一行业的供应商竞争压力变小，使得供应商研发创新投入减少。为此，将这些处于同一行业内的样本予以删除，基于剩余的2695个样本重新进行主假说的检验。回归结果见表6-21中 Panel B（列（3）~（4）），结果保持稳定①。

　　再次，样本中有近40%的样本存在关联方交易。尽管模型设定中已经将关

――――――――――

　　① 另外，模型中对供应商行业特征与客户行业特征同时加以控制，回归结果依然保持一致。

联方销售收入占比（$Intrade_{it-1}$）作为控制变量加以控制，但为了完全消除关联方销售对关系客户股权集中度与供应商关系专有资产投入间关系的影响，将存在关联方交易（即 $Intrade_{it-1}$ 不为 0）的样本删除，基于剩余的 2119 个样本重新进行主假说的检验。回归结果见 Panel C（列（5）~ 列（6）），结论依然保持一致。

最后，上市公司研发创新投入部分当期费用化，部分予以资本化，仅以费用化研发创新投入来反映关系专有资产投入强度并不完整。为此，以无形资产与开发支出变化额来反映当期资本化研发创新投入金额，将资本化研发创新投入和费用化研发创新投入之和除以同期主营业务收入得到指标 $TRSI_{it}$，以更为完整的统计口径来计量供应商关系专有资产投入强度，重新进行主假说的检验，实证结果如表 6-21 中的 Panel D（列（7）~ 列（8））所示，检验结果依然支持假说 6-6b。

四、基于影响机理的进一步分析

（一）基于两权分离度的进一步分析

上述研究表明，随着股权集中度的上升，大股东对上市公司的掏空能力在上升，使得企业感知的关系专有资产投资风险上升，收益下降，进而降低其投入水平。但值得质疑的是，大股东持股比例越高，其利益与中小股东越趋一致，大股东的掏空动机会逐步弱化。现有研究发现，大股东的掏空行为动机依赖于其控制权与现金流权的偏离程度（Classens et al., 2002；Fan et al., 2002）。鉴于此，承继上述研究思路，如果股权集中度上升引发大股东的"掏空效应"，那么这种"掏空效应"应在两权分离度高的公司表现得更为明显，即关系客户股权集中度对企业关系专有资产投入的负向影响应在高两权分离度公司样本中更为显著。为此，计算关系客户公司的控制权与现金流差额，即两权分离度。基于两权分离度均值（0.055）[①]，将样本划分为低两权分离子样本（Low-sep）与高两权分离子样本（High-sep），进行分组回归检验。

由表 6-22 可以看出，以 $Cshaherf_{it-1}$ 作为解释变量时（Panel A），高两权分离子样本（High-sep）的 $Cshaherf_{it-1}$ 回归系数数值远小于低两权分离子样本（Low-sep）的回归系数，且显著性更高。组间回归系数差异分析显示，两者至少在 10% 水平下显著存在差异。以 $CTop1_{it-1}$ 作为解释变量进行回归检验分析，如 Panel B 所示，结果基本一致。

---

① 剔除缺失值后，总样本共有 3398 个，其中，1990 个样本两权分离度为 0。为此，以均值作为分组标准。

表 6 – 22   基于两权分离度的分组回归结果

变量	Panel A				Panel B			
	(1) High-sep	(2) Low-sep	(3) High-sep	(4) Low-sep	(5) High-sep	(6) Low-sep	(7) High-sep	(8) Low-sep
$Cshaherf_{it-1}$	− 0. 023 *** (− 3. 11)	− 0. 006 ** (− 2. 06)	− 0. 023 *** (− 2. 82)	− 0. 011 *** (− 2. 90)				
$CTop1_{it-1}$					− 0. 016 ** (− 2. 56)	− 0. 004 (− 1. 53)	− 0. 015 ** (− 2. 10)	− 0. 008 ** (− 2. 05)
Lev_{it-1}	− 0. 034 *** (− 4. 70)	− 0. 025 *** (− 5. 33)	− 0. 033 *** (− 4. 63)	− 0. 025 *** (− 5. 37)	− 0. 033 *** (− 4. 62)	− 0. 025 *** (− 5. 29)	− 0. 033 *** (− 4. 55)	− 0. 025 *** (− 5. 31)
$Salegrow_{it-1}$	0. 004 (1. 11)	0. 002 (0. 75)	0. 005 (1. 42)	0. 002 (0. 59)	0. 004 (1. 14)	0. 002 (0. 76)	0. 005 (1. 43)	0. 002 (0. 60)
Roe_{it-1}	− 0. 002 (− 0. 21)	− 0. 000 (− 0. 03)	− 0. 002 (− 0. 20)	− 0. 001 (− 0. 16)	− 0. 003 (− 0. 26)	− 0. 000 (− 0. 02)	− 0. 002 (− 0. 23)	− 0. 001 (− 0. 14)
$Cash_{it-1}$	0. 020 * (1. 92)	0. 021 *** (3. 57)	0. 021 ** (1. 99)	0. 022 *** (3. 66)	0. 020 * (1. 95)	0. 021 *** (3. 60)	0. 021 ** (2. 01)	0. 022 *** (3. 67)
OCF_{it-1}	0. 044 *** (2. 89)	− 0. 028 *** (− 2. 78)	0. 047 *** (3. 05)	− 0. 028 *** (− 2. 75)	0. 045 *** (2. 95)	− 0. 029 *** (− 2. 82)	0. 047 *** (3. 09)	− 0. 029 *** (− 2. 83)
MB_{it-1}	0. 001 (1. 49)	0. 000 (0. 51)	0. 001 (1. 55)	0. 000 (0. 58)	0. 001 (1. 51)	0. 000 (0. 48)	0. 001 (1. 56)	0. 000 (0. 53)
$Expsale_{it-1}$	0. 006 (0. 74)	0. 038 *** (3. 63)	0. 008 (0. 96)	0. 040 *** (3. 77)	0. 007 (0. 78)	0. 039 *** (3. 65)	0. 009 (1. 00)	0. 040 *** (3. 75)
$Rsubsidy_{it-1}$	0. 645 *** (7. 04)	0. 568 *** (8. 64)	0. 648 *** (7. 13)	0. 570 *** (8. 65)	0. 645 *** (7. 00)	0. 568 *** (8. 63)	0. 648 *** (7. 07)	0. 569 *** (8. 63)
$lnage_{it-1}$	− 0. 007 *** (− 4. 19)	− 0. 006 *** (− 6. 14)	− 0. 007 *** (− 4. 08)	− 0. 006 *** (− 5. 97)	− 0. 008 *** (− 4. 21)	− 0. 006 *** (− 6. 12)	− 0. 007 *** (− 4. 10)	− 0. 006 *** (− 5. 99)
$Herfsale_{it-1}$	− 0. 002 (− 0. 75)	− 0. 004 ** (− 2. 10)	− 0. 003 (− 0. 80)	− 0. 004 ** (− 2. 08)	− 0. 002 (− 0. 77)	− 0. 004 ** (− 2. 06)	− 0. 003 (− 0. 81)	− 0. 004 ** (− 2. 03)
$lnasset_{it-1}$	− 0. 000 (− 0. 39)	− 0. 000 (− 0. 26)	− 0. 001 (− 0. 46)	− 0. 000 (− 0. 24)	− 0. 001 (− 0. 42)	− 0. 000 (− 0. 29)	− 0. 001 (− 0. 49)	− 0. 000 (− 0. 25)

续表

变量	Panel A				Panel B			
	(1) High-sep	(2) Low-sep	(3) High-sep	(4) Low-sep	(5) High-sep	(6) Low-sep	(7) High-sep	(8) Low-sep
$Top1_{it-1}$	-0.008 (-1.04)	0.001 (0.28)	-0.008 (-1.06)	0.002 (0.43)	-0.008 (-1.07)	0.001 (0.30)	-0.008 (-1.10)	0.002 (0.41)
$Intrade_{it-1}$	0.025*** (3.22)	0.009 (1.46)	0.026*** (3.29)	0.010 (1.54)	0.025*** (3.28)	0.009 (1.47)	0.026*** (3.33)	0.010 (1.54)
$State_{it-1}$	0.003 (1.26)	0.000 (0.19)	0.003 (1.32)	0.000 (0.15)	0.003 (1.24)	0.000 (0.17)	0.003 (1.29)	0.000 (0.14)
$CSalegrow_{it-1}$			-0.006 (-1.51)	0.002 (0.78)			-0.006 (-1.50)	0.002 (0.80)
$CRoe_{it-1}$			-0.002 (-0.28)	0.001 (0.13)			-0.002 (-0.37)	0.001 (0.18)
$Clnasset_{it-1}$			0.001 (1.39)	0.001** (2.14)			0.001 (1.17)	0.001 (1.61)
$CState_{it-1}$			-0.002 (-0.93)	-0.001 (-0.50)			-0.002 (-0.88)	-0.001 (-0.43)
_cons	0.004 (0.14)	-0.030** (-1.96)	0.034 (0.60)	-0.048*** (-2.59)	0.006 (0.22)	-0.029* (-1.91)	0.040 (0.71)	-0.042** (-2.29)
年度/行业	控制	控制	控制	控制	控制	控制	控制	控制
N	1122	2276	1117	2271	1122	2276	1117	2271
adj. R-sq	0.423	0.386	0.421	0.387	0.422	0.386	0.420	0.386

注：表中括号内为 t 值，***、** 和 * 分别表示在 1%、5% 及 10% 水平下显著。

（二）基于股权制衡度的进一步分析

现有研究发现，当上市公司存在多个大股东时，这些大股东会相互监督，相互制衡，进而缓解第一大股东引发的第二类代理问题（Attig et al.，2009）。白重恩等（2005）研究发现，第二至第十大股东持股比例有助于提升企业价值。洪剑峭等（2008）发现，股权制衡有助于减少公司关联交易规模，进而抑制大股东掏空的行为。姜付秀等（2018）研究发现，公司其他大股东的存在有助于强化对控股股东的监督，进而降低其股价的崩盘风险。鉴于此，承继假说 6 – 6b 研究思路，本书预期：高股权制衡度有助于抑制股权集中引发的"掏空效应"，降低企业关系专有资产所感知的风险，增加其感知的收益，进而弱化关系客户股权集中度与企业关系专有资产投入间的负向关系。为此，借鉴陈德萍等（2011）与王化成等（2015）研究设计，以关系客户第 2~5 大股东持股比例之和除以第 1 大股东持股比例来计量其股权制衡度。基于关系客户股权制衡度的中位数（0.329），将样本划分为低股权制衡度子样本（Lequbal）与高股权制衡度子样本（Hequbal），进行分组回归检验，回归结果如表 6 – 23 所示。

表 6 – 23　　　　　　　　基于股权制衡度的分组回归结果

变量	Panel A				Panel B			
	(1)	(2)	(3)	(4)	(5)	(6)	(7)	(8)
$Cshaherf_{it-1}$	– 0. 005 (– 0. 77)	– 0. 007 ** (– 2. 25)	– 0. 015 ** (– 2. 24)	– 0. 012 ** (– 2. 37)				
$CTop1_{it-1}$					– 0. 000 (– 0. 00)	– 0. 009 ** (– 2. 22)	– 0. 005 (– 0. 90)	– 0. 014 ** (– 2. 25)
Lev_{it-1}	– 0. 038 *** (– 6. 49)	– 0. 022 *** (– 4. 25)	– 0. 039 *** (– 6. 65)	– 0. 022 *** (– 4. 16)	– 0. 038 *** (– 6. 47)	– 0. 022 *** (– 4. 24)	– 0. 039 *** (– 6. 57)	– 0. 022 *** (– 4. 14)
$Salegrow_{it-1}$	0. 003 (0. 99)	0. 003 (1. 21)	0. 003 (1. 09)	0. 002 (0. 88)	0. 003 (0. 98)	0. 003 (1. 21)	0. 003 (1. 08)	0. 002 (0. 87)
Roe_{it-1}	– 0. 008 (– 0. 99)	0. 007 (1. 20)	– 0. 010 (– 1. 20)	0. 006 (0. 96)	– 0. 008 (– 0. 97)	0. 007 (1. 20)	– 0. 010 (– 1. 17)	0. 006 (0. 97)
$Cash_{it-1}$	0. 019 ** (2. 45)	0. 020 *** (2. 93)	0. 016 ** (2. 08)	0. 020 *** (2. 88)	0. 019 ** (2. 47)	0. 020 *** (2. 93)	0. 017 ** (2. 12)	0. 020 *** (2. 87)
OCF_{it-1}	0. 002 (0. 16)	– 0. 009 (– 0. 83)	0. 013 (1. 08)	– 0. 009 (– 0. 78)	0. 002 (0. 18)	– 0. 010 (– 0. 85)	0. 013 (1. 09)	– 0. 009 (– 0. 81)
MB_{it-1}	0. 001 ** (2. 10)	0. 000 (0. 61)	0. 001 ** (2. 28)	0. 000 (0. 52)	0. 001 ** (2. 10)	0. 000 (0. 60)	0. 001 ** (2. 26)	0. 000 (0. 50)
$Expsale_{it-1}$	0. 005 (0. 62)	0. 038 *** (3. 35)	0. 008 (0. 95)	0. 038 *** (3. 37)	0. 005 (0. 60)	0. 038 *** (3. 35)	0. 007 (0. 85)	0. 038 *** (3. 36)
$Rsubsidy_{it-1}$	0. 665 *** (9. 32)	0. 525 *** (6. 97)	0. 661 *** (9. 00)	0. 546 *** (7. 18)	0. 665 *** (9. 31)	0. 525 *** (6. 97)	0. 660 *** (8. 96)	0. 545 *** (7. 18)

续表

变量	Panel A				Panel B			
	(1)	(2)	(3)	(4)	(5)	(6)	(7)	(8)
$lnage_{it-1}$	-0.006^{***} (-4.14)	-0.007^{***} (-5.93)	-0.006^{***} (-4.13)	-0.006^{***} (-5.58)	-0.006^{***} (-4.10)	-0.007^{***} (-5.95)	-0.006^{***} (-4.09)	-0.007^{***} (-5.62)
$Herfsale_{it-1}$	-0.002 (-0.93)	-0.004^{*} (-1.86)	-0.003 (-1.22)	-0.004^{*} (-1.87)	-0.002 (-0.87)	-0.004^{*} (-1.84)	-0.003 (-1.12)	-0.004^{*} (-1.83)
$lnasset_{it-1}$	0.000 (0.13)	-0.001 (-0.67)	0.000 (0.41)	-0.001 (-0.62)	0.000 (0.15)	-0.001 (-0.68)	0.000 (0.45)	-0.001 (-0.63)
$Top1_{it-1}$	-0.013^{**} (-2.39)	0.004 (0.81)	-0.013^{**} (-2.27)	0.005 (0.96)	-0.013^{**} (-2.42)	0.004 (0.85)	-0.013^{**} (-2.30)	0.005 (0.99)
$Intrade_{it-1}$	0.024^{***} (2.68)	0.008 (1.40)	0.022^{**} (2.53)	0.008 (1.36)	0.024^{***} (2.68)	0.008 (1.41)	0.022^{**} (2.53)	0.008 (1.37)
$State_{it-1}$	0.002 (0.85)	0.002 (0.99)	0.000 (0.20)	0.002 (0.94)	0.002 (0.81)	0.002 (0.99)	0.000 (0.13)	0.002 (0.93)
$CSalegrow_{it-1}$			-0.000 (-0.12)	0.002 (0.78)			-0.001 (-0.16)	0.002 (0.82)
$CRoe_{it-1}$			-0.009 (-1.45)	0.003 (0.44)			-0.008 (-1.36)	0.003 (0.45)
$Clnasset_{it-1}$			0.001^{***} (2.89)	0.001 (1.46)			0.001^{**} (2.51)	0.001 (1.32)
$CState_{it-1}$			0.000 (0.04)	-0.002 (-0.66)			-0.000 (-0.16)	-0.001 (-0.54)
$\_cons$	0.0041 (0.15)	-0.018 (-0.99)	-0.023 (-0.69)	-0.036^{*} (-1.75)	0.002 (0.09)	-0.015 (-0.85)	-0.021 (-0.63)	-0.031 (-1.54)
年度/行业	控制	控制	控制	控制	控制	控制	控制	控制
N	1840	1831	1740	1799	1840	1831	1740	1799
$adj.R-sq$	0.394	0.387	0.389	0.389	0.394	0.387	0.388	0.389

注：表中括号内为 t 值，***、** 和 * 分别表示在 1%、5% 及 10% 水平下显著。

由表 6 - 23 可知，以 $Cshaherf_{it-1}$ 作为解释变量时（Panel A），仅控制企业截

面特征时（回归（1）），低股权制衡度组（Lequbal）的 $Cshaherf_{it-1}$ 回归系数显著为负，而高股权制衡度组（Hequbal）的 $Cshaherf_{it-1}$ 回归系数不显著；但同时控制客户截面特征时（回归（2）），低股权制衡度组（Lequbal）与高股权制衡度组（Hequbal）的 $Cshaherf_{it-1}$ 回归系数均显著为负，统计上没有显著差异，与初步预期未能一致。但以 $CTop1_{it-1}$ 作为解释变量时（Panel B），无论是否同时控制客户截面特征，低股权制衡度组（Lequbal）的 $CTop1_{it-1}$ 回归系数数值远小于高股权制衡度组（Hequbal），且统计上显著。简言之，回归结果表明，当关系客户股权制衡度较高时，关系客户高股权集中度引发的大股东掏空能力受到约束，进而使得关系客户股权集中度与企业关系专有资产投入间的负向关系更为显著，这支持了股权集中引发的"掏空效应"假说。

（三）基于供应商议价能力的进一步分析

如果关系客户股权高度集中引发其大股东的掏空行为，进而影响企业关系专有资产投资风险与价值时，就会激发企业保护自身关系专有资产的动机。例如，企业可以通过交易契约中的具体条款设置，对关系客户大股东掏空行为施加影响与约束。基于渠道关系的权力理论，企业对其关系客户施加影响的能力还取决于其议价能力。为此，承继假说 6-6b 研究思路，本书预期：当企业具有较强的议价能力时，其能够保护自身关系专有资产，进而会弱化关系客户股权集中度对企业关系专有资产投入的负向影响。借鉴王勇等（2015）研究设计，以主营业务收入毛利率（即销售收入毛利率）近似的勒纳指数（Lener index）反映企业议价能力，按照其中位数将样本划分为高议价能力（H-Pow）与低议价能力（L-Pow）企业组，表 6-24 Panel A 列示了相应的分组回归结果。无论以 $Cshaherf_{it-1}$ 作为解释变量（列（1）与列（2）），还是 $CTop1_{it-1}$ 作为解释变量（列（3）与列（4）），高议价能力组（H-Pow）的 $Cshaherf_{it-1}$ 或 $CTop1_{it-1}$ 回归系数数值虽为负，但统计上不显著，而低议价能力组（L-Pow）的 $Cshaherf_{it-1}$ 或 $CTop1_{it-1}$ 回归系数数值更小，且均在 1% 水平内显著为负，与预期相一致。

为了确保结论的稳健性，还计算关系客户所在行业（按证监会行业分类标准中细类划分）的前 5 大企业赫芬达尔指数（HHI）反映客户行业的竞争激烈程度，以间接反映企业的议价能力。当关系客户所在行业属于高度竞争市场时，对于企业而言，下游客户的替代性选择较多，不仅关系专有资产的再利用价值较高，而且企业与关系客户间的权力更为对称，提升了企业对关系客户施加影响的能力。表 6-24 Panel B 列示了相应的分组回归结果，结果显示，相比处于高集中度行业客户组（H-CHHI），处于低集中度行业客户组（L-CHHI）的关系客户股权集中度对企业关系专有资产投入的负向影响虽为负，但统计上不显著，与上述预期依然一致。

表 6 - 24　　　　　　　　基于供应商议价能力的多元回归检验

变量	Panel A				Panel B			
	(1) $H-Pow$	(2) $L-Pow$	(3) $H-Pow$	(4) $L-Pow$	(5) $H-CHHI$	(6) $L-CHHI$	(7) $H-CHHI$	(8) $L-CHHI$
$Cshaherf_{it-1}$	-0.008 (-1.50)	-0.015*** (-3.85)			-0.015*** (-3.39)	-0.004 (-0.83)		
$CTop1_{it-1}$			-0.003 (-0.72)	-0.012*** (-3.19)			-0.012*** (-2.90)	-0.001 (-0.19)
Lev_{it-1}	-0.036*** (-5.51)	-0.011** (-2.44)	-0.036*** (-5.48)	-0.010** (-2.37)	-0.023*** (-4.09)	-0.038*** (-6.84)	-0.023*** (-4.02)	-0.038*** (-6.82)
$Salegrow_{it-1}$	0.003 (0.94)	-0.002 (-0.98)	0.003 (0.95)	-0.003 (-1.00)	-0.000 (-0.15)	0.006* (1.89)	-0.000 (-0.13)	0.006* (1.90)
Roe_{it-1}	-0.037*** (-2.74)	0.008 (1.61)	-0.037*** (-2.75)	0.008 (1.64)	0.018*** (3.06)	-0.017** (-2.16)	0.018*** (3.12)	-0.017** (-2.15)
$Cash_{it-1}$	0.023*** (3.04)	-0.003 (-0.46)	0.023*** (3.06)	-0.002 (-0.42)	0.013* (1.81)	0.023*** (3.05)	0.013* (1.81)	0.023*** (3.06)
OCF_{it-1}	0.006 (0.37)	-0.005 (-0.57)	0.005 (0.35)	-0.005 (-0.61)	-0.006 (-0.61)	0.009 (0.70)	-0.007 (-0.70)	0.009 (0.70)
MB_{it-1}	0.001*** (3.85)	-0.000 (-0.60)	0.001*** (3.84)	-0.000 (-0.65)	0.000 (1.48)	0.001** (2.26)	0.000 (1.46)	0.001** (2.26)
$Expsale_{it-1}$	-0.003 (-0.33)	0.118*** (4.12)	-0.002 (-0.29)	0.118*** (4.12)	0.069*** (4.23)	0.007 (0.87)	0.068*** (4.20)	0.006 (0.87)
$Rsubsidy_{it-1}$	0.804*** (12.01)	0.163** (2.34)	0.804*** (11.98)	0.160** (2.31)	0.376*** (5.82)	0.812*** (10.54)	0.374*** (5.78)	0.813*** (10.54)
$lnage_{it-1}$	-0.006*** (-3.95)	-0.004*** (-4.44)	-0.006*** (-3.93)	-0.004*** (-4.45)	-0.005*** (-4.93)	-0.007*** (-4.74)	-0.005*** (-4.94)	-0.007*** (-4.75)

续表

变量	Panel A				Panel B			
	(1) H－Pow	(2) L－Pow	(3) H－Pow	(4) L－Pow	(5) H－CHHI	(6) L－CHHI	(7) H－CHHI	(8) L－CHHI
$Herfsale_{it-1}$	－0.006** (－2.28)	0.000 (0.11)	－0.006** (－2.25)	0.000 (0.18)	－0.006*** (－2.75)	－0.002 (－0.70)	－0.006*** (－2.71)	－0.002 (－0.71)
$lnasset_{it-1}$	0.000 (0.25)	－0.001** (－2.07)	0.000 (0.25)	－0.001** (－2.12)	－0.001 (－1.22)	0.002* (1.65)	－0.001 (－1.27)	0.002 (1.64)
$Top1_{it-1}$	－0.012* (－1.89)	0.004 (1.05)	－0.012* (－1.89)	0.004 (1.11)	0.001 (0.25)	－0.010* (－1.69)	0.001 (0.30)	－0.010* (－1.76)
$Intrade_{it-1}$	0.039*** (3.39)	0.005 (0.88)	0.039*** (3.39)	0.005 (0.89)	0.008 (1.16)	0.015** (1.98)	0.008 (1.20)	0.015** (1.97)
$State_{it-1}$	－0.001 (－0.56)	0.001 (0.70)	－0.001 (－0.57)	0.001 (0.66)	0.001 (0.66)	0.001 (0.65)	0.001 (0.57)	0.001 (0.64)
$CSalegrow_{it-1}$	0.001 (0.44)	0.002 (0.66)	0.001 (0.45)	0.002 (0.68)	0.002 (0.89)	－0.002 (－0.49)	0.003 (0.95)	－0.002 (－0.47)
$CRoe_{it-1}$	－0.007 (－0.96)	0.003 (0.62)	－0.007 (－0.93)	0.003 (0.64)	－0.009 (－1.32)	0.005 (0.80)	－0.009 (－1.34)	0.005 (0.82)
$Clnasset_{it-1}$	0.001 (0.94)	0.001*** (3.60)	0.000 (0.56)	0.001*** (3.14)	0.001** (2.46)	0.001 (1.61)	0.001** (2.03)	0.001 (1.55)
$CState_{it-1}$	－0.002 (－0.80)	0.001 (0.85)	－0.002 (－0.90)	0.001 (1.01)	0.005** (2.33)	－0.002 (－1.54)	0.005** (2.54)	－0.003* (－1.65)
_cons	－0.067* (－1.68)	－0.004 (－0.25)	－0.063 (－1.60)	0.003 (0.20)	－0.005 (－0.18)	－0.113*** (－3.67)	0.004 (0.17)	－0.112*** (－3.62)
年度/行业	控制	控制	控制	控制	控制	控制	控制	控制
N	1765	1771	1765	1771	1756	1783	1756	1783
adj. R－sq	0.425	0.202	0.424	0.199	0.355	0.439	0.354	0.439

注：表中括号内为 t 值，***、** 和 * 分别表示在 1%、5% 及 10% 水平下显著。

（四）基于企业监督难度的进一步分析

企业作为关系客户的重要利益相关者，其通常与关系客户存在着长期且频繁的交易活动，这赋予其一定的监督与治理能力（林钟高等，2014），而地理距离一直是影响公司治理的重要因素（罗进辉等，2017）。虽然随着中国网络通信、高铁等交通基础设施的快速发展，交易双方信息传递效率与速度不断提升，但随着交易双方地理距离的增加，依然会带来企业功能距离（即公司总部与分支机构的距离）与经营距离的增加（Pietro et al.，2009）。经营距离的增加会影响企业收集关系客户信息的难度与成本，而功能距离的增加则意味着组织层面的信息传递需要更长的时间与更多的层级，可能会引发信息传递过程中的失真与扭曲（Chan et al.，2003），尤其是关系客户愿景、目标、期望等隐性信息（Chakrabarti et al.，2013）。简言之，随着企业与客户地理距离的增加，企业与关系客户间的信息不对称程度加剧，企业监督关系客户的难度与成本上升，企业愈加难以监督与约束关系客户大股东的代理行为，企业关系专有资产投资面临的不确定性更高。鉴于此，承继假说6-6b研究思路，本书预期：地理距离近的企业可以一定程度上观察到股权集中引发的"掏空效应"，及时通过交易条款、法律等手段保护其关系专有资产，进而弱化关系客户股权集中度与企业关系专有资产投入间的负向关系。

　　借鉴 WIND 数据库获取关系客户与企业注册地对应的地级市，运用利默尔（Leamer，1997）的方法计算两地间距离，即假定各个区域地理经济近似一个圆盘，企业聚集中心，关系客户随机分布于区域中，企业与关系客户间平均距离近似为（地区面积/π）$^{0.5}$/3。依据企业与关系客户间地理距离中位数（768Km），将样本划分为近距离子样本（SDistan）与远距离子样本（LDistan），采用分组回归进行实证检验。由表6-25 Panel A 可以看出，无论以 $Cshaherf_{it-1}$ 作为解释变量（列（1）与列（2）），还是 $CTop1_{it-1}$ 作为解释变量（列（3）与列（4）），远距离组（LDistan）的 $Cshaherf_{it-1}$ 或 $CTop1_{it-1}$ 回归系数数值均在1%水平下显著为负，而近距离组（SDistan）相应的回归系数均不显著，与预期相一致。这表明，地理距离近的企业可以获得更多且更为及时的关系客户信息，进而约束关系客户高股权集中度引发的大股东掏空行为，保护其关系专有资产，从而弱化了关系客户股权集中度与企业关系专有资产投入间的负向关系，进一步支持了"掏空效应"假说。为了确保结论的稳健，本书又以企业与关系客户是否处于同一省市反映双方地理距离的远近，将样本划分为同省（市）子样本（Sprovin）与异省（市）子样本（Dprovin），重新进行上述回归检验，具体如表6-25 Panel B 所示，回归结果与前文结论保持一致。

表 6 – 25　　　　　　　　　　　基于企业监督难度的多元回归检验

变量	Panel A				Panel B			
	(1) LDistan	(2) SDistan	(3) LDistan	(4) SDistan	(5) Sprovin	(6) Dprovin	(7) Sprovin	(8) Dprovin
$Cshaherf_{it-1}$	-0.019*** (-3.70)	-0.001 (-0.22)			0.008 (0.96)	-0.015*** (-4.34)		
$CTop1_{it-1}$			-0.016*** (-3.17)	0.002 (0.30)			0.009 (1.27)	-0.012*** (-3.36)
Lev_{it-1}	-0.024*** (-3.46)	-0.032*** (-5.11)	-0.024*** (-3.40)	-0.032*** (-5.08)	-0.027*** (-3.19)	-0.030*** (-6.71)	-0.027*** (-3.20)	-0.030*** (-6.64)
$Salegrow_{it-1}$	0.002 (0.46)	0.003 (0.85)	0.002 (0.46)	0.003 (0.85)	0.006 (1.28)	0.001 (0.49)	0.006 (1.30)	0.001 (0.51)
Roe_{it-1}	0.011 (1.32)	-0.009 (-1.02)	0.011 (1.33)	-0.009 (-1.03)	-0.002 (-0.12)	0.001 (0.17)	-0.002 (-0.12)	0.001 (0.18)
$Cash_{it-1}$	0.012 (1.47)	0.028*** (3.22)	0.012 (1.47)	0.028*** (3.23)	0.022** (1.96)	0.015*** (2.61)	0.022* (1.95)	0.015*** (2.62)
OCF_{it-1}	-0.024 (-1.51)	0.004 (0.29)	-0.025 (-1.56)	0.004 (0.29)	0.012 (0.71)	-0.001 (-0.11)	0.013 (0.73)	-0.002 (-0.18)
MB_{it-1}	0.000 (0.49)	0.000 (1.13)	0.000 (0.46)	0.000 (1.11)	0.001 (1.26)	0.000 (1.37)	0.001 (1.27)	0.000 (1.35)
$Expsale_{it-1}$	0.023** (2.04)	0.038*** (3.45)	0.023** (2.01)	0.038*** (3.45)	0.019 (1.28)	0.023*** (3.09)	0.019 (1.29)	0.023*** (3.11)
$Rsubsidy_{it-1}$	0.578*** (7.19)	0.695*** (8.05)	0.576*** (7.16)	0.695*** (8.05)	0.811*** (6.73)	0.557*** (9.75)	0.811*** (6.75)	0.555*** (9.69)
$lnage_{it-1}$	-0.006*** (-3.94)	-0.008*** (-5.33)	-0.006*** (-3.95)	-0.008*** (-5.34)	-0.008*** (-3.67)	-0.006*** (-6.09)	-0.008*** (-3.71)	-0.006*** (-6.13)
$Herfsale_{it-1}$	-0.006** (-2.19)	-0.003 (-1.29)	-0.006** (-2.14)	-0.003 (-1.24)	-0.001 (-0.29)	-0.005** (-2.47)	-0.001 (-0.25)	-0.005** (-2.42)
$lnasset_{it-1}$	-0.002* (-1.67)	0.002* (1.93)	-0.002* (-1.69)	0.002* (1.92)	0.002 (1.41)	-0.001 (-0.99)	0.002 (1.44)	-0.001 (-1.01)

续表

变量	Panel A				Panel B			
	(1) LDistan	(2) SDistan	(3) LDistan	(4) SDistan	(5) Sprovin	(6) Dprovin	(7) Sprovin	(8) Dprovin
$Top1_{it-1}$	0.003 (0.49)	-0.016 *** (-2.69)	0.003 (0.49)	-0.016 *** (-2.75)	-0.012 (-1.34)	-0.003 (-0.74)	-0.013 (-1.44)	-0.003 (-0.72)
$Intrade_{it-1}$	0.033 *** (3.33)	0.019 *** (3.09)	0.032 *** (3.30)	0.019 *** (3.09)	0.001 (0.16)	0.021 *** (3.35)	0.001 (0.11)	0.021 *** (3.36)
$State_{it-1}$	-0.003 * (-1.75)	0.005 ** (2.22)	-0.004 * (-1.79)	0.005 ** (2.24)	0.005 (1.28)	0.001 (0.72)	0.005 (1.29)	0.001 (0.66)
$CSalegrow_{it-1}$	-0.003 (-0.85)	0.001 (0.15)	-0.003 (-0.84)	0.006 (0.16)	-0.002 (-0.43)	0.001 (0.45)	-0.002 (-0.44)	0.001 (0.46)
$CRoe_{it-1}$	0.007 (0.99)	-0.008 (-1.08)	0.008 (1.01)	-0.008 (-1.04)	0.005 (0.39)	-0.003 (-0.60)	0.005 (0.40)	-0.003 (-0.55)
$Clnasset_{it-1}$	-0.000 (-0.08)	0.001 ** (2.14)	-0.000 (-0.64)	0.001 ** (2.03)	0.0012 ** (1.96)	0.001 * (1.93)	0.002 ** (2.02)	0.000 (1.21)
$CState_{it-1}$	0.002 (0.91)	-0.004 * (-1.66)	0.002 (1.05)	-0.004 * (-1.74)	-0.004 (-1.22)	0.000 (0.30)	-0.004 (-1.31)	0.001 (0.38)
_cons	0.005 (0.15)	-0.042 * (-1.87)	0.013 (0.40)	-0.040 * (-1.81)	-0.113 *** (-3.59)	-0.004 (-0.16)	-0.116 *** (-3.74)	0.004 (0.19)
年度/行业	控制	控制	控制	控制	控制	控制	控制	控制
N	1448	1427	1448	1427	776	2763	776	2763
adj. R-sq	0.367	0.427	0.366	0.427	0.457	0.372	0.458	0.371

注：表中括号内为 t 值，***、** 和 * 分别表示在 1%、5% 及 10% 水平下显著。

综上，本章考察了关系客户盈余管理的会计行为特征与股权集中度的治理特征对企业研发创新的影响，研究发现：

（1）供应商可以识别关系客户的盈余管理行为，且将其视为关系客户机会主义行为，进而对此采取增加研发创新投入的措施，弱化自身对关系客户的依赖，提升自身议价能力，表现为关系客户盈余管理程度越高，企业研发创新投入越多。更进一步，本书引入了客户关系依赖度、客户关系稳定性、客户产权属性及地理距离对关系客户盈余管理程度与供应商研发创新投入间关系的调节作用，结果显示，供应商对该客户的依赖度越高，交易关系越不稳定，以及客户为国有企业与远地理距离企业时，供应商研发创新投入动机越为强烈，表现为关系客户盈余管理对其研发创新投入的正向影响更加显著。上述结果在一系列稳健性检验后不变。

（2）基于股权集中度上升引发的"掏空效应"，关系客户股权集中度会损害其经营业绩与价值，提高企业具有关系专有资产属性的研发创新投资感知的风险，使得供应商减少研发创新投入，表现为关系客户股权集中度与供应商关系专有资产投资呈现负相关关系。稳健性检验进一步发现，当企业对客户的依赖度越高，企业属于耐用品行业时，上述负向影响表现得更为显著。基于影响机理的实证研究发现，关系客户两权分离度越高，会激发高股权集中引发的"掏空"动机，进而使得上述影响在关系客户两权分离度高的样本中表现得更为显著；较高的股权制衡有助于抑制大股东的"掏空"行为，使得上述影响仅在低股权制衡度的样本中表现得显著；供应商议价能力越强，则供应商对自身的关系专有资产保护能力越强，使得上述影响在议价能力较弱的企业中表现得更为显著；供应商与客户间的地理距离越远，供应商对客户的监督难度与成本越高，使得上述影响在双方地理距离较远的样本中表现得更为显著。综上表明，随着关系客户股权集中度的上升，关系客户大股东的掏空能力增强，企业所感知的关系专有资产投资风险随之上升，进而使其降低关系专有资产投入。

第七章

进一步分析：关系型交易
与企业研发创新效率

第一节　理论分析与假说提出

首先，企业与其核心客户间的关系型交易减少了企业面临的市场竞争压力，容易导致企业安于现状，使得研发创新效率降低。随着关系型交易强度的不断增加，企业与客户会投入大量的专用性资产来维持双方的契约关系，一旦专用性资产的用途被改变，其价值会大大降低，因此关系专用性资产的存在使企业与核心客户之间存在很强的建立长期合作的意愿，从而锁定了双方的交易关系。紧密的关系型交易保证了企业较为稳定的销售收入，减少了企业在市场中的竞争压力，导致企业安于现状，经营组织效率降低。对于与其核心客户间关系型交易强度较高的企业，其管理层往往疏于管理，对研发创新活动的监督力度减弱，对研发资金的使用效率降低，资源得不到有效配置。研发人员受到的约束减少，造成研发人员工作懈怠，在研发过程中的努力程度与执行效率降低，从而导致企业研发创新效率降低。

其次，密切的关系型交易加剧了企业与外部间信息不对称程度，造成企业面临的融资约束程度更高，对企业研发创新效率产生负向影响。关系型交易双方之间的信任关系依赖于专用性资产，由于专用性资产的专用特征，不需要高质量的公开信息对关系型交易进行监督，这增加了企业信息不对称程度，容易引发"逆向选择"和"道德风险"（徐虹等，2014）。企业面临的股权融资成本和债权融资成本增加，融资约束程度加剧。而企业的研发创新活动需要持续的资金投入，企业可能由于面临融资约束放弃最优的研发创新项目、减少研发创新活动的资金投入甚至终止研发创新活动。同时，研发资金的缺少不利于企业在研发活动中对人力资源和物力资源进行支配，导致企业研发创新效率的降低。

最后，过于密切的关系型交易使企业产生"研发路径依赖"，降低了企业的研发创新效率。企业的研发创新活动主要迎合关系客户的需求，从而忽略了竞争市场的需求，导致企业对市场的感知能力变弱。企业过度依赖于关系客户提供的信息和资源，减少了与市场和行业之间的交流，降低了企业研发创新活动的多样性与灵活性，使企业的研发能力减弱、研发创新效率降低。

基于以上分析，本书提出以下假说：

假说 7 - 1：上市公司关系型交易对企业研发创新效率具有显著的负向影响。

第 二 节　研 究 设 计

一、数据来源与样本选取

基于国泰安 CSMAR 数据库，本书选取沪深 A 股上市公司 2008 ~ 2017 年数据作为研究样本。为缓解内生性，解释变量滞后 1 期，样本数据收集期间为 2007 ~ 2017 年。企业专利数据来自国泰安 CSMAR 数据库，并通过查阅上市公司年报手工补齐。企业前五大客户销售比例数据通过查阅样本公司年报，手工收集整理而成。剔除样本数据缺失值后，共得到 4836 个样本观测值。为消除异端值对数据分析的影响，将各连续型变量进行 5% 水平的 Winsorize 缩尾处理。此外，采用软件 Stata 15.0 进行相关的实证分析。

二、关系型交易与研发创新效率变量计量

研发创新效率计量：借鉴赫舒拉发等（2013）、冯根福等（2017）的研究设计，以企业当年研发创新直接产出与当年研发创新投入占比来反映企业的研发创新效率，即以企业发明专利授权变化额与研发创新投入绝对额的自然对数的比值来计量企业研发创新效率。

关系型交易计量：借鉴赵秀云等（2014）和达利瓦尔等（2016）的研究设计，本书应用两个变量代表关系型交易：（1）采用企业前五大客户销售额的合计占年度总销售额的比例作为关系型交易的衡量指标；（2）采用企业前三大客户销

售额的合计占年度总销售额的比例作为关系型交易的衡量指标。此外，借鉴陈峻等（2016）的研究设计，本书还采用前五大客户赫芬达尔指数和前三大客户赫芬达尔指数来计量关系型交易，即前五大客户销售额占比平方和与前三大客户销售额占比的平方和，以便进行稳健性检验。

三、研究模型设定

借鉴现有模型设计，构建模型进行假说 7 - 1 的检验，具体如公式（7 - 1）所示：

$$RDeffi_{it} = \beta_0 + \beta_1 Rcus5_{it-1} + \beta_2 Lev_{it-1} + \beta_3 Roe_{it-1} + \beta_4 Cash_{it-1} + \beta_5 \ln age_{it-1}$$
$$+ \beta_6 \ln asset_{i\,it-1} + \beta_7 Top1_{it-1} + \beta_8 Rsubsidy_{it-1} + \beta_9 Herfsale_{it-1}$$
$$+ \beta_{10} Intrade_{it-1} + \beta_{11} OCf_{it-1} + \sum year + \sum industry + \varepsilon \qquad (7-1)$$

其中，i 为公司，t 为年份。β_0 为常数项，β_1 为解释变量的系数，ε 为残差项。模型中控制变量具体名称和定义如表 7 - 1 所示。

表 7 - 1　　　　　　　　　　变量名称、符号与定义

变量分类	变量名称	变量符号	变量定义
被解释变量	研发创新效率	$RDeffi_{it}$	专利授权变化额与研发创新投入绝对额自然对数的比值
解释变量	关系型交易指标1	$Rcus5_{it-1}$	前五大客户销售总金额占当年销售总金额比例（滞后一期）
	关系型交易指标2	$Rcus3_{it-1}$	前三大客户销售总金额占当年销售总金额比例（滞后一期）
	关系型交易指标3	$Herfindahl5_{it-1}$	前五大客户销售金额占比的平方和（滞后一期）
	关系型交易指标4	$Herfindahl3_{it-1}$	前三大客户销售金额占比的平方和（滞后一期）
控制变量	资本结构	Lev_{it-1}	总负债与总资产比例（滞后一期）
	获利能力	Roe_{it-1}	净资产收益率（滞后一期）
	现金持有比例	$Cash_{it-1}$	现金及现金等价物之和与当期总资产比例（滞后一期）
	公司 IPO 年限	$\ln age_{it-1}$	ln（IPO 年份至当期年数 +1）（滞后一期）
	公司资产规模	$\ln asset_{i\,it-1}$	ln（企业当期总资产）（滞后一期）

续表

变量分类	变量名称	变量符号	变量定义
控制变量	第一大股东持股比例	$Top1_{it-1}$	第一大股东持股数量/总股本（滞后一期）
	政府补贴	$Rsubsidy_{it-1}$	非经常损益中的政府补助与其同期营业收入之比（滞后一期）
	多元化经营程度	$Herfsale_{it-1}$	前5个行业营业收入占比的赫芬达尔指数（滞后一期）
	关联方销售收入占比	$Intrade_{it-1}$	向关联方销售收入金额与其同期营业收入之比（滞后一期）
	经营性净现金流量	OCF_{it-1}	经营性净现金流量与当期总资产比例（滞后一期）
	年度	$Year$	年度虚拟变量
	行业	$Industry$	行业虚拟变量

第三节　实证结果与分析

一、描述性统计分析

表7-2列示了各变量的描述性统计结果。企业研发创新效率（$RDeffi_{it}$）均值为0.469，标准差为0.595，说明不同企业之间研发创新效率差异很大。关系型交易指标（$Rcus5_{it-1}$）的平均值为0.297，说明关系型交易在上市公司中普遍存在并且上市公司与其核心客户的关系较为紧密。关系型交易指标（$Rcus5_{it-1}$）的标准差为0.181、最小值为0.070、最大值为0.703，说明不同企业和其核心客户间的关系型交易水平差异较大，部分上市公司几乎没有关系客户，部分上市公司的销售额依赖少数关系密切的核心客户。

表7-2　　　　　　　　　　　　变量描述性统计

变量	样本量	均值	中位数	标准差	最小值	最大值
$RDeffi_{it}$	4836	0.469	0.225	0.595	0.000	2.142
$Rcus5_{it-1}$	4836	0.297	0.249	0.181	0.070	0.703
$Rcus3_{it-1}$	4836	0.233	0.186	0.158	0.049	0.613

续表

变量	样本量	均值	中位数	标准差	最小值	最大值
$Herfindahl5_{it-1}$	4836	0.039	0.015	0.053	0.001	0.202
$Herfindahl3_{it-1}$	4836	0.036	0.013	0.052	0.001	0.197
Lev_{it-1}	4836	0.409	0.400	0.186	0.110	0.750
Roe_{it-1}	4836	0.072	0.067	0.071	-0.084	0.216
$Cash_{it-1}$	4836	0.154	0.126	0.102	0.030	0.397
$\ln age_{it-1}$	4836	2.030	1.946	0.605	1.099	3.045
$\ln asset_{it-1}$	4836	21.940	21.800	0.992	20.470	24.220
$Top1_{it-1}$	4836	0.340	0.325	0.132	0.140	0.602
$Rsubsidy_{it-1}$	4836	0.012	0.007	0.013	0.000	0.048
$Herfsale_{it-1}$	4836	0.795	0.962	0.257	0.234	1.000
$Intrade_{it-1}$	4836	0.015	0.000	0.035	0.000	0.133
OCF_{it-1}	4836	0.045	0.042	0.056	-0.060	0.154

对变量进行 Pearson 相关性检验，结果如表 7 - 3 所示。关系型交易指标（$Rcus5_{it-1}$和 $Rcus3_{it-1}$）与企业研发创新效率（$RDeffi_{it}$）均在 1% 的水平上呈现显著的负相关，初步认为关系型交易与企业研发创新效率呈现负相关关系，与假说 7 - 1 保持一致。由于相关性分析仅说明了两个变量之间的相关关系，没有考虑其他变量的影响，还需要进一步通过多元回归检验进行分析。

表 7 - 3　　　　　　　　　　　　皮尔逊相关系数

变量	$RDeffi_{it}$	$Rcus5_{it-1}$	$Rcus3_{it-1}$	$Herfindahl5_{it-1}$	$Herfindahl3_{it-1}$
$RDeffi_{it}$	1				
$Rcus5_{it-1}$	-0.082 ***	1			
$Rcus3_{it-1}$	-0.066 ***	0.986 ***	1		
$Herfindahl5_{it-1}$	-0.044 ***	0.903 ***	0.938 ***	1	
$Herfindahl3_{it-1}$	-0.040 ***	0.888 ***	0.928 ***	0.999 ***	1

注：*** 表示在 1% 的水平下显著。

二、多元回归分析

关系型交易对企业研发创新效率影响的多元回归检验结果如表 7 - 4 所示。回归（1）和回归（2）分别是以 $Rcus5_{it-1}$ 和 $Rcus3_{it-1}$ 为解释变量的多元回归结果，回归系数均显著为负，说明关系型交易对企业研发创新效率具有负向影响。回归（3）和回归（4）是以 $Herfindahl5_{it-1}$ 和 $Herfindahl3_{it-1}$ 为解释变量的多元回归结果，回归结果保持一致。

表 7 - 4 　　　　关系型交易对企业研发创新效率影响的回归结果

变量	回归（1）	回归（2）	回归（3）	回归（4）	回归（5）	回归（6）	回归（7）	回归（8）
	$RDeffi_{it}$							
$Rcus5_{it-1}$	- 0. 133 *** （- 3. 03）							
$Rcus3_{it-1}$		- 0. 123 ** （- 2. 47）						
$Herfindahl5_{it-1}$			- 0. 297 ** （- 2. 00）					
$Herfindahl3_{it-1}$				- 0. 275 * （- 1. 81）				
$Rcus5_{it-2}$					- 0. 175 *** （- 2. 93）			
$Rcus3_{it-2}$						- 0. 164 ** （- 2. 41）		
$Herfindahl5_{it-2}$							- 0. 408 ** （- 2. 05）	
$Herfindahl3_{it-2}$								- 0. 385 * （- 1. 89）
Lev_{it-1}	- 0. 028 （- 0. 51）	- 0. 029 （- 0. 54）	- 0. 031 （- 0. 56）	- 0. 031 （- 0. 57）	0. 025 （0. 34）	0. 024 （0. 33）	0. 022 （0. 30）	0. 022 （0. 30）

续表

变量	回归（1）	回归（2）	回归（3）	回归（4）	回归（5）	回归（6）	回归（7）	回归（8）
	$RDeffi_{it}$							
Roe_{it-1}	0.925 *** (7.07)	0.925 *** (7.07)	0.927 *** (7.09)	0.927 *** (7.08)	0.987 *** (5.61)	0.986 *** (5.60)	0.988 *** (5.61)	0.987 *** (5.61)
$Cash_{it-1}$	0.293 *** (3.48)	0.290 *** (3.45)	0.287 *** (3.41)	0.286 *** (3.39)	0.460 *** (3.93)	0.455 *** (3.89)	0.450 *** (3.85)	0.448 *** (3.83)
$lnage_{it-1}$	− 0.011 (− 0.72)	− 0.01 (− 0.66)	− 0.009 (− 0.60)	− 0.009 (− 0.59)	0 (− 0.00)	0.002 (0.07)	0.003 (0.12)	0.003 (0.13)
$lnasset_{i\,it-1}$	0.255 *** (21.53)	0.256 *** (21.65)	0.257 *** (21.82)	0.257 *** (21.84)	0.259 *** (16.79)	0.260 *** (16.87)	0.262 *** (16.99)	0.262 *** (17.01)
$Top1_{it-1}$	0.220 *** (3.46)	0.222 *** (3.49)	0.226 *** (3.54)	0.226 *** (3.54)	0.304 *** (3.54)	0.307 *** (3.58)	0.311 *** (3.63)	0.312 *** (3.63)
$Rsubsidy_{it-1}$	5.348 *** (8.20)	5.358 *** (8.21)	5.354 *** (8.21)	5.358 *** (8.21)	6.022 *** (6.89)	6.043 *** (6.91)	6.036 *** (6.91)	6.044 *** (6.92)
$Herfsale_{it-1}$	0.028 (0.90)	0.027 (0.88)	0.027 (0.88)	0.027 (0.87)	0.037 (0.87)	0.036 (0.86)	0.037 (0.87)	0.037 (0.86)
$Intrade_{it-1}$	1.074 *** (4.17)	1.054 *** (4.08)	1.023 *** (3.97)	1.016 *** (3.94)	1.137 *** (3.40)	1.112 *** (3.32)	1.081 *** (3.24)	1.073 *** (3.21)
OCF_{it-1}	− 0.232 (− 1.53)	− 0.221 (− 1.46)	− 0.21 (− 1.39)	− 0.207 (− 1.37)	− 0.214 (− 1.06)	− 0.199 (− 0.98)	− 0.184 (− 0.91)	− 0.18 (− 0.89)
_cons	− 5.807 *** (− 23.10)	− 5.838 *** (− 23.29)	− 5.879 *** (− 23.62)	− 5.884 *** (− 23.65)	− 6.120 *** (− 18.33)	− 6.154 *** (− 18.48)	− 6.198 *** (− 18.73)	− 6.203 *** (− 18.76)
$Year/Industry$	控制	控制	控制	控制	控制	控制	控制	控制
$Adj.\,R-sq$	0.229	0.229	0.228	0.228	0.225	0.224	0.223	0.223
N	4836	4836	4836	4836	3047	3047	3047	3047

注：（1）表中括号内为 t 值，***、** 和 * 分别表示在1%、5%及10%水平下显著。（2）由于采用滞后两期数据，样本下降为3047个。

　　为了缓解模型中可能存在的内生性问题，分别以滞后两期的 $Rcus5_{it-2}$、$Rcus3_{it-2}$、$Herfindahl5_{it-2}$ 和 $Herfindahl3_{it-2}$ 作为解释变量进行多元回归分析。结果如回归（5）、回归（6）、回归（7）、回归（8）所示，回归结果保持稳健，仍然支持假说 7-1。

综上表明，上市公司与其核心客户间的关系型交易对企业研发创新效率具有显著的负向影响。

第四节 关系型交易、正式制度与企业研发创新效率

一、基于企业内部控制特征的干预效应分析

西蒙斯（Simons，1995）提出，内部控制作为降低代理成本和信息不对称的系统化机制，其本质是弥补公司契约的不完备性，进而对企业的技术创新产生重要影响。企业与其核心客户间的关系型交易会加剧企业信息不对称，增加企业融资约束，而内部控制作为一种治理机制，在提高企业运行效率、识别控制风险和缓解企业信息不对称等方面存在显著的优势。一方面，完善的内部控制制度有利于约束和监督管理层和员工，减少工作懈怠，提高工作效率，促进各部门协同运作，缓解紧密的关系型交易所导致的企业经营效率的降低。另一方面，高质量的内部控制制度提高了企业信息的透明度，缓解了信息不对称，降低了外部投资者因逆向选择而导致的高融资成本，减轻了企业面临的融资约束，弥补了研发资金缺口。因此，内控制度较好的企业能够有效缓解关系型交易给企业研发创新效率带来的负面影响。综上，初步预期，相比内部控制制度较好的企业，关系型交易对内部控制制度较差企业的研发创新效率的负向影响更为显著。

本书选取博迪内控指数反映上市公司内部控制特征，将样本企业划分为内部控制较差和内部控制较好两组子样本进行回归分析。其中，博迪内控指数低于中位数的为内部控制较差子样本组，反之为内部控制较好子样本组。由表 7-5 结果可知，无论内部控制较差的子样本组还是内部控制较好的子样本组，关系型交易与企业研发创新效率均为负相关关系，只是内部控制较差的子样本组负相关关系显著，而内部控制较好的子样本组负相关关系不显著，说明相比内部控制制度较好的企业，关系型交易对内部控制制度较差的企业的研发创新效率的负向影响更为显著，与初步预期相符合。

表 7 - 5　　　　　　　　　基于企业内部控制特征的回归检验结果

变量	回归（1）	回归（2）	回归（3）	回归（4）	回归（5）	回归（6）	回归（7）	回归（8）
	$RDeffi_{it}$							
	内控较差	内控较好	内控较差	内控较好	内控较差	内控较好	内控较差	内控较好
$Rcus5_{it-1}$	-0.138** (-2.54)	-0.112 (-1.63)						
$Rcus3_{it-1}$			-0.131** (-2.12)	-0.099 (-1.26)				
$Herfindahl5_{it-1}$					-0.330* (-1.82)	-0.226 (-0.95)		
$Herfindahl3_{it-1}$							-0.310* (-1.68)	-0.202 (-0.83)
Lev_{it-1}	-0.062 (-0.92)	0.044 (0.50)	-0.062 (-0.93)	0.042 (0.47)	-0.063 (-0.93)	0.041 (0.46)	-0.063 (-0.93)	0.040 (0.45)
Roe_{it-1}	0.755*** (4.40)	1.004*** (4.74)	0.753*** (4.39)	1.005*** (4.74)	0.751*** (4.37)	1.009*** (4.76)	0.750*** (4.36)	1.009*** (4.76)
$Cash_{it-1}$	0.296*** (2.78)	0.247* (1.88)	0.292*** (2.75)	0.245* (1.87)	0.290*** (2.72)	0.243* (1.85)	0.289*** (2.71)	0.242* (1.84)
$lnage_{it-1}$	-0.019 (-1.01)	-0.011 (-0.49)	-0.018 (-0.96)	-0.011 (-0.45)	-0.017 (-0.92)	-0.010 (-0.42)	-0.017 (-0.91)	-0.010 (-0.41)
$lnasset_{i\,it-1}$	0.211*** (12.61)	0.285*** (16.18)	0.212*** (12.68)	0.286*** (16.27)	0.213*** (12.76)	0.287*** (16.36)	0.213*** (12.78)	0.287*** (16.37)
$Top1_{it-1}$	0.133 (1.53)	0.256*** (2.74)	0.134 (1.55)	0.259*** (2.77)	0.137 (1.57)	0.262*** (2.80)	0.137 (1.57)	0.262*** (2.80)
$Rsubsidy_{it-1}$	4.242*** (5.14)	6.822*** (6.60)	4.255*** (5.15)	6.828*** (6.61)	4.251*** (5.15)	6.822*** (6.60)	4.257*** (5.15)	6.826*** (6.61)
$Herfsale_{it-1}$	0.069* (1.81)	-0.015 (-0.30)	0.068* (1.79)	-0.015 (-0.32)	0.068* (1.78)	-0.015 (-0.31)	0.067* (1.77)	-0.015 (-0.32)
$Intrade_{it-1}$	0.734** (2.27)	1.521*** (3.79)	0.714** (2.21)	1.500*** (3.74)	0.686** (2.12)	1.472*** (3.67)	0.678** (2.09)	1.465*** (3.66)

续表

变量	回归（1）	回归（2）	回归（3）	回归（4）	回归（5）	回归（6）	回归（7）	回归（8）
	$RDeffi_{it}$							
	内控较差	内控较好	内控较差	内控较好	内控较差	内控较好	内控较差	内控较好
OCF_{it-1}	-0.201	-0.213	-0.192	-0.204	-0.181	-0.195	-0.179	-0.192
	（-1.06）	（-0.89）	（-1.01）	（-0.84）	（-0.95）	（-0.81）	（-0.94）	（-0.80）
_cons	-4.652***	-6.642***	-4.680***	-6.672***	-4.718***	-6.707***	-4.723***	-6.711***
	（-13.17）	（-17.80）	（-13.29）	（-17.94）	（-13.50）	（-18.12）	（-13.52）	（-18.14）
Year/Industry	控制	控制	控制	控制	控制	控制	控制	控制
Adj. R-sq	0.176	0.249	0.175	0.248	0.175	0.248	0.174	0.248
N	2416	2420	2416	2420	2416	2420	2416	2420

注：表中括号内为 t 值，***、** 和 * 分别表示在 1%、5% 及 10% 水平下显著。

二、基于企业国有产权制度特征的干预效应分析

在中国现行制度背景下，国有上市企业普遍存在。国有上市企业具有规模巨大、资本雄厚的先天优势，由于政府隐性担保的存在，国有上市企业更容易从银行获得贷款，从资本市场上筹集到资金。并且由于与政府的密切关系，国有上市企业更容易获得政府补贴和税收优惠，这在一定程度上缓解了由于信息不对称给企业带来的融资约束，弱化了关系型交易给企业研发创新效率带来的负向影响。反之，非国有上市企业背后缺少政府和金融机构的支持，虽然发展迅速，但仍面临信贷歧视等不平等待遇。相对于国有企业，信息不对称使得非国有企业在资本市场上融资更加困难，加剧了企业面临的融资约束，使得企业研发创新效率降低。综上预期，相比国有上市企业，非国有上市企业与其核心客户间的关系型交易对企业研发创新效率的负向影响更为显著。

本书将样本企业分为国有企业和非国有企业两组子样本进行回归分析。其中，将期初最终控制人为国资委、中央部门、地方政府或地方国资委的上市公司，界定为国有企业，反之则界定为非国有企业。结果如表 7-6 所示，无论是国有企业还是非国有企业，关系型交易与企业研发创新效率均呈负相关关系，只是非国有企业的子样本组负相关关系在 1% 的水平上显著，而国有企业的子样本组负相关关系不显著，与初步预期相符合，证实相比国有上市企业，非国有上市企业与其核心客户间的关系型交易对企业研发创新效率的负向影响更为显著。

表 7-6 基于企业产权性质特征的回归检验结果

变量	回归（1）	回归（2）	回归（3）	回归（4）	回归（5）	回归（6）	回归（7）	回归（8）
	$RDeffi_{it}$							
	国有	非国有	国有	非国有	国有	非国有	国有	非国有
$Rcus5_{it-1}$	-0.098 (-1.05)	-0.170*** (-3.60)						
$Rcus3_{it-1}$			-0.054 (-0.51)	-0.187*** (-3.52)				
$Herfindahl5_{it-1}$					-0.027 (-0.09)	-0.528*** (-3.44)		
$Herfindahl3_{it-1}$							0.021 (0.07)	-0.525*** (-3.36)
Lev_{it-1}	-0.357*** (-3.28)	0.070 (1.13)	-0.358*** (-3.29)	0.069 (1.10)	-0.359*** (-3.29)	0.066 (1.06)	-0.360*** (-3.30)	0.065 (1.05)
Roe_{it-1}	1.480*** (6.37)	0.759*** (4.86)	1.479*** (6.37)	0.758*** (4.85)	1.477*** (6.35)	0.758*** (4.85)	1.474*** (6.34)	0.758*** (4.85)
$Cash_{it-1}$	0.299 (1.42)	0.163* (1.86)	0.288 (1.37)	0.163* (1.86)	0.280 (1.33)	0.164* (1.88)	0.278 (1.32)	0.164* (1.87)
$\ln age_{it-1}$	-0.107*** (-3.15)	-0.010 (-0.53)	-0.106*** (-3.13)	-0.008 (-0.47)	-0.106*** (-3.12)	-0.007 (-0.39)	-0.105*** (-3.12)	-0.007 (-0.38)
$\ln asset_{iit-1}$	0.283*** (14.55)	0.222*** (14.36)	0.285*** (14.69)	0.223*** (14.44)	0.286*** (14.83)	0.224*** (14.54)	0.287*** (14.86)	0.224*** (14.56)
$Top1_{it-1}$	0.396*** (3.10)	0.083 (1.10)	0.393*** (3.08)	0.085 (1.12)	0.390*** (3.04)	0.090 (1.19)	0.388*** (3.02)	0.090 (1.20)
$Rsubsidy_{it-1}$	7.177*** (5.29)	4.032*** (5.68)	7.181*** (5.29)	4.033*** (5.68)	7.178*** (5.28)	4.006*** (5.64)	7.177*** (5.28)	4.010*** (5.64)
$Herfsale_{it-1}$	-0.099* (-1.66)	0.076** (2.26)	-0.102* (-1.70)	0.076** (2.25)	-0.103* (-1.73)	0.077** (2.27)	-0.103* (-1.74)	0.077** (2.26)
$Intrade_{it-1}$	1.568*** (4.17)	-0.092 (-0.28)	1.532*** (4.07)	-0.103 (-0.32)	1.500*** (3.99)	-0.141 (-0.43)	1.491*** (3.96)	-0.149 (-0.46)

续表

变量	回归（1）	回归（2）	回归（3）	回归（4）	回归（5）	回归（6）	回归（7）	回归（8）
	$RDeffi_{it}$							
	国有	非国有	国有	非国有	国有	非国有	国有	非国有
OCF_{it-1}	−0.447 （−1.39）	−0.164 （−0.99）	−0.432 （−1.34）	−0.158 （−0.95）	−0.422 （−1.31）	−0.146 （−0.88）	−0.420 （−1.30）	−0.144 （−0.87）
_cons	−6.299*** （−16.65）	−5.029*** （−15.16）	−6.337*** （−16.83）	−5.052*** （−15.27）	−6.360*** （−16.97）	−5.104*** （−15.53）	−6.362*** （−16.98）	−5.110*** （−15.55）
Year/Industry	控制	控制	控制	控制	控制	控制	控制	控制
Adj. R − sq	0.303	0.172	0.303	0.172	0.303	0.172	0.303	0.171
N	1465	3371	1465	3371	1465	3371	1465	3371

注：表中括号内为 t 值，***、** 和 * 分别表示在 1%、5% 及 10% 水平下显著。

综上，本章研究表明，由于企业与其核心客户间交易型关系对企业的锁定，企业面临的市场竞争压力减少导致企业安于现状，同时密切的关系型交易增加了企业的信息不对称，加剧了企业融资约束程度，使企业产生研发路径依赖，进而导致企业研发创新效率降低，表现为关系型交易对企业研发创新效率具有显著的负向影响。内部控制较好的企业有助于提高企业经营效率和缓解企业信息不对称，进而弱化关系型交易对企业研发创新效率的负向影响，表现为该负向影响主要在内部控制较差的企业中表现得更为显著。另外，国有上市企业由于和政府关系密切，更容易从资本市场上筹集到资金，缓解关系型交易带来的信息不对称进而引发的融资约束问题，使得关系型交易对企业研发创新效率的负向影响在国有上市企业中表现得不显著。

第八章

结论与启示

第一节　研究结论

本书以关系型交易这一非正式制度为切入点，理论分析与实证考察这一非正式制度对企业研发创新投入的影响及其作用机理，并将企业内部控制制度、外部的财政政策制度（政府补贴视角）与法律制度因素（地区法制化进程）嵌入该分析框架中，揭示正式制度与非正式制度在影响企业研发创新过程中的关系，在此基础上进一步放松关系客户的同质性假说，考察了关系客户的研发创新活动、金融化水平、诉讼风险、过度负债、盈余管理、股权集中度等财务与会计行为及其公司治理特征对企业研发创新活动的影响。最后，进一步分析了关系型交易对企业研发创新效率的影响。主要研究结论具体如下。

（1）在转型经济背景下，中国企业关系型交易的存在会导致企业减少研发创新投入，且这种影响还依赖于企业产品的耐用特征与政府控股特征。基于影响机理的分析进一步显示，关系型交易的存在会缓解企业所面临的行业竞争压力，同时增加企业的风险承担水平，进而弱化其进行研发活动的动力，降低企业的研发创新投入强度。这表明企业基于行业竞争压力，减弱进而降低其研发创新投入，这可能会不利于企业的长远发展。

（2）内部控制的调节作用可以缓解关系型交易对研发创新的不利影响，即内部控制质量越高，越能抑制关系型交易对企业研发创新的不利影响。与此同时，政府补贴政策和地区法制化进程同样有助于缓解关系型交易对企业研发创新的不利影响。

（3）在关系型交易中，关系客户异质性特征（包括财务行为特征、会计行为特征与治理行为特征）对企业研发创新具有较为重要且显著影响，表现为：上下游企业研发创新投入存在显著的同伴效应，即关系客户的研发创新投入越高，则供应商研发创新投入越高；客户金融资产投资规模对企业研发创新投入具有显著的正向促进效应，且随着企业的客户依赖度与商业信用规模的增加而呈递减的趋势，进而表明企业认为客户金融化行为有助于降低企业所感知的客户经营风险；关系客户的诉讼风险越高，企业会进行更多研发创新投入，提升自身市场竞争实力，以弱化客户诉讼风险对企业所造成的不利影响，表现为客户诉讼风险对企业研发创新投入具有显著的正向影响，且这一影响在高依赖度客户、国有客户以及同地客户诉讼对企业研发创新投入的正向影响更为显著；客户过度负债对供应商企业研发投入具有显著的正向影响，且这一影响在高客户依赖度企业中表现得更为显著，其影响机理之一是客户过度负债会增加供应商企业销售收入风险，进而激发企业通过增加研发投入以弱化这种影响，且供应商主要依赖于企业内部资金对此提供支持；客户盈余管理程度越高，企业研发创新投入越多，证明了供应商可以识别客户盈余管理行为，且将其视为客户机会主义行为，进而对此采取增加研发创新投入的措施，弱化自身对核心客户的依赖，提升自身议价能力；随着客户股权集中度的上升，客户股东集中引发的"掏空效应"增强，供应商所感知的关系专有资产投资风险随之上升，进而减少关系专有资产投入，表现为供应商研发创新投入的下降，这反映了关系客户股权结构对企业研发创新投入的负面影响。

（4）基于研发效率视角的进一步分析显示，企业由于其与客户间的关系锁定，减少了企业面临的市场竞争压力导致企业安于现状，同时密切的关系型交易增加了企业的信息不对称，加剧了企业融资约束程度，进而导致研发创新效率降低，表现为关系型交易对研发创新效率具有显著的负向影响。进一步分析还显示，内部控制较好的企业有助于提高企业经营效率和缓解企业信息不对称，进而弱化关系型交易对企业研发创新效率的负向影响。国有上市企业更容易从资本市场上筹集到资金，缓解关系型交易带来的信息不对称进而引发的融资约束问题，使得关系型交易对企业研发创新效率的负向影响在国有上市企业中表现得不显著。

第二节　实践启示与政策建议

一、实践启示

其一，企业需要认识到关系型交易的"双刃剑"特性。紧密的关系型交易培育有助于强化企业与客户间互惠性行为（知识转移、共同行为与风险收益贡献）（王亚娟等，2014），但关系型交易的存在会引发企业的"短视性"倾向——减少研发创新投入，这会增加企业对客户的依赖性与降低自身的自治力，进而有损企业的持续发展。企业需要采取有效的措施，在从双边关系中获取长期价值的同时，避免关系陷入所带来的潜在风险。

其二，为了应对关系型交易"双刃剑"特性中的不利影响，企业要加强对内部控制体系的建设和完善，以促进公司研发创新有序进行。受关系型交易不利影响较为严重的公司，可以积极申请政府资助，各级政府对此应该给予一定的支持，针对公司研发创新投入活动提供专项资助，以助力企业研发创新投入。

其三，作为"链主"的下游客户应积极加大研发创新，发挥其同伴效应，带动供应商进行创新，从而促进创新链产业链的深度融合。另外，客户还需要完善包括股权结构在内的公司治理结构，发挥公司治理结构的正向溢出效应，以达到和企业互惠互利、合作共赢的效果。

其四，作为供应商的企业为了防止关系客户经营行为的负向外溢效应，需要降低自身对单个客户的依赖程度，努力构建权力对等、利益共享的交易关系。同时，强化客户的信息披露，让供应商等利益相关者更好地了解客户生产经营活动的实际情况，使双方交易活动建立在更为公平的基础之上。

二、政策建议

其一，目前中央政府出台了一系列关于企业内部控制的政策，包括了 2010 年五部委出台的《企业内部控制配套指引》、2015 年发布的《关于全面推进法治央企建设的意见》、2018 年出台的《中央企业合规管理指引》、2019 年发布的《关于加强中央企业内部控制体系建设与监督工作的实施意见》。这些政策一方面要求各类企业建立和完善内部控制系统，明确企业的风险和内控目标，强化过程控制和数据质量管理，有效防范各类风险和损失。另一方面，还要求各类企业进行内部控制评价，促进企业风险管理和治理能力的提升，进一步优化企业治理结构。同时，相关政策还要求各级监管部门加强对企业内部控制的监管力度，及时发现和解决企业内部控制存在的问题，提高监管的精准度和有效性。对此，今后需进一步推进企业内部控制的法治化建设，强化企业内部控制的法治化与规范化建设，包括在《会计法》与《公司法》中补充企业内部控制建设的相关条款，提高企业内部控制的法治化程度及其相应的违规成本。

其二，政府需要进一步规范与强化给予企业的政府补贴，以促进企业研发创新。对此，政府坚持市场导向原则，充分发挥市场在资源配置中的决定性作用的前提下，明确清晰的政府补贴目标，即明确以促进企业研发创新、提升产业竞争力为核心目标。同时，政府补贴不能"大水漫灌"，应精准定位补贴对象，重点支持那些具有创新能力、市场前景广阔的企业，提升补贴资源的使用效率，且根据企业研发创新的规模、难度等合理设定补贴额度，实施差别化的政府补贴。另外，政府还需要引入补贴的动态调整机制，因地制宜，因时而异，以满足处于不同发展阶段、不同技术进步情景下的企业实际需求。

其三，进一步推进地区法治化进程，强化法律制度对企业研发创新的促进作用。为此，地方政府一方面应加强知识产权保护，加大对侵犯知识产权行为的打击力度，确保企业的研发成果得到有效保护，另一方面完善市场竞争法律，防止不正当竞争行为，为企业的研发创新提供良好的市场环境。此外，持续加强执法队伍的建设，提高执法人员的专业素质和法律素养，确保执法行为的合法性和公正性。

三、研究局限与未来研究展望

首先，本书借鉴国外公司理财研究领域内的通用做法，考虑中国上市公司数据的可得性，主要采用企业向前5大客户销售占比对其与客户间关系型交易的强度进行研究。在管理学研究领域中，企业间关系强度往往表现为多个维度，不仅包括组织间交易关系的持久性、互动频率以及互动强度，还可能表现为组织高管间的社会关系联结。现有的计量指标仅仅反映关系的互动强度，尚不能准确刻画企业与其供应商/客户间的关系紧密程度，准确计量企业与客户间关系型交易依然是一个难题。另外，企业与其核心客户间的关系型交易具有动态性特征，不同时期与不同情景（如相互依赖强度和相对依赖水平）下，关系型交易对企业研发创新的影响可能会呈现出差异性的特征。因此，未来实证研究需要进一步从组织层面与高管个人层面进行精准关系型交易的操作性计量，并在此基础上分析关系型交易与企业研发创新之间的动态变化关系。

其次，本书揭示了内部控制制度特征与外部财政制度（政府补贴与法制化）有助于抑制关系型交易对企业研发创新的不利影响。现有研究表明，我国出台的税收制度、环保制度与绿色金融政策都有助于促进企业加大研发创新投入。鉴于此，后续研究可以进一步考察在关系型交易影响企业研发创新过程中，税收制度、环保制度与绿色金融政策对此究竟具有怎样的干预效应。

最后，关系型交易对企业研发创新的影响已经得到了学者们的普遍关注，形成了较为丰富的研究成果。鉴于供应商与客户的角色差异，以及国内华为、中信以及海康威视等受政治风险影响，原材料被断供，生产经营受到严重威胁，供应商对于企业稳定发展的重要性越发凸显。为此，供应商关系对企业研发创新活动的影响变得越发重要。今后研究应基于企业的客户角色，在精确计量供应商关系及其特征基础上，更进一步将企业置身于完整的供应链中，同时考察供应商关系与关系型交易对企业研发创新的交互影响。

参 考 文 献

［1］曹越，胡新玉，陈文瑞，等．客户关系型交易、高管薪酬业绩敏感性与非效率投资［J］．管理评论，2020，32（8）：166－178．

［2］陈德萍，陈永圣．股权集中度、股权制衡度与公司绩效关系研究——2007～2009 年中小企业板块的实证检验［J］．会计研究，2011（1）：40－45．

［3］陈冬华，胡晓莉，梁上坤．宗教传统与公司治理［J］．经济研究，2013（9）：71－84．

［4］陈冬华，章铁生，李翔．法律环境、政府管制与隐性契约［J］．经济研究，2008（3）：60－72．

［5］陈峻，王雄元，彭旋．环境不确定性、客户集中度与权益资本成本［J］．会计研究，2015（11）：76－82，97．

［6］陈峻，张志宏．环境不确定性、客户集中度与投资效率［J］．财经论丛，2016（4）：54－61．

［7］陈良华，胡雨菲，迟颖颖．基于供应链视角的供应商关系对企业成本粘性影响研究——来自中国制造业上市公司的经验数据［J］．河海大学学报（哲学社会科学版），2019，21（3）：37－45，106．

［8］陈爽英，井润田，龙小宁，等．民营企业家社会关系资本对研发投资决策影响的实证研究［J］．管理世界，2010（1）：88－97．

［9］陈小林，林昕．盈余管理、盈余管理属性与审计意见——基于中国证券市场的经验证据［J］．会计研究，2011（6）：77－85，96．

［10］陈正林．客户集中、行业竞争与商业信用［J］．会计研究，2017（11）：79－85．

［11］成思危．虚拟经济不可膨胀［J］．资本市场，2015（1）：8．

［12］戴天顺．关于国有企业目标取向的研究［J］．经济问题，1998（S1）：10－13．

［13］单春霞，李倩，仲伟周，等．政府补贴、股权结构与创业板上市公司成长性——基于企业异质性视角［J］．经济问题，2021（1）：39－46，124．

［14］底璐璐，罗勇根，江伟，等．客户年报语调具有供应链传染效应吗？——企业现金持有的视角［J］．管理世界，2020，36（8）：148－163．

［15］董红晔，李小荣．商业信用与银行贷款的替代效应——基于控股股东代理问题的研究［J］．山西财经大学学报，2014，36（11）：25－35．

［16］杜勇，张欢，陈建英．金融化对实体企业未来主业发展的影响：促进还是抑制［J］．中国工业经济，2017（12）：113－131．

［17］方红星，陈作华．高质量内部控制能有效应对特质风险和系统风险吗？［J］．会计研究，2015（4）：70－77，96．

［18］方红星，严苏艳．客户集中度与企业创新［J］．科研管理，2020，41（5）：182－190．

［19］方红星，张勇．供应商/客户关系型交易、盈余管理与审计师决策［J］．会计研究，2016（1）：79－86，96．

［20］冯戈坚，王建琼．企业创新活动的社会网络同群效应［J］．管理学报，2019，16（12）：1809－1819．

［21］冯根福，刘虹，冯照桢，等．股票流动性会促进我国企业技术创新吗？［J］．金融研究，2017（3）：192－206．

［22］付雷鸣，万迪昉，张雅慧．VC是更积极的投资者吗？——来自创业板上市公司创新投入的证据［J］．金融研究，2012（10）：125－138．

［23］傅超，吉利．诉讼风险与公司慈善捐赠——基于"声誉保险"视角的解释［J］．南开管理评论，2017，20（2）：108－121．

［24］郭丽婷．企业金融化、融资约束与创新投资——基于中国制造业上市公司的经验研究［J］．金融与经济，2018（5）：57－62．

［25］韩少真，李辉，潘颖．内部控制、制度环境与技术创新［J］．科学管理研究，2015，33（6）：24－27．

［26］何小杨．我国家族企业中的"人际关系网"——现状及制度诱因［J］．证券市场导报，2011（11）：54－66．

［27］洪剑峭，薛皓．股权制衡对关联交易和关联销售的持续性影响［J］．南开管理评论，2008（1）：24－30．

［28］花俊国，孔儒婧，孙抗，等．企业创新投资同群效应——基于管理者能力视角［J］．软科学，2021，35（9）：131－138．

［29］黄千员，宋远方．供应链集中度对企业研发投入强度影响的实证研究——产权性质的调节作用［J］．研究与发展管理，2019，31（3）：13－26．

［30］黄贤环，吴秋生，王瑶．金融资产配置与企业财务风险："未雨绸缪"

还是"舍本逐末"[J]. 财经研究, 2018, 44 (12): 100 - 112.

[31] 吉利, 陶存杰. 供应链合作伙伴可以提高企业创新业绩吗?——基于供应商、客户集中度的分析 [J]. 中南财经政法大学学报, 2019 (1): 38 - 46, 65, 159.

[32] 江伟, 孙源, 胡玉明. 客户集中度与成本结构决策——来自中国关系导向营商环境的经验证据 [J]. 会计研究, 2018 (11): 70 - 76.

[33] 姜付秀, 蔡欣妮, 朱冰. 多个大股东与股价崩盘风险 [J]. 会计研究, 2018 (1): 68 - 74.

[34] 姜付秀, 黄继承. 市场化进程与资本结构动态调整 [J]. 管理世界, 2011 (3): 124 - 134.

[35] 焦小静, 张鹏伟. 客户集中度影响公司股利政策吗: 治理效应抑或风险效应 [J]. 广东财经大学学报, 2017, 32 (4): 70 - 81.

[36] 解维敏, 唐清泉, 陆姗姗. 政府 R&D 资助, 企业 R&D 支出与自主创新——来自中国上市公司的经验证据 [J]. 金融研究, 2009 (6): 86 - 99.

[37] 金静, 汪燕敏, 孙明. 客户关系的稳定性、客户集中度与企业创新 [J]. 重庆理工大学学报 (社会科学), 2021, 35 (9): 109 - 120.

[38] 康华, 王鲁平, 杨柳青. 民营上市公司政治关系对研发活动的影响研究 [J]. 科研管理, 2013, 34 (8): 9 - 16.

[39] 乐国安, 曹晓鸥. K. W. Schaie 的 "西雅图纵向研究"——成年人认知发展研究的经典模式 [J]. 南开学报, 2002 (4): 79 - 87.

[40] 李春涛, 宋敏. 中国制造业企业的创新活动: 所有制和 CEO 激励的作用 [J]. 经济研究, 2010, 45 (5): 55 - 67.

[41] 李丹蒙, 王俊秋, 张裕恒. 关系网络、产权性质与研发投入 [J]. 科研管理, 2017, 38 (8): 75 - 82.

[42] 李欢, 李丹, 王丹. 客户效应与上市公司债务融资能力——来自我国供应链客户关系的证据 [J]. 金融研究, 2018, 456 (6): 142 - 158.

[43] 李欢, 郑杲娉, 李丹. 大客户能够提升上市公司业绩吗?——基于我国供应链客户关系的研究 [J]. 会计研究, 2018 (4): 58 - 65.

[44] 李明, 郑艳秋. 盈余管理、媒体负面报道与公司上市后业绩变脸——基于我国创业板上市公司的经验证据 [J]. 管理评论, 2018, 30 (12): 212 - 225.

[45] 李姝, 李丹, 田马飞, 等. 技术创新降低了企业对大客户的依赖吗 [J]. 南开管理评论, 2021, 24 (5): 26 - 39.

[46] 李姝, 翟士运, 古朴. 大客户关系如何影响企业技术创新? [J]. 科学

学研究，2018，231（7）：165－175.

［47］李文贵，余明桂．所有权性质、市场化进程与企业风险承担［J］．中国工业经济，2012（12）：115－127.

［48］李馨子，牛煜皓，张广玉．客户集中度影响企业的金融投资吗？［J］．会计研究，2019（9）：65－70.

［49］李艳平．企业地位、供应链关系型交易与商业信用融资［J］．财经论丛，2017（4）：47－54.

［50］李增泉．关系型交易的会计治理——关于中国会计研究国际化的范式探析［J］．财经研究，2017（2）：6－35.

［51］李志生，苏诚，李好，等．企业过度负债的地区同群效应［J］．金融研究，2018（9）：74－90.

［52］林毅夫，刘明兴，章奇．政策性负担与企业的预算软约束：来自中国的实证研究［J］．管理世界，2004（8）：81－89.

［53］林钟高，郑军，彭琳．关系型交易、盈余管理与盈余反应——基于主要供应商和客户视角的经验证据［J］．审计与经济研究，2014，29（2）：47－57.

［54］刘凤委，李琳，薛云奎．信任、交易成本与商业信用模式［J］．经济研究，2009（8）：60－72.

［55］刘贯春，张军，刘媛媛．金融资产配置、宏观经济环境与企业杠杆率［J］．世界经济，2018（1）：148－173.

［56］刘静，王克敏．同群效应与公司研发——来自中国的证据［J］．经济理论与经济管理，2018（1）：21－32.

［57］刘丽娜，马亚民．实体企业金融化、过度负债与股价崩盘风险——基于上市公司投资视角的检验［J］．云南财经大学学报，2018，34（3）：41－55.

［58］刘若姣，都沁军．政府干预理论下企业绩效的实证研究——基于股权集中度和股权性质的调节效应［J］．当代经济管理，2023，45（4）：31－38.

［59］刘文军．审计师的地理位置是否影响审计质量？［J］．审计研究，2014（1）：79－87.

［60］刘颖斐，张小虎．企业诉讼风险与审计收费——基于关键审计事项披露视角［J］．审计与经济研究，2019，34（6）：33－45.

［61］陆建桥．中国亏损上市公司盈余管理实证研究［J］．会计研究，1999（9）：25－35.

［62］陆正飞，何捷，窦欢．谁更过度负债：国有还是非国有企业？［J］．经济研究，2015，50（12）：54－67.

［63］陆正飞，祝继高，孙便霞．盈余管理、会计信息与银行债务契约［J］．管理世界，2008（3）：152－158.

［64］罗党论，唐清泉．政治关系、社会资本与政策资源获取：来自中国民营上市公司的经验证据［J］．世界经济，2009（7）：84－96.

［65］罗福凯，李启佳，庞廷云．企业研发投入的"同侪效应"检验［J］．产业经济研究，2018（6）：10－21.

［66］罗进辉，黄泽悦，朱军．独立董事地理距离对公司代理成本的影响［J］．中国工业经济，2017（8）：100－119.

［67］马永强，赖黎，曾建光．盈余管理方式与信贷资源配置［J］．会计研究，2014（12）：39－45，95.

［68］聂辉华，谭松涛，王宇锋．创新、企业规模和市场竞争：基于中国企业层面的面板数据分析［J］．世界经济，2008（7）：57－66.

［69］潘雄锋，张静，孔新男．R&D 经费支出结构对企业绩效的影响效应研究：基于中国上市公司的面板数据分析［J］．管理工程学报，2019，33（3）：47－51.

［70］潘玉香，杨悦，魏亚平．文化创意企业管理者特征与投资决策关系的研究［J］．中国软科学，2015（3）：172－181.

［71］潘越，潘健平，戴亦一．公司诉讼风险、司法地方保护主义与企业创新［J］．经济研究，2015，50（3）：131－145.

［72］彭旋，王雄元．客户股价崩盘风险对供应商具有传染效应吗？［J］．财经研究，2018（2）：141－152.

［73］钱雪松，金芳吉，杜立．地理距离影响企业内部资本市场的贷款价格吗？——来自企业集团内部借贷交易的证据［J］．经济学动态，2017（6）：73－86.

［74］屈耀辉．中国上市公司资本结构的调整速度及其影响因素——基于不平行面板数据的经验分析［J］．会计研究，2006（6）：56－62.

［75］饶品贵，石孟卿，姜国华，等．宏观经济政策与微观企业行为互动关系研究——首届"宏观经济政策与微观企业行为"学术研讨会综述［J］．经济研究，2013，48（2）：150－154.

［76］邵剑兵，陈永恒，苏涛永．CEO 股权激励对企业研发投入强度的影响研究——基于 2008 年金融危机的烙印效应［J］．中央财经大学学报，2019（12）：106－117.

［77］沈坤荣，孙文杰．市场竞争、技术溢出与内资企业 R&D 效率——基于

行业层面的实证研究 [J]. 管理世界, 2009 (1): 38 - 48, 187 - 188.

[78] 盛明泉, 张敏, 马黎珺, 等. 国有产权、预算软约束与资本结构动态调整 [J]. 管理世界, 2012 (3): 151 - 157.

[79] 史金艳, 秦基超. 融资约束、客户关系与公司现金持有 [J]. 系统管理学报, 2018, 27 (5): 844 - 853.

[80] 宋迪, 杨超. 高管团队断层与企业创新能力——基于创业板上市公司的经验证据 [J]. 商业研究, 2017 (6): 24 - 33.

[81] 宋军, 陆旸. 非货币金融资产和经营收益率的 U 形关系——来自我国上市非金融公司的金融化证据 [J]. 金融研究, 2015 (6): 111 - 127.

[82] 宋希亮, 吴紫祺. 关系型交易对审计费用的影响——基于经营风险理论视角 [J]. 审计研究, 2020 (2): 114 - 123.

[83] 孙早, 肖利平. 产业特征、公司治理与企业研发创新投入——来自中国战略性新兴产业 A 股上市公司的经验证据 [J]. 经济管理, 2015, 37 (8): 23 - 34.

[84] 唐清泉, 罗党论. 政府补贴动机及其效果的实证研究——来自中国上市公司的经验证据 [J]. 金融研究, 2007 (6): 149 - 163.

[85] 唐斯圆, 李丹. 上市公司供应链地理距离与审计费用 [J]. 审计研究, 2019 (1): 72 - 80.

[86] 田志龙, 刘昌华. 资产专用性、产品竞争优势与企业绩效: 技术创新的调节作用 [J]. 预测, 2016, 35 (6): 1 - 8.

[87] 宛晴, 程小可, 杨鸣京, 等. 大客户地理邻近性能够抑制公司违规吗? [J]. 中国软科学, 2019 (8): 100 - 119.

[88] 万良勇, 梁婵娟, 饶静. 上市公司并购决策的行业同群效应研究 [J]. 南开管理评论, 2016, 19 (3): 40 - 50.

[89] 王丹, 李丹, 李欢. 客户集中度与企业投资效率 [J]. 会计研究, 2020 (1): 110 - 125.

[90] 王迪, 刘祖基, 赵泽朋. 供应链关系与银行借款——基于供应商/客户集中度的分析 [J]. 会计研究, 2016 (10): 42 - 49, 96.

[91] 王红建, 曹瑜强, 杨庆, 等. 实体企业金融化促进还是抑制了企业创新——基于中国制造业上市公司的经验研究 [J]. 南开管理评论, 2017, 20 (1): 155 - 166.

[92] 王红建, 杨筝, 阮刚铭, 等. 放松利率管制、过度负债与债务期限结构 [J]. 金融研究, 2018 (2): 100 - 117.

［93］王加灿，胡良章，徐新华．内部控制异质性与企业创新［J］．会计之友，2022（12）：77－82.

［94］王雄元，高曦．客户盈余公告对供应商具有传染效应吗？［J］．中南财经政法大学学报，2017（3）：3－13，158.

［95］王雄元，王鹏，张金萍．客户集中度与审计费用：客户风险抑或供应链整合［J］．审计研究，2014（6）：72－82.

［96］王雄元，曾敬．年报风险信息披露与银行贷款利率［J］．金融研究，2019（1）：54－71.

［97］王亚娟，刘益，张钰．关系价值还是关系陷入？——供应商与客户关系耦合的权变效应研究［J］．管理评论，2014，26（2）：165－176.

［98］王彦超，林斌，辛清泉．市场环境、民事诉讼与盈余管理［J］．中国会计评论，2008（1）：21－40.

［99］王勇．客户负债水平会影响供应商的信贷融资成本吗？——基于制造业上市公司的经验研究［J］．系统工程，2019，37（2）：106－128.

［100］王勇．客户股权集中度与供应商关系专有资产投入——来自上市公司核心客户的经验证据［J］．财经论丛，2020（2）：64－74.

［101］王勇，刘志远，靳光辉．多元化经营与现金持有"竞争效应"——基于中国制造业上市公司的实证分析［J］．管理评论，2015（1）：91－102.

［102］王勇，刘志远，靳光辉．企业现金持有、客户依赖与产品市场竞争——基于中国制造业上市公司的实证研究［J］．系统工程，2016，34（8）：13－23.

［103］温军，冯根福．异质机构、企业性质与自主创新［J］．经济研究，2012，47（3）：53－64.

［104］文旭倩，叶勇．客户集中对企业创新投入的影响——基于融资结构的中介效应［J］．数理统计与管理，2020，39（4）：675－690.

［105］吴娜，于博．客户集中度、体恤效应与商业信用供给［J］．云南财经大学学报，2017，33（4）：141－152.

［106］吴祖光，万迪昉，康华．客户集中度、企业规模与研发投入强度——来自创业板上市公司的经验证据［J］．研究与发展管理，2017，29（5）：43－53.

［107］肖作平，邓春梅．法律诉讼、政治关系与银行贷款契约——来自中国民营上市公司的经验证据［J］．证券市场导报，2019（10）：4－14.

［108］谢家智，王文涛，江源．制造业金融化、政府控制与技术创新［J］．经济学动态，2014（11）：78－88.

［109］辛金国，张梅．创始人社会资本、家族超额控制与企业过度负债［J］．浙江社会科学，2019（2）：61–73.

［110］胥朝阳，李子妍，赵晓阳．内部控制质量、成本粘性与公司财务绩效［J］．财会通讯，2021（18）：71–74.

［111］徐虹，林钟高，李倩．内部控制、关系型交易与非效率投资［J］．南京审计学院学报，2014，11（5）：75–85.

［112］徐虹，林钟高，芮晨．客户关系与企业研发投资决策［J］．财经论丛，2016（1）：47–56.

［113］许文静，王君彩．应计盈余管理动机、方向与公司未来业绩——来自沪市 A 股经验证据［J］．中央财经大学学报，2018（1）：68–76

［114］杨德明，陆正飞，罗党论．货币政策，媒体监督与关系型债务融资［C］．中国会计学会 2012 年学术年会论文集，2012.

［115］杨洋，魏江，罗来军．谁在利用政府补贴进行创新？——所有制和要素市场扭曲的联合调节效应［J］．管理世界，2015（1）：75–86，98，188.

［116］杨晔，王鹏，李怡虹，等．财政补贴对企业研发投入和绩效的影响研究——来自中国创业板上市公司的经验证据［J］．财经论丛，2015（1）：24–31.

［117］杨筝，刘放，王红建．企业交易性金融资产配置：资金储备还是投机行为？［J］．管理评论，2017，29（2）：13–25.

［118］易靖韬，张修平，王化成．企业异质性、高管过度自信与企业创新绩效［J］．南开管理评论，2015，18（6）：101–112.

［119］殷枫，贾竞岳．大客户盈余管理对供应商企业投资的影响研究［J］．审计与经济研究，2017，32（6）：64–78.

［120］俞向前，万威武．我国上市公司收入平滑盈余管理对股价影响的实证研究［J］．西安交通大学学报（社会科学版），2006（3）：20–23.

［121］袁建国，后青松，程晨．企业政治资源的诅咒效应——基于政治关联与企业技术创新的考察［J］．管理世界，2015（1）：139–155.

［122］曾江洪，于彩云，李佳威，等．高科技企业研发投入同群效应研究——环境不确定性、知识产权保护的调节作用［J］．科技进步与对策，2020（2）：98–105.

［123］张成思，张步昙．中国实业投资率下降之谜：经济金融化视角［J］．经济研究，2016，51（12）：32–46.

［124］张宏亮，周宇彤，王靖宇．机构投资者持股与企业创新质量——基于

非线性视角的研究 [J]. 南京审计大学学报，2023，20（1）：49 – 59.

[125] 张敏，马黎珺，张胜. 供应商 – 客户关系与审计师选择 [J]. 会计研究，2012（12）：81 – 86，95.

[126] 张晔，兰凤云，沈华玉. 客户集中度与公司创新投入——基于客户议价能力视角 [J]. 中国流通经济，2019，33（4）：76 – 88.

[127] 张勇. 供应链关系型交易会诱发企业分类转移盈余管理行为吗？[J]. 证券市场导报，2017（7）：43 – 51.

[128] 张兆国，刘亚伟，杨清香. 管理者任期、晋升激励与研发投资研究 [J]. 会计研究，2014（9）：81 – 88，97.

[129] 赵秀云，鲍群. 供应商与客户关系是否影响企业现金持有水平——基于制造业上市公司面板数据的实证分析 [J]. 江西财经大学学报，2014（5）：41 – 48.

[130] 赵自强，赵湘莲. 债务水平与公司研发投资决策研究——对中国制造业上市公司的实证分析 [J]. 审计与经济研究，2008，23（6）：106 – 110.

[131] 郑丽，赵月皎，王树昊. 企业集团子公司技术创新具有同群效应吗——来自 2012 ~ 2019 年上市公司数据 [J]. 广东财经大学学报，2021，36（4）：38 – 49.

[132] 周彬，谢佳松. 虚拟经济的发展抑制了实体经济吗？——来自中国上市公司的微观证据 [J]. 财经研究，2018，44（11）：74 – 89.

[133] 周黎安，罗凯. 企业规模与创新：来自中国省级水平的经验证据 [J]. 经济学（季刊），2005（2）：623 – 638.

[134] 周梅，薛晓丹，杨洋. 客户集中度对商业银行信贷管理决策的影响——以房地产公司供应链为例 [J]. 山西财经大学学报，2020，42（S2）：28 – 30.

[135] 朱平芳，徐伟民. 政府的科技激励政策对大中型工业企业 R&D 投入及其专利产出的影响—上海市的实证研究 [J]. 经济研究，2003（6）：45 – 53.

[136] 庄贵军，席酉民. 关系营销在中国的文化基础 [J]. 管理世界，2003（10）：98 – 109，156.

[137] Aberdeen Group. Supplier Lifecycle Management：Measuring Performance while Mitigating Risk [R]. Research Report，2012.

[138] Acharya V，Almeida H，Campello M. Is Cash Negative Debt? A Hedging Perspective on Corporate Financial Policies [J]. Journal of Financial Intermediation，2007（16）：515 – 554.

[139] Acharya V, Baghai R P, Subramanian K V. Wrongful Discharge Laws and Innovation [J]. Review of Financial Studies, 2014, 27 (1): 301 –346.

[140] Aghion P, Van Reenen J, Zingales L. Innovation and Institutional Ownership [J]. American Economic Review, 2013, 103 (1): 277 –304.

[141] Allen F, Qian J, Qian M. Law, Finance, and Economic Growth in China [J]. Journal of Financial Economics, 2005 (77): 57 –116.

[142] Allen Jeffrey W, Gordon M Phillips. Corporate Equity Ownership, Strategic Alliances, and Product Market Relationships [J]. Journal of Finance, 2000 (55): 2791 –2815.

[143] Amore D M, Schneider C, Žaldokas A. Credit Supply and Corporate Innovation [J]. Journal of Financial Economics, 2013, 109 (3): 835 –855.

[144] Attig N, Ghoul S E, Guedhami O. Do Multiple Large Shareholders Play a Corporate Governance Role? Evidence from East Asia [J]. Journal of Financial Research, 2009, 32 (4): 395 –422.

[145] Bae K H, Wang J. Why Do Firms in Customer – Supplier Relationships Hold MoreCash? [J]. International Review of Finance, 2015, 15 (4): 489 –520.

[146] Banerjee S, Dasgupta S, Kim Y. Buyer – Supplier Relationships and the Stakeholder Theory of Capital Structure [J]. The Journal of Finance, 2008 (63): 2507 –2552.

[147] Banerjee S, Heshmati A, Wihlborg C. The Dynamics of Capital Structure [J]. Research in Banking and Finance, 2004 (4): 275 –297.

[148] Bargeron L L, Lehn M K, Zutter J C. Sarbanes – Oxley and Corporate Risk – Taking [J]. Journal of Accounting and Economics, 2009, 49 (1): 34 –52.

[149] Barry M J, Dion P, Johnson W. A Cross – Cultural Examination of Relationship Strength in B2B Services [J]. Journal of Services Marketing, 2008, 22 (2): 114 –135.

[150] Baysinger B D, Kosnik R D, Turk T A. Effects of Board and Ownership Structure on Corporate R&D Strategy [J]. Academy of Management Journal, 1991, 34 (1): 205 –214.

[151] Becker – Blease J R. Governance and Innovation [J]. Journal of Corporate Finance, 2011, 17 (4): 947 –958.

[152] Belloc F. Corporate Governance and Innovation: A Survey [J]. Journal of Economic Surveys, 2012, 26 (5): 835 – 864.

［153］Bell T B, Landsman W R, Shackelford D A. Auditors' Perceived Business Risk and Audit Fees: Analysis and Evidence ［J］. Journal of Accounting Research, 2001, 39 (1): 35 – 43.

［154］Benfratello L, Schiantarelli F, Sembenelli A. Banks and Innovation: Microeconometric Evidence on Italian Firms ［J］. Journal of Financial Economics, 2008, 90 (2): 197 – 217.

［155］Berle A A, G C Means. The Modern Corporation and Private Property ［M］. Macmillan, New York, 1932.

［156］Bharath S T, Jayaraman S, Nagar V. Exit as Governance: An Empirical Analysis ［J］. Journal of Finance, 2013, 68 (6): 2515 – 2547.

［157］Bharath S T, Sunder J, Sunder S V. AccountingQuality and Debt Contracting ［J］. The Accounting Review, 2008, 83 (1): 1 – 28.

［158］Bing Zhou, Yumeng Li, Shengzhong Huang, et al. Customer Concentration and Corporate Innovation: Effects of Financing Constraints and Managers' Expectation of Chinese Listed Companies ［J］. Economic, Business and Management Aspects of Sustainability, 2019, 11 (10): 1 – 19.

［159］Blundell R, Griffiths R, van Reenen J. Market Share, Market Value and Innovation in a Panel of British Manufacturing Firms ［J］. The Review of Economic Studies, 1999, 66 (3): 529 – 554.

［160］Bronars S G, Donald R D. The Threat of Unionization, the Use of Debt, and the Preservation of Shareholder Wealth ［J］. The Quarterly Journal of Economics, 1991, 106 (1): 231 – 254.

［161］Brown D T, Fee C E, Thomas S E. Financial Leverage and Bargaining Power with Suppliers: Evidence from Leveraged Buyouts ［J］. Journal of Corporate Finance, 2009, 15 (2): 196 – 211.

［162］Brown J R, Martinsson G, Petersen B C. Law, Stock Markets and Innovation ［J］. The Journal of Finance, 2013, 68 (4): 1517 – 1549.

［163］Campello M, Gao J. Customer Concentration and Loan Contract Terms ［J］. Journal of Financial Economics, 2017, 123 (1): 108 – 136.

［164］Carpenter E R, Petersen C B. Capital Market Imperfections, High – Tech Investment, and New Equity Financing ［J］. The Economic Journal, 2002, 112 (477): 54 – 72.

［165］Chad W Autry, Susan L Golicic. Evaluating Buyer – Supplier Relationship –

Performance Spirals: A Longitudinal Study [J]. Journal of Operations Management, 2010 (28): 87 – 100.

[166] Chakrabarti A, Mitchell W. The Persistent Effect of Geographic Distance in Acquisition Target Selection [J]. Organization Science, 2013, 24 (6): 1805 – 1826.

[167] Chan Y. The Multiple Depot, Multiple Traveling Salesmen Facility – Location Problem: Vehicle Range, Service Frequency, and Heuristic Implementations [J]. Mathematical and Computer Modelling, 2003, 41 (8): 1035 – 1053.

[168] Charles M C Lee, Paul Ma, Charles C Y Wang. Search – Based Peer Firms: Aggregating Investor Perceptions through Internet Co – Searches [J]. Journal of Financial Economics, 2015, 116 (2): 410 – 431.

[169] Chiao Chaoshin. Relationship between Debt R&D and Physical Investment, Evidence from US Firm – Level Data [J]. Applied Financial Economics, 2002, 12 (12): 105 – 121.

[170] Chu Y, Tian X, Wang W. Corporate Innovation along the Supply Chain [J]. Management Science, 2019, 65 (6): 2445 – 2446.

[171] Claessens S, Fan H P J. Corporate Governance in Asia: A Survey [J]. International Review of Finance, 2002, 3 (2): 71 – 103.

[172] Cohen L, Frazzini A. Economic Links and Predictable Returns [J]. The Journal of Finance, 2008, 63 (4): 1977 – 2011.

[173] Czarnitzki D, Hottenrott H. R&D Investment and Financing Constraints of Small and Medium – Sized Firms [J]. Small Business Economics, 2011, 36 (1): 65 – 83.

[174] Dan Dhaliwala, J Scott Juddc, Matthew Serflingd, Sarah Shaikhe. Customer Concentration Risk and the Cost of Equity Capital [J]. Journal of Accounting and Economics, 2016, 61 (1): 23 – 48.

[175] Dasgupta S, Sengupta K. Sunk Investment, Bargaining and Choice of Capital Structure [J]. International Economic Review, 1993 (34): 203 – 220.

[176] Dass N, Kale J R, Nanda V. Trade Credit, Relationship – Specific Investment, and Product – Market Power [J]. Review of Finance, 2015, 19 (5): 1867 – 1923.

[177] Deangelo H, Deangelo L, Whited M T. Capital Structure Dynamics and Transitory Debt [J]. Journal of Financial Economics, 2011, 99 (2): 235 – 261.

［178］ Dechow P M, Sloan R G, Sweeney A P. Detecting Earnings Management ［J］. Accounting review, 1995, 70 (2): 193 – 225.

［179］ Demir F. Financial Liberalization, Private Investment and Portfolio Choice: Financialization of Real Sectors in Emerging Markets ［J］. Journal of Development Economics, 2008, 88 (2): 314 – 324.

［180］ Dou Y, Hope O, Thomas W B. Relationship – Specificity, Contract Enforceability, and Income Smoothing ［J］. The Accounting Review, 2013, 88 (5): 1629 – 1656.

［181］ Enrique Schroth, Dezsö Szalay. Cash Breeds Success: The Role of Financing Constraints in Patent Races ［J］. Review of Finance, 2010, 14 (1): 73 – 118.

［182］ Faccio M, Marchica M, Mura R. Large Shareholder Diversification and Corporate Risk – Taking ［J］. The Review of Financial Studies, 2011, 24 (11): 3601 – 3641.

［183］ Fangjun Sang. The Ripple Effect of Major Customer Litigation Risk on Suppliers' Firm Valuation, Operating Performance, and Strategic Decisions ［D］. Kent State University, 2018.

［184］ Fan P J, Wong T. Corporate Ownership Structure and the Informativeness of Accounting Earnings in East Asia ［J］. Journal of Accounting and Economics, 2002, 33 (3): 401 – 425.

［185］ Fee C E, Charles J H, Shawn Thomas. Corporate Equity Ownership and the Governance of Product Market Relationships ［J］. Journal of Finance, 2006 (61): 1217 – 1250.

［186］ Fee C E, Shawn Thomas. Sources of Gain in Horizontal Mergers: Evidence from Customers, Suppliers, and Rival Firms ［J］. Journal of Financial Economics, 2004, 74 (3): 423 – 460.

［187］ Files R, Gurun U G. Lenders' Response to Restatements along the Supplier Chain ［J］. Contemporary Accounting Research, 2018, 35 (1): 464 – 493.

［188］ Gehringer A. Growth, Productivity and Capital Accumulation: The effects of Financial Liberalization in the Case of European Integration ［J］. International Review of Economics and Finance, 2013 (25): 291 – 309.

［189］ Ghoul S E, Guedhami O, Ni Y, Pittman J, Saadi S. Does Information Asymmetry Matter to Equity Pricing? Evidence from Firms' Geographic Location ［J］. Contemporary Accounting Research, 2013, 30 (1): 140 – 181.

［190］ Gorg H, Strobl E. The Effect of R&D Subsidies on Private R&D ［J］. Economica, 2007, 74 （294）: 215 – 234.

［191］ Hall B H. The Financing of Researching and Development ［J］. Oxford Review of Economic Policy, 2002, 18 （1）: 35 – 51.

［192］ Healy P M, Wahlen J M. A Review of the Earnings Management Literature and its Implications for Standard Setting ［J］. Accounting horizons, 1999, 13 （4）: 365 – 383.

［193］ Hertzel G M, Li Z, Officer M S, Rodgers K J. Inter – Firm Linkages and the Wealth Effects of Financial Distress along the Supply Chain ［J］. Journal of Financial Economics, 2007, 87 （2）: 374 – 387.

［194］ Hertzel M G, Officer M S, Rodgers K J. Inter – Firm Linkages and the Wealth Effect of Financial Distress along the Supply Chain ［J］. Journal of Financial Economics, 2008, 87 （2）: 374 – 387.

［195］ Himmelberg C P, Petersen B C. R&D and Internal Finance: a Panel Study of Small Firms in High – Tech Industries ［J］. Review of Economics and Statistics, 1994 （76）: 38 – 51.

［196］ Hirshleifer D, Low A, Teoh S H. Are Overconfident CEOs Better Innovators? ［J］. The Journal of Finance, 2012, 67 （4）: 1457 – 1498.

［197］ Holmstrom B. Agency Costs and Innovation ［J］. Journal of Economic Behavior & Organization, 1989, 12 （3）: 305 – 327.

［198］ Hui K W, Liang C, Yeung P E. The Effect of Major Customer Concentration on Firm Profitability: Competitive or Collaborative? ［J］. Review of Accounting Studies, 2019 （24）: 189 – 229.

［199］ Irvine P J, Park S, Yildizhan C. Customer – Base Concentration, Profitability, and the Relationship Life Cycle ［J］. Accounting Review, 2016, 91 （3）: 883 – 906.

［200］ Itzkowitz J. Buyers as Stakeholders: How Relationships Affect Supplier's Investment – Cash Flow Sensitivity ［J］. Journal of Corporate Finance, 2015 （31）: 54 – 66.

［201］ James B Ang. Does Foreign Aid Promote Growth? Exploring the Role of Financial Liberalization ［J］. Review of Development Economics, 2010, 14 （2）: 197 – 212.

［202］ Jennifer Itzkowitz. Customers and Cash: How Relationships Affect Suppliers'

Cash Holdings [J]. Journal of Corporate Finance, 2013b (19): 159 – 180.

[203] Jeremy C Stein. Conversations among Competitors [J]. The American Economic Review, 2008, 98 (5): 2150 – 2162.

[204] Jinsong Tan, Huijuan Cao, Xiangting Kong. Do Major Customers Promote Firms' Innovation? [J]. China Journal of Accounting Research, 2019, 12 (02): 209 – 229.

[205] Jin Wang. Do Frms' Relationships with Principal Customers/Suppliers Affect Shareholders' Income? [J]. Journal of Corporate Finance, 2012, 18 (4): 860 – 878.

[206] JohnsonC W, Kang J, Yi S. The Certification Role of Large Customers in the New Issues Market [J]. Financial Management, 2010 (39): 1425 – 1474.

[207] Judson Caskey, John Hughes, Jing Liu. Leverage, Excess Leverage, and Future Returns [J]. Review of Accounting Studies, 2012, 17 (11): 443 – 471.

[208] Kai W Hui, Klasa S, Yeung P E. Corporate Suppliers and Customers and Accounting Conservatism [J]. Journal of Accounting & Economics, 2012, 52 (1): 115 – 135.

[209] Kale J R, Kedia S, Williams R. The Effect of CEO's Risk – Taking Incentives on Relationship – Specific Investments by Customers and Suppliers [R]. Working paper, 2015.

[210] Kale J R, Meneghetti C. Supplier/Customer Considerations in Corporate Financial Decisions [J]. IIMB Management Review, 2014, 26 (3): 149 – 155.

[211] Kale J, Shahrur H. Corporate Capital Structure and the Characteristics of Suppliers and Customers [J]. Journal of Financial Economics, 2007, 83 (2): 321 – 365.

[212] Kalwani M U, Narayandas N. Long – Term Manufacturer – Supplier Relationships: Do they Pay Off for Supplier Firms? [J]. Journal of Marketing, 1995, 59 (1): 1 – 16.

[213] Kartik Raman, Husayn Shahrur. Relationship – Specific Investments and Earnings Management: Evidence on Corporate Suppliers and Customers [J]. The Accounting Review, 2008, 83 (4): 1041 – 1081.

[214] Kato T, Long C. Tournaments and Managerial Incentives in China's Listed Firms: New Evidence [J]. China Economic Review, 2011, 22 (1): 1 – 10.

[215] Keynes J M. The General Theory of Employment, Interest and Money [J].

Studies in Philosophy & Social ence, 1936, 3 (10): 115 – 132.

[216] Kim J B, Song B Y, Zhang Y. Earnings Performance of Major Customers and Bank Loan Contracting with Suppliers [J]. Journal of Banking & Finance, 2015 (59): 384 – 398.

[217] Kim Yungsan. Big Customers, Selling Expenses and Profit Margin [J]. Journal of Economic Research, 1996 (1): 311 – 326.

[218] Klein B. Fisher—General Motors and the Nature of the Firm [J]. Journal of Law and Economics, 2000, 43 (1): 105 – 142.

[219] Kliman A, Williams S D. Why 'Financialisation' hasn't Depressed US Productive Investment [J]. Cambridge Journal of Economics, 2015, 39 (1): 67 – 92.

[220] Kolay M, Lemmon M, Tashjian E. Spreading the Misery Sources of Bankruptcy Spillover in the Supply Chain [J]. Journal of Financial & Quantitative Analysis, 2016, 51 (6): 1955 – 1990.

[221] Kong X. Why Are Social Network Transactions Important? Evidence Based on the Concentration of Key Suppliers and Customers in China [J]. China Journal of Accounting Research, 2011 (3): 121 – 133.

[222] Krause D R, Handfield R B, Tyler B B. The Relationships Between Supplier Development, Commitment, Social Capital Accumulation and Performance Improvement [J]. Journal of Operations Management, 2007, 25 (2): 528 – 545.

[223] Kumar P, Li D. Capital Investment, Innovative Capacity, and Stock Returns [J]. Journal of Finance, 2016, 71 (5): 2059 – 2094.

[224] Lai Van Vo, Huong Thi Thu Le. Strategic Growth Option, Uncertainty, and R&D Investment [J]. International Review of Financial Analysis, 2017 (51): 16 – 24.

[225] Laura Bottazzi, Giovanni Peri. Innovation and Spillovers in Regions: Evidence from European Patent Data [J]. European Economic Review, 2003, 47 (4): 687 – 710.

[226] Lawler E, Bacharach S. Comparison of Dependence and Punitive Forms of Power [J]. Social Forces, 1987, 66 (2): 446 – 462.

[227] Leamer E E. Access to Western Markets, and Eastern Effort Levels [J]. Lessons from the Economic Transition, 1997: 503 – 526.

[228] Lengnick Hall A C. Innovation and Competitive Advantage: What We Know and What We Need to Learn [J]. Journal of Management, 1992, 18 (2): 399 – 429.

［229］Lööf H. Dynamic：Optimal Capital Structure and Technical Change ［J］. Structural Change and Economic Dynamics, 2004, 15 （4）：449 – 468.

［230］Ling Cen, Feng Chen, Yu Hou, Gordon D Richardson. Strategic Disclosures of Litigation Loss ContingenciesWhen Customer – Supplier Relationships Are at Risk ［J］. The Accounting Review, 2018, 93 （2）：137 – 159.

［231］Ling Cen, Sudipto Dasgupta, Rik Sen. Discipline or Disruption? Stakeholder Relationships and the Effect of Takeover Threat ［R］. Workingpaper, 2011.

［232］Lin X. Endogenous Technological Progress and the Cross – Section of Stock Returns ［J］. Journal of Financial Economics, 2012, 103 （2）：411 – 427.

［233］Li Y, Peng M W. Developing Theory from Strategic Management Research in China ［J］. Asia Pacific Journal of Management, 2008, 25 （3）：563 – 572.

［234］Madhuparna Kolay, Michael Lemmon, Elizabeth Tashjian. Spreading the Misery? Sources of Bankruptcy Spillover in the Supply Chain ［J］. Journal of Financial and Quantitative Analysis, 2016, 51 （6）：1955 – 1990.

［235］Makri M, Lane P J, Gomez – Mejia L R. CEO Incentives, Innovation, and Performance in Technology – Intensive Firms：a Reconciliation of Outcome and Behavior – Based Incentive Schemes ［J］. Strategic Management Journal, 2006, 27 （11）：1057 – 1080.

［236］Maksimovic V, Titman S. Financial Policy and a Firm's Reputation for Product Quality ［J］. Review of Financial Studies, 1991 （2）：175 – 200.

［237］Malm J, Krolikowski M. Litigation Risk and Financial Leverage ［J］. Journal of Economics and Finance, 2017, 41 （1）：180 – 194.

［238］Marcin Krolikowski, Xiaojing Yuan. Friend or Foe：Customer – Supplier Relationships and Innovation ［J］. Journal of Business Research, 2017, 78 （9）：53 – 68.

［239］Matray Adrien. The Local Innovation Spillovers of Listed Firms ［J］. Journal of Financial Economics, 2021, 141 （2）：395 – 412.

［240］Menguc B, Auh S. Creating a Firm – Level Dynamic Capability through Capitalizing on Market Orientation and Innovativeness ［J］. Journal of the Academy of Marketing Science, 2006, 34 （1）：63 – 73.

［241］Meuleman M, Maeseneire D W. Do R&D Subsidies Affect SMEs' Access to External Financing? ［J］. Research Policy, 2012, 41 （3）：580 – 591.

［242］Minnick K, Raman K. Board Composition and Relationship – Specific Investments by Customers and Suppliers [J]. Financial Management, 2017, 46 (1): 203 – 239.

[243] Myers S C, Majluf N S. Corporate Financing and Investment Decisions When Firms Have Information That Investors Do Not Have [J]. Journal of Financial Economics, 1984 (13): 187 – 221.

[244] Nalin Kulatilaka, Enrico C Perotti. Strategic Growth Options [J]. Management Science, 1998, 44 (8): 1021 – 1166.

[245] Nanda R, Rhodes – Kropf M. Investment Cycles and Startup Innovation [J]. Journal of Financial Economics, 2013, 110 (2): 403 – 418.

[246] Oliveira M, Kadapakkam P R, Beyhaghi M. Effects of Customer Financial Distress on Supplier Capital Structure [J]. Journal of Corporate Finance, 2017 (42): 131 – 149.

[247] Pandit S, Wasley S, Zach T. Information Externalities along the Supply Chain: the Economic Determinants of Suppliers' Stock Price Reaction to Their Major Customers' Earnings Announcements [J]. Contemporary Accounting Research, 2011 (28): 1304 – 1343.

[248] Patatoukas P N. Customer – Base Concentration: Implications for Firm Performance and Capital Markets [J]. The Accounting Review, 2012, 87 (2): 363 – 392.

[249] Peress J. Product Market Competition, Insider Trading and Stock Market Efficiency [J]. The Journal of Finance, 2010, 65 (1): 1 – 43.

[250] Pietro A, Presbitero A F, Alberto Z. Banks, Distances and Firms' Financing Constraints [J]. Review of Finance, 2009, 13 (2): 261 – 307.

[251] Qing Zhou, Kelvin Jui, Keng Tan, et al. Deviation from Target Capital Structure, Cost of Equity and Speed of Adjustment [J]. Journal of Corporate Finance, 2016 (39): 99 – 120.

[252] Raman K, Shahrur H. Relationship – Specific Investments and Earnings Management: Evidence on Corporate Suppliers and Customers [J]. The Accounting Review, 2008, 83 (4): 1041 – 1081.

[253] Raymond L, St – Pierre J. Customer Dependency in Manufacturing SMEs: Implications for R&D and Performance [J]. Journal of Small Business and Enterprise, 2004 (11): 23 – 33.

[254] Robert A Peterson, Sridhar Balasubramanian, Bart J Bronnenberg. Explo-

ring the Implications of the Internet for Consumer Marketing ［J］. Journal of the Academy of Marketing Science, 1997 (25): 329 – 346.

［255］ Roger Smeets. Does Patent Litigation Reduce Corporate R&D? An Analysis of US Public Firms ［R］. Working Paper, 2014.

［256］ Seung Ho Park, Yadong Luo. Guanxi and Organizational Dynamics: Organizational Networking in Chinese Firms ［J］. Strategic Management Journal, 2001 (22): 455 – 477.

［257］ Shenglan Chen, Hui Ma. Peer Effects in Decision-making: Evidence from Corporate Investment ［J］. China Journal of Accounting Research, 2017, 10 (2): 167 – 188.

［258］ Shen H, Xia N, Zhang J. Customer – Based Concentration and Firm Innovation ［J］. Asia – Pacific Journal of Financial Studies, 2018, 47 (2): 248 – 279.

［259］ Simons RL. Control in an Age of Empowerment ［J］. Harvard Business Review, 1995, 73 (2): 80 – 88.

［260］ Singh H. Current Trend of R&D in the Field of High Energy Materials (HEMs) – An Overview ［J］. Explosion, 2005, 15 (3): 120 – 133.

［261］ Teoh S H, Welch I, Wong T J. Earnings Management and the Underperformance of Seasoned Equity Offerings ［J］. Journal of Financial Economics, 1998, 50 (1): 63 – 99.

［262］ Titman S, Roberto W. The Determinants of Capital Structure Choice ［J］. Journal of Finance, 1988 (43): 1 – 19.

［263］ Titman S. The Effect of Capital Structure on a Firm's Liquidation Decision ［J］. Journal of Financial Economics, 1984, 13 (1): 137 – 151.

［264］ Truong C, Nguyen T H, Huynh T. Customer Satisfaction and the Cost of Capital ［J］. Review of Accounting Studies, 2021, 26 (1): 293 – 342.

［265］ Vahap B Uysal. Deviation from the Target Capital Structure and Acquisition Choices ［J］. Journal of Financial Economics, 2010, 102 (3): 602 – 620.

［266］ William C Johnson, Jun – Koo Kang, Ronald Masulis, Sangho Yi. Supply – Chain Spillover Effects and the Interdependence of Firm Financing Decisions ［R］. 5th Annual Conference on Empirical Legal Studies Paper, 2011.

［267］ William C Johnson, Jun – Koo Kang, Ronald W Masulis, et al. Seasoned Equity Offerings and Customer – Supplier Relationships ［J］. Journal of Financial Intermediation, 2018 (33): 98 – 114.

[268] Williamson O E. Transaction – Cost Economics: The Governance of Contractual Relations [J]. The Journal of Law and Economics, 1979, 22 (2): 233 – 261.

[269] Yang Ziyun. Customer Concentration, Relationship, and Debt Contracting [J]. Journal of Applied Accounting Research, 2017, 18 (2): 185 – 207.

[270] Yu W T, Jacobs M A, Salisbury W D, et al. The Effects of Supply Chain Integration on Customer Satisfaction and Financial Performance: An Organizational Learning Perspective [J]. International Journal of Production Economics, 2013, 146 (1): 346 – 358.

[271] Özgür Orhangazi. Financialisation and Capital Accumulation in the Non – Financial Corporate Sector: [J]. Cambridge Journal of Economics, 2008, 32 (6): 863 – 886.

[272] Zhou Z K, Poppo L, Yang Z. Relational Ties or Customized Contracts? An Examination of Alternative Governance Choices in China [J]. Journal of International Business Studies, 2008, 39 (3): 526 – 534.

后　　记

本书基于中国供给侧结构性改革的制度环境，从企业的供应商视角出发，以关系型交易为切入点，分析了这一非正式制度对企业研发创新投入的影响和作用机理。同时，研究将企业内部控制制度、外部的财政政策制度（政府补贴视角）与法律制度因素（地区法治化进程）纳入上述影响分析框架中，揭示了正式制度与非正式制度在企业研发创新过程中的相互关系。在此基础上，本书进一步考察了关系客户的异质性，包括其理财行为（客户研发创新活动、金融化水平与、诉讼风险、过度负债）、会计行为（客户盈余管理）与客户治理特征（股权集中度）对企业研发创新的影响。最后，通过企业研发创新效率的视角，评价了关系型交易对企业供给侧结构性改革成效的影响。本书的研究不仅丰富了对供应链中企业间关系型交易影响研发创新的理论认识，也为政策制定者、企业管理者以及学术界提供了有益的参考。

当然，本书的研究也存在一定的局限性。其一，中国制度环境下，企业所处的环境存在着众多正式制度因素，包括法律制度、金融制度、财政政策等。本书仅仅研究内部的内部控制制度、外部的财政补贴制度与法律制度对客户关系与企业研发创新间关系的影响，未来可引入其他内外部正式制度，进一步揭示正式制度与非正式制度在企业研发创新过程中的相互关系。其二，本书在考察关系客户异质性特征因素对企业研发创新的影响，所选择的因素仅从部分侧面反映关系客户的差异性特征，未来可进一步拓展包括关系客户数字化转型特征在内的其他异质性特征因素的影响。其三，本书的研究主要基于中国的制度环境，可能无法完全适用于其他国家的情境。未来的研究可以进一步拓展研究范围，考虑在不同国家、不同行业中的适用性。

展望未来，随着全球经济的不断发展和技术的不断进步，企业间的竞争将日益激烈，研发创新将成为企业生存和发展的关键。因此，进一步深入研究供应链中企业间的关系型交易对企业研发创新的影响，以及正式制度与非正式制度之间的相互作用，具有重要的理论和实践意义。我们期待未来的研究能够为我们提供更多的启示和指导，推动企业在全球竞争中取得更大的成功。

王　勇

2024 年 7 月